Π ALL

Perspektiven

A2 → B1

Programme 2010

Allemand 2e

Direction pédagogique

Claudine DECOCQMAN

IA, Inspecteur pédagogique régional

Académie d'Amiens

Séverine LE BOURG

Professeur agrégé

Académie d'Amiens

Ursula REYNIS

Professeur agrégé

Académie de Créteil

Nathan

En fin de classe de seconde générale et technologique, le niveau de compétence attendu pour la langue vivante 1 est B1, pour la langue vivante 2 A2.

	COMPRÉHENSION DE L'ORAL	COMPRÉHENSION DE L'ÉCRIT	EXPRESSION ORALE EN CONTINU	INTERACTION ORALE	EXPRESSION ÉCRITE
A2	**Comprendre une intervention brève si elle est claire et simple.** • Comprendre assez pour pouvoir répondre à des besoins concrets ou réaliser une tâche : consignes, expressions familières de la vie quotidienne, présentations, indications chiffrées, récits… • Identifier le sujet d'une conversation, le point essentiel d'une annonce ou d'un message. • Comprendre et extraire l'information essentielle de courts passages enregistrés audio et audiovisuels ayant trait à un sujet courant.	**Comprendre des textes courts et simples.** • Comprendre une lettre personnelle simple et brève. • Lire des écrits factuels simples et prélever une information dans des prospectus, menus, annonces, inventaires et horaires, signalétique urbaine, lettres, brochures, courts articles de journaux. • Suivre la trame d'une histoire.	**Produire en termes simples des énoncés sur les gens et sur les choses.** • Mettre en voix un court texte mémorisé. • Se présenter ou présenter simplement des personnes. • Décrire sa vie quotidienne (son environnement, ses activités…). • Raconter une histoire ou relater un événement ; décrire un objet, une expérience. • Faire une brève annonce ou présenter un projet. • Fournir une explication (comparaisons, raisons d'un choix).	**Interagir de façon simple avec un débit adapté et des reformulations.** • Établir un contact social : présentations, salutations et congé, remerciements… • Se faire comprendre dans un entretien et communiquer des idées et de l'information. • Demander et fournir des renseignements. • Dialoguer sur des sujets connus, des situations courantes, des faits, des personnages légendaires ou contemporains. • Réagir à des propositions : accepter, refuser, exprimer ses goûts, ses opinions, faire des suggestions.	**Écrire des énoncés simples et brefs.** • Écrire un message simple (bref message électronique, lettre personnelle). • Rendre compte ou décrire de manière autonome en reliant les phrases entre elles. • Relater des événements, des expériences en produisant de manière autonome des phrases reliées entre elles. • Faire le récit d'un événement, d'une activité passée, une expérience personnelle ou imaginée. • Écrire un court poème.
B1	**Comprendre les points essentiels d'une intervention énoncée dans un langage clair et standard.** • Comprendre ce qui est dit pour réaliser une tâche en situation réelle ou simulée. • Comprendre une information factuelle sur des sujets de la vie quotidienne ou étudiés. • Suivre une conversation en situation réelle ou simulée. • Comprendre les points principaux d'une intervention sur des sujets familiers ou étudiés y compris des récits courts. • Suivre le plan général d'un exposé court sur un sujet connu. • Comprendre les points principaux de bulletins d'information et de documents enregistrés simples portant sur des sujets connus.	**Comprendre des textes essentiellement rédigés dans une langue courante.** • Comprendre des instructions et consignes détaillées. • Comprendre suffisamment pour entretenir une correspondance suivie. • Localiser des informations recherchées ou pertinentes pour s'informer et réaliser une tâche. • Comprendre un enchaînement de faits. • Reconnaître les grandes lignes d'un schéma argumentatif.	**S'exprimer de manière simple sur des sujets variés.** • Prendre la parole devant un auditoire, mettre en voix un texte. • Restituer une information avec ses propres mots éventuellement à partir de notes. • Relater des expériences vécues, en rendre compte (événements, dialogues, texte écrit ou oral). • Décrire. • Expliquer. • Exprimer des sentiments, une opinion personnelle. • Argumenter pour convaincre.	**Faire face à des situations variées avec une relative aisance à condition que la langue soit standard et clairement articulée.** • Engager la conversation et maintenir le contact pour : échanger des informations, réagir à des sentiments, exprimer clairement un point de vue. • Prendre part à une discussion pour expliquer, commenter, comparer et opposer. • Interviewer et être interviewé, conduire un entretien préparé et prendre quelques initiatives. • Faire aboutir une requête.	**Rédiger un texte articulé et cohérent, sur des sujets concrets ou abstraits, relatif aux domaines qui lui sont familiers.** • Restituer une information avec ses propres mots, paraphraser simplement de courts passages écrits. • Prendre des notes sous forme d'une liste de points. • Rédiger un courrier personnel (incluant des avis sur des sujets abstraits ou culturels). • Rendre compte d'expériences, de faits et d'événements. • Écrire un court récit, une description, un poème, de brefs essais simples. • Rédiger des messages courts de type informatif ou injonctif.

Édition : Petra Treuer
Iconographie : Electron Libre, Christine Morel
Conception de la maquette : Marc & Yvette
Mise en pages : La papaye verte
Couverture : Marc & Yvette
Cartographie : La papaye verte, Corédoc

ISBN 978-2-09-175778-0

Avant-propos

Ce manuel de la collection **Perspektiven** a l'ambition de répondre aux exigences propres à la classe de seconde dans le cadre de la Réforme des lycées. Il se fixe trois priorités :

• **Faciliter l'organisation d'un enseignement en groupes de compétences.**

Construites autour de deux activités langagières dominantes, les unités du manuel proposent des parcours d'apprentissage ciblant précisément les besoins des élèves. L'exploitation des supports variés qui y sont réunis s'inscrit résolument dans une logique d'entraînement habituant l'élève à partir du connu pour aller vers l'inconnu, à se servir des aides qui lui sont fournies (conseils méthodologiques, aides à l'expression). Tout en continuant, dans le droit fil du collège, à développer l'oral, **Perspektiven** met l'accent sur l'apprentissage de la lecture et de l'expression écrite. Le professeur pourra ainsi consolider les acquis des élèves et leur donner les moyens de progresser pour dépasser le niveau A2 du CECRL et s'approcher de B1. Les tests-bilans figurant à la fin de chaque unité permettent d'évaluer les progrès accomplis tout en familiarisant les élèves avec la typologie des épreuves de la certification.

• **Donner davantage de sens à l'apprentissage en l'orientant vers la réalisation de tâches, puis d'un projet final impliquant une utilisation authentique de la langue.**

Dynamique, développant la communication, l'approche actionnelle proposée dans **Perspektiven** conduit à programmer l'étude des faits grammaticaux en fonction des besoins de compréhension et d'expression. Elle implique aussi qu'un soin particulier soit apporté à l'apprentissage du **lexique**, qui fait l'objet de nombreux exercices dans les pages *Sprachtraining*.

• **Fournir aux élèves des clés pour comprendre la civilisation des pays germanophones.**

Chacune des unités décline une ou plusieurs des notions du programme culturel de la seconde : Mémoire, Sentiment d'appartenance, Visions d'avenir. Les élèves découvriront ainsi des réalités sociales, mais aussi culturelles : des « ateliers » les initient à la lecture de textes plus exigeants (*Literaturwerkstatt*), ou les confrontent à des œuvres visuelles (*Videothek, Kunstprojekt*).

Outil de travail ouvert et actuel, **Perspektiven** invite aussi à prolonger et à approfondir les entraînements grâce aux **TICE** (baladodiffusion, présentation PowerPoint etc.) et aux outils numériques de la méthode (DVD vidéo, manuel numérique incluant tous les supports audio et vidéo et permettant un accès direct aux sites Internet).

Viel Erfolg und viel Spaß mit **Perspektiven**!

Les auteurs

Présentation du manuel

Les notions du programme

- Mémoire
- Sentiment d'appartenance
- Visions d'avenir

← Ouverture

- Un grand visuel pour entrer dans la thématique de l'unité
- Les objectifs d'apprentissage par activité langagière
- Les micro-tâches et la tâche finale de l'unité

3 Infotheken →

Des documents écrits, visuels et sonores pour travailler toutes les activités langagières

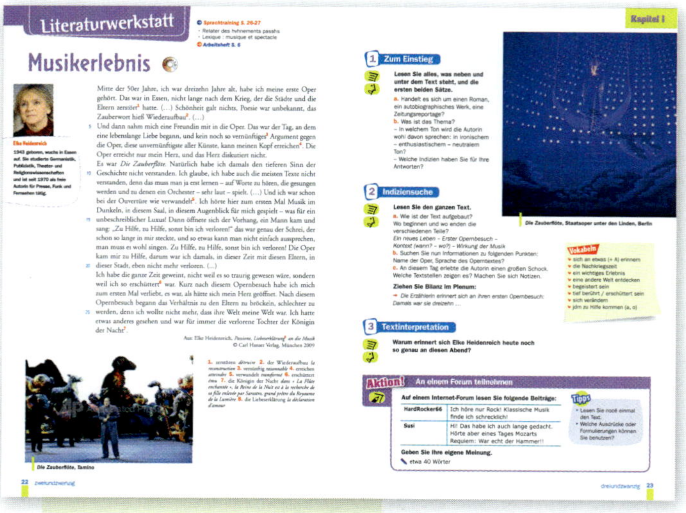

↑ Literaturwerkstatt

Extrait de littérature avec exploitation guidée

Videothek →

Des pages consacrées à l'étude d'extraits vidéo authentiques

Webquest →

Des pages consacrées à des recherches sur Internet

Logos utilisés dans le manuel

- Compréhension de l'oral
- Compréhension de l'écrit
- Expression orale
- Expression orale dialoguée
- Expression écrite

Document enregistré sur…

Schüler CD — Piste 20 — Klassen CD — Video DVD

→ *Arbeitsheft S. 30*

Renvoi au fichier de l'élève

Les rubriques récurrentes

Vokabeln Aide à l'expression

Tipps Conseils méthodologiques

Aktion! Micro-tâche

Baukasten Lexique fonctionnel

TICE Des activités pour encourager le travail des TICE

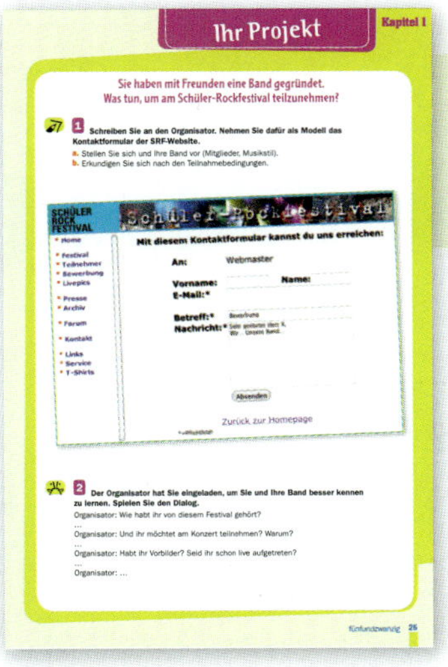

← Ihr Projekt

La tâche finale qui fédère les entraînements

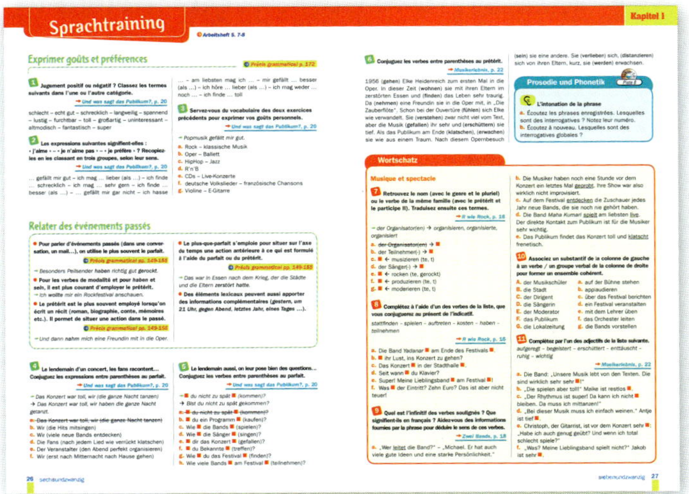

↑ Sprachtraining

- Présentation des faits de langue
- Exercices de grammaire en contexte
- Activités d'enrichissement lexical
- Entraînements à la prononciation et à l'intonation

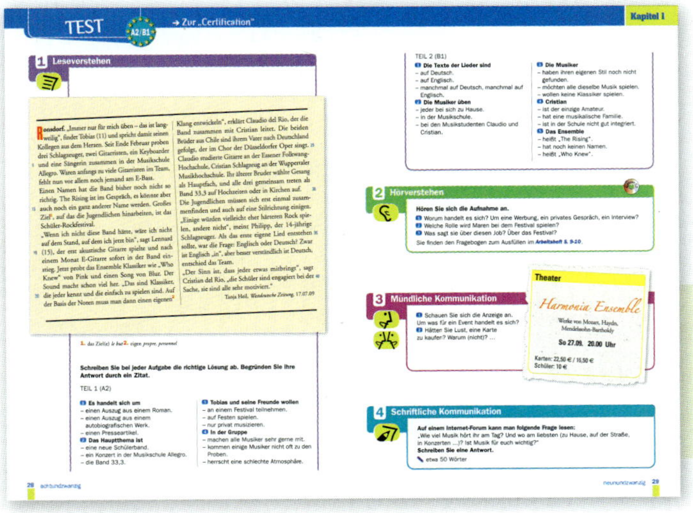

← Test

Documents (écrits, sonores, visuels) pour évaluer les cinq activités langagières

Au début du manuel

Auftakt – une partie introductive pour faire la transition entre le collège et le lycée

À la fin du manuel

Eine Novelle – une nouvelle abordée sous trois aspects (texte littéraire, BD, film)

Kunstprojekt – des pages pour aborder l'histoire des Arts

Méthodologie – par activité langagière

Précis grammatical

Lexique allemand-français

Sommaire

Notions culturelles

Mémoire	Sentiment d'appartenance	Visions d'avenir
Héritage	Singularité	Création
Rupture	Solidarité	Adaptation

Projet linguistique	Micro-tâches et tâches finales
	Ihr Projekt Écrire une lettre à une famille d'accueil. **p. 13**
Sprachtraining **p. 26** • Exprimer goûts et préférences • Relater des événements passés **Phonologie** L'intonation de la phrase **Lexique** Musique et spectacle	**Aktion!** • Rendre compte à la manière d'un journaliste • Jouer le rôle d'un présentateur • Écrire un mail • Participer à un forum • Présenter un groupe Ihr Projekt Renseigner un formulaire pour participer à un festival et se présenter à l'organisateur. **p. 25**
Sprachtraining **p. 42** • Le passif • *Als* ou *wenn* • Exprimer un conseil **Phonologie** [h] ou attaque dure de la voyelle en début de mot ? **Lexique** Aide et entraide	**Aktion!** • Écrire un post sur un forum • Trouver des solutions à un problème • Réaliser une interview • Raconter la vie d'un personnage • Rédiger la critique d'un clip Ihr Projekt Participer à un débat citoyen. **p. 41**
Sprachtraining **p. 58** • La chronologie • Exprimer la cause • L'opposition locatif / directif **Phonologie** Le *Umlaut* **Lexique** L'art, les artistes	**Aktion!** • Écrire un conte • Organiser une soirée à Berlin • Faire un exposé • Écrire la suite d'une histoire • Participer à une action artistique Ihr Projekt Pour préparer un voyage de classe à Berlin, présenter un monument ou un musée de la ville. **p. 57**
Sprachtraining **p. 74** • Exprimer l'hypothèse • Exprimer la finalité • Le marquage du groupe nominal **Phonologie** *Ach-Laut / Ich-Laut* **Lexique** Avenir et création	**Aktion!** • Écrire la première strophe d'une chanson • Donner son avis en tant que membre d'un jury • Rédiger une pétition • Répondre à un mail • Rédiger la première page d'un programme Ihr Projekt Écrire le début d'un roman de science-fiction. **p. 73**

Sommaire

Notions culturelles

Mémoire	Sentiment d'appartenance	Visions d'avenir
Héritage	Singularité	Création
Rupture	Solidarité	Adaptation

Drei Familien

Sie wollen zwei Wochen bei einer deutschsprachigen Familie verbringen. Schauen Sie sich die Informationen dieser Seiten an, wählen Sie eine der drei Familien aus und schreiben Sie ihr einen Brief.

Familie Bürki

1 Willkommen

Lesen Sie die Informationen.

a. Worum handelt es sich: um eine kommerzielle Werbung? Um eine Website? Um eine private Kleinanzeige?
b. Wo liegt der Wohnort der Familie? Was ist wohl an dieser Gegend interessant (siehe Umschlagklappe I und III)?
→ *Der Ort liegt an …, in der Nähe von …*

http://www.familie-buerki.ch

Willkommen
Über uns
Fotogalerie
Gästebuch
Links

Hallo, schön, dass ihr uns gefunden habt! Wir sind umgezogen und wohnen jetzt in einem gemütlichen Haus in Romanshorn! Wir würden uns freuen, wenn ihr euch ein bisschen bei uns umschaut!

2 Über uns

Lesen Sie die Informationen und antworten Sie auf die Fragen.

a. Was sind die Aktivitäten und die Hobbys der Familienmitglieder?
b. Was sind die Vorteile des Hauses und des Ortes?
→ *Das Haus der Familie liegt …*
In der Gegend kann man …

http://www.familie-buerki.ch

Willkommen
Über uns
Fotogalerie
Gästebuch
Links

Über uns

Da ist zuerst Daniela, die gute Fee! Managerin von Haus, Garten und ihren Mitbewohnern:
Robert: passionierter Tierarzt!
Claudia: Leseratte (Science-Fiction-Romane)
Maria: Fußballfan!
Ich (Tom): Computerfreak (siehe diese Homepage)
Wir alle lieben die Berge!

Unser Haus: 150 m^2,
Bodensee: 200 m entfernt!
Romanshorn:
ca. 9000 Einwohner

3 Sie haben das Wort

Ein Mitglied der Familie Bürki stellt sich und seine Familie vor. Sie können Ihren Beitrag auch aufnehmen.

Vokabeln
- sich um (+ A) kümmern
- etwas gern machen
- wandern

Familie Gessler

1 Ferien auf dem Reiterhof

Schauen Sie sich folgende Informationen an.

a. Worum handelt es sich: um eine kommerzielle Werbung? Um eine Website? Um eine private Kleinanzeige?
b. Was kann man bei Familie Gessler machen?
c. Wo wohnt die Familie: Ort, Land, Bundesland (siehe Umschlagklappe I und III)?

2 Ein Telefongespräch

Schüler CD Piste 2

Hören Sie sich das Telefongespräch zwischen Frau Gessler und dem Französischen Kulturinstitut in Wien an.

a. Machen Sie sich Notizen zu: Mutter, Vater, Kinder, Reiterhof.
b. Was kann Familie Gessler einem Gast bieten?

Ziehen Sie Bilanz: Was erfahren wir hier über die Familie?

Tipps
- Achten Sie auf die betonten Wörter.
- Notieren Sie die Wörter, die Sie wiedererkennen und ordnen Sie Ihre Notizen.

3 Gabor und Therese

Hier die Fotos, die Frau Gessler an das Französische Kulturinstitut geschickt hat. Was sind wohl Gabors und Thereses Hobbys?

Vokabeln
- das Kind(er) aus erster Ehe
- aus … stammen
- das Pferd(e)
- entdecken
- der Reiterhof(¨e)
- der Gast(¨e)

4 Zusammenfassung

Fassen Sie alle Informationen zusammen.

→ *Es handelt sich um eine Familie, die … Die Eltern … Die Kinder … In der Freizeit …*

Familie Kaufmann

1 Wo ist das wohl?

Sehen Sie sich folgende zwei Fotos an, die in derselben Gegend gemacht worden sind.

a. Wo könnte das sein? Schauen Sie auf die Karte (Umschlagklappe III).
b. Was kann ein Tourist dort wohl unternehmen?

Vokabeln
- besichtigen
- segeln
- am Strand liegen (a, e, ie)
- die Küste(n)
- die Sehenswürdigkeit(en)

2 Ein Angebot

Lesen Sie folgenden Text.

a. Worum handelt es sich: um eine kommerzielle Werbung? Um eine Website? Um eine private Kleinanzeige?
b. Wo wohnt die Familie (siehe Umschlagklappe I und III)? In welchem Bundesland?
c. Stellen Sie die Familie vor. Der Text ist kurz: Was würde Sie noch interessieren? Formulieren Sie mögliche Fragen.

Angebot: Wir nehmen gern einen Gastschüler auf!

Wir sind eine dreiköpfige Familie: mein Mann Herbert (Elektriker), unser Sohn Johann (17), und ich (Kindergärtnerin). Wir wohnen in Rostock, in einer modernen 4-Zimmerwohnung mit Balkon. Rostock ist eine Stadt mit viel Tradition. Es gibt viel zu sehen. Und das Meer ist nah; man kann gut Sport treiben!
dorothea.kaufmann@t-online.de

3 Dorotheas Antwort auf die E-Mail eines Schülers

Lesen Sie den Text.

a. Auf welche Fragen antwortet Dorothea wahrscheinlich?

b. Welche Aktivitäten sind in dieser Gegend möglich?

Löschen | Antworten | Allen antworten | Forward | Drucken

Von: dorothea.kaufmann@t-online.de
Betreff: Aufenthalt in Rostock
1 Anhang Speichern

Ich freue mich, dass Sie sich für uns interessieren!
Johann geht ins Gymnasium. Sein Hobby ist Musik, er spielt Gitarre in einer Band.
Ja natürlich kann man in der Ostsee baden. Im Sommer scheint hier viel die Sonne, die Wassertemperatur liegt zwischen 16° und 20°.
Was außer Rostock zu sehen ist? Die ganze Küste! Andere schöne Städte, Schlösser, ein tolles Meeresmuseum … Und im August die „Hanse Sail“: Da kann man die schönsten alten Segelschiffe sehen! (s. Foto im Anhang)
Vielleicht bis bald!
Dorothea

4 Zusammenfassung

Fassen Sie alle Informationen zusammen.

Ihr Projekt

Einer Gastfamilie schreiben

1 Vor- und Nachteile

a. Machen Sie eine Liste mit den Vor- und Nachteilen für jede Familie (in Form von Stichwörtern).

b. Bilden Sie Gruppen. Jede Gruppe wählt eine Gastfamilie und sammelt Argumente. Ein Sprecher der Gruppe begründet die Wahl vor der Klasse.

→ *Wir würden gern …, denn …*

	+	-
Familie Bürki	Bodensee	sehr kleine Stadt
Familie Gessler		
Familie Kaufmann		

2 Einen Brief schreiben

Schreiben Sie an die Familie, die Sie persönlich ausgewählt haben, einen Brief, in dem Sie sich vorstellen und begründen, warum Sie gerne zwei Wochen bei ihr verbringen würden.

→ *Liebe Familie …,*
Ich würde mich freuen, … Ich bin …

Tipps

- ***Méthodologie S. 146-147***
- Benutzen Sie Ihre Stichwörter von oben.

Kapitel 1

Aufwärmen

Schüler CD
Piste 3

Wir haben junge Deutsche befragt.
– Wie viele Personen wurden befragt?
– Welche Wörter oder Ausdrücke haben Sie wiedererkannt?
– Was für eine Rolle spielt Musik für diese Leute?
– Was hören sie gerne?

Musik, Musik, Musik!

Descripteurs du Cadre européen

Écouter

A2 Comprendre l'essentiel de courts messages.

Lire

A2 Comprendre l'essentiel d'un document informatif, de courts textes simples.

B1 Comprendre l'essentiel d'un texte littéraire.

Parler en continu

A2 Faire une annonce.

B1 Décrire un événement, faire un exposé.

Parler avec quelqu'un

A2 Discuter simplement sur un sujet familier.

B1 Rendre compte d'un article, répondre à des questions, se présenter.

Écrire

B1 Exprimer son opinion.

B1 Écrire un mail, renseigner un formulaire.

Micro-tâches

Tâche finale

Renseigner un formulaire pour participer à un festival et se présenter à l'organisateur.

➔ Sprachtraining S. 27
• Lexique : musique et spectacle
➔ Arbeitsheft S. 3

R wie Rock

1 Worum geht es?

a. Schauen Sie sich das Foto genau an. Worüber berichtet wahrscheinlich der Text?
Um was für eine Art Text handelt es sich? Um eine Werbung? Um einen Auszug aus einem Roman? Um einen Presseartikel? Welches sind die Indizien?

b. Lesen Sie den Text.
Welche Wörter oder Ausdrücke helfen Ihnen, das Thema zu erkennen?

Es geht wieder los!

Wuppertal. Es gilt als das immer noch größte Festival für junge Musiker in ganz Deutschland – das Schüler-Rockfestival in der Uni-Halle. Am Samstag rocken hier insgesamt 38 Bands nicht nur aus der Region, sondern aus dem ganzen Land und sogar aus Italien. (…)
Der größte Trumpf[1] des Festivals ist jedoch seit jeher seine Vielfalt an Jung-Musikern, die hier oft das erste Mal auf großer Bühne[2] stehen (…). Routinierter sind dagegen die süddeutschen Gäste von **Peilsender** und **WIR**, die bereits schon über ihre Heimat hinaus einen gewissen Ruhm[3] als Live-Band einspielen konnten. Auf jeden Fall in keine Schublade einzuordnen ist das Festival in stilistischer Hinsicht: Da finden sich Mittelalter-Rocker wie **Arcanus Exitus** neben Ska-Party-Musikern à la **Blaue Magnetband-Station**, spielen Jazz-Rocker wie **The Otis** neben den Punkern von **Verstrahlt**. An diesem Tag ist alles drin – nur keine Langeweile.

Zum Schüler-Rockfestival setzen die Wuppertaler Stadtwerke am Samstag Sonderbusse ein. Sie fahren von 14.20 Uhr bis 16.35 Uhr im 15-Minuten-Takt vom Hauptbahnhof, Haltestelle 6, zur Uni-Halle. Dorthin fahren planmäßig die Linien 603, 615 und 645. Nach dem Festival-Ende fahren Sonderwagen zurück zum Bahnhof.

KARTEN für das Schülerrockfestival gibt es für 9,- Euro in den bekannten Vorverkaufsstellen, bei den Bands und im Internet, auch an der Abendkasse sind sie noch erhältlich (hier kosten sie 10,00 Euro) (http://www.schueler-rockfestival.de)

1. der Trumpf(¨e) *l'atout* 2. die Bühne(n) *la scène* 3. der Ruhm *la gloire*

c. Lesen Sie noch einmal den Text und machen Sie sich Notizen.

- Wo findet das Event statt?
- Woher kommen die Teilnehmer? Was charakterisiert sie? Zitieren Sie den Text.
- Einige Wörter sind **fett gedruckt**. Warum vielleicht?
- Das Programm ist sehr vielfältig. Welche Textstellen zeigen es?
- Wie kann man hinkommen, wenn man kein Auto hat?
- Wie viel kosten die Karten?

Vokabeln

- stattfinden (a, u)
- die Band(s)
- der Musikstil(e)
- an (+ D) teilnehmen (a, o, i)
- ein Festival gründen
- verschieden

2 Das Schüler-Rockfestival

Ziehen Sie Bilanz mit Hilfe Ihrer Notizen. Was haben Sie bis jetzt erfahren?

→ *Der Text handelt von ...*

3 Ein Interview mit Kalle Waldinger

Schüler CD – Piste 4

Kalle Waldinger ist der Initiator des Festivals. Hören Sie nun, was er darüber sagt. Welche Aspekte des Festivals betont er?

Tipps

- Welche Wörter oder Ausdrücke werden wiederholt?
- Notieren Sie die betonten Wörter.
- Wie klingen seine Aussagen? Positiv? Eher negativ? Neutral?

Kalle Waldinger

Aktion! Von einem Event berichten

Sie sind Journalist bei einem Lokalsender: Berichten Sie über das Festival.

→ *Ich befinde mich hier vor der Uni-Halle in Wuppertal ...*

1 Minute

Sie können Ihren Beitrag aufnehmen.

Baukasten

- Kalle Waldinger ...
- Das Programm ...
- Viele junge Fans aus der ganzen Region ...
- Wenn man kein Auto hat ...

➔ *Sprachtraining S. 27*
• Lexique : musique et spectacle
➔ *Arbeitsheft S. 4*

Zwei Bands

1 Die Bands *Peilsender* und *HipRockTized*

Die Bands *Peilsender* und *HipRockTized* haben an Rockfestivals teilgenommen. Wer sind diese Musiker?

a. Bilden Sie zwei Gruppen. Jede wählt eine Band, liest den Artikel und sucht die Antworten auf folgende Fragen:
– Wer spielt in der Band? Woher kommen die Musiker?
– Was sagen die Musiker zu den Themen Politik, Live-Auftritte, Text / Sprache?

b. Jede Gruppe stellt nun „ihre" Band vor und benutzt eventuell die Tafel, um schwierige Wörter zu erklären. Die andere Gruppe macht sich Notizen und fragt nach, wenn etwas nicht klar ist.
→ *Der Artikel ist ein Interview mit ... In der Band spielen ... Die Musiker kommen aus ... Sie sagen, dass ...*

fluter: Eure Musik klingt sehr international, aber eure Texte sind alle auf Deutsch.
Peilsender: Der Text ist uns bei einem Song sehr wichtig[1]. Wir singen auf Deutsch, weil wir uns in unserer Muttersprache viel besser und differenzierter ausdrücken können.
fluter: Die Songs handeln viel von Privatem. Wie steht ihr zu politischen Themen in der Musik?
Peilsender: Musik ist unserer Meinung nach in irgendeiner Weise fast immer politisch. Selbst wenn Songs es thematisch nicht direkt sind. (...)
fluter: Wer sind eure musikalischen Vorbilder[2]?
Peilsender: Was das betrifft[3], haben wir viele Vorbilder. Zuerst sind da wahrscheinlich die Beatles zu nennen. Deren Songs haben uns sehr beeinflusst[4], selbst wenn das nicht immer deutlich zu hören ist. Ansonsten gibt es da noch viele andere Namen, zum Beispiel Grönemeyer, Coldplay, Good Charlotte, Wir sind Helden. (...)
fluter: Ihr spielt sehr viel live. Wie wichtig ist es für euch, auf der Bühne zu spielen?
Peilsender: Auf der Bühne zu stehen ist für uns das Größte. Wir nutzen jede Gelegenheit[5] live zu spielen, vom kleinen Club bis zum Open-Air ist da alles dabei.

***Peilsender* kommen aus Wassertrüdingen (Bayern) und sind: Carsten Haas (Gesang), Konrad Betz (Gitarre), Friedrich Betz (Bass, Gesang), Lorentz Betz (Schlagzeug, Keys).**

1. wichtig *important* **2.** das Vorbild(er) *le modèle* **3.** Was ... betrifft *quant à cela* **4.** beeinflussen *influencer* **5.** jede Gelegenheit nutzen *saisir toutes les occasions*

HipRockTized

Die Idee hatte Ralf Baumgartner, Lehrer der Musikschule Frankfurt e.V.: „Ziel war die Annäherung der Lebensstile[1].“ So griff er sich die jungen Frankfurter Rocker *The Humus* und versetzte sie mit zwei Musikschülern in das Bandprojekt *HipRockTized*. Dazu kamen noch drei junge Rapper und zwei Sängerinnen, alle aktiv im Jugendhaus Heideplatz in Frankfurt am Main. (...)

fluter: Wie setzt sich euer Bandname zusammen, wie seid ihr auf die Idee gekommen ?

Steven: Der Name sagt aus, was wir stilistisch machen: Hip Hop und Rock. Und das Publikum wird dann natürlich hypnotized, also: Tized.

fluter: Wie entstehen[2] eure Songs?

Jasper: In Zusammenarbeit mit unserem Bandcoach und unseren Produzenten. (...)

fluter: Wie wichtig[3] sind die Texte für eure Musik?

Stefan: Sie lebt davon!

fluter: Wann ist Musik politisch?

Stefan: Immer, wenn sie durch das Hören zum Nachdenken anregt[4]. (...)

fluter: Welches ist das wichtigste Instrument in eurer Band?

Stefan: Keins – nur eins: der Groove aller!

fluter: Wie wichtig ist es euch, auf der Bühne zu stehen?

Alle: Lebenswichtig!

© *fluter*, 22.03.2009

1. Ziel ... Lebensstile *Notre but c'était de rapprocher nos styles de vie.* 2. entstehen (a, a) *(ici) naître* 3. wichtig *important* 4. zum Nachdenken anregen *faire réfléchir*

2 Zwei Songs

Schüler CD Pistes 5-6

Hören Sie sich nun zwei Songs dieser Bands an: „Eisige Winde“ (*Peilsender*) und „Egal“ (*HipRockTized*).

a. Welcher der beiden Songs gefällt Ihnen besser und warum (Musik, Text ...)?

b. Schreiben Sie die erste Strophe eines Rap-Songs. Sie können den Refrain von „Egal“ als Vorlage nehmen.

Vokabeln

- live auftreten (a, e, i)
- der Auftritt(e)
- auf der Bühne stehen (a, a)
- der Musikstil(e)
- das Vorbild(er)
- das Mitglied(er)
- wichtig

Aktion! Die Rolle eines Moderators spielen

Der Moderator / die Moderatorin des Festivals stellt eine der beiden Bands vor. Spielen Sie seine / ihre Rolle.

→ *Hallo alle zusammen! Ich freue mich ...*

1 Minute

Sie können Ihren Beitrag aufnehmen.

Baukasten

- eine junge talentierte Band
- zum ersten Mal
- Erfolg haben
- neue Songs
- Ich begrüße jetzt ...
- Bühne frei für ...
- Applaus für ...

➔ Sprachtraining S. 26
- Exprimer goûts et préférences
- Relater des événements passés

➔ Arbeitsheft S. 5

Und was sagt das Publikum?

1 Ein Internet-Forum

Lesen Sie die Beiträge und beantworten Sie die Fragen.

a. Sind Alex, TripleB, Antje, AP und Sven Zuschauer, Musiker oder Veranstalter? Welche Indizien haben Sie dafür?

b. Sammeln Sie Informationen zu dem Programm: Welche Bands, welche Musikstile werden genannt?

c. Listen Sie die Formeln auf, mit denen die Beiträge beginnen und enden.

d. Suchen Sie nach positiven und negativen Ausdrücken.

Alex Dabei seit: 2004	▼ Hallo, Jetzt ist unser Festival zu Ende! Ich möchte mal wissen, was eure Eindrücke sind. Schreibt konstruktiv und nicht beleidigend, damit das Festival immer besser wird!
TripleB Dabei seit: 2007	▼ Nabend, komme gerade vom Festival nach Hause. Also, es war geil! Ich fand das Programm echt gut. Besonders *Peilsender* haben richtig gut gerockt. Beste Grüße
Antje Dabei seit: 2009	▼ Also ich muss ganz ehrlich sagen: Das Festival hat mir überhaupt nicht gefallen. Erstens war mir zu viel HipHop dabei! Ich wollte mir ein Rockfestival anschauen, und HipHop gefällt mir nicht! Auch wenn es *HipRockTized* heißt! Zweitens war die Akustik schrecklich! Ich habe kein Wort von den Songs verstanden. Ich werde nächstes Jahr garantiert nicht dabei sein. Ich will nicht noch mal so enttäuscht werden. Tschüs
AP Dabei seit: 2006	▼ Hi, Da bin ich nicht einverstanden! Hip-Hop mag ich persönlich nicht, aber ich finde wirklich gut, dass es ein solches Festival gibt, das fast alle Musikrichtungen abdeckt und jungen Bands eine Chance gibt. Von den Bands waren *The Maultaschen* ja wohl mal der Hammer! Ich kannte die vorher nicht. Weiß einer, wo und wann sie spielen? MfG
Sven Dabei seit: 2009	▼ Danke für die Unterstützung[1]! Na ja, wir machen nächsten Sommer eine kleine Tournee in Norddeutschland. Mehr Infos findest du auf unserer Website. MfG

Vokabeln
- der Zuschauer(-)
- gefallen (ie, a, ä) (+ D)
- kritisieren
- entdecken
- richtig gut ≠ schrecklich

1. die Unterstützung *le soutien*

2 Spontane Reaktionen auf das Schüler-Rockfestival

Schüler-CD Piste 7

Hören Sie sich die Aufnahme an.

Wer spricht hier wohl? Wo sind diese Personen? Sind die Reaktionen eher positiv oder negativ?

Tipps

- Was hört man im Hintergrund?
- Achten Sie auf den Tonfall der Personen (neutral? ironisch? begeistert? enttäuscht?).
- Notieren Sie die betonten Wörter.

Publikum beim Schüler-Rockfestival

3 Ihre Meinung ist gefragt!

a. Jemand hat sich Notizen zum SRF gemacht. Welche der Stichwörter sind Argumente für, welche gegen das Festival?

nette Atmosphäre – Chance für junge Talente – auch viele schlechte Bands – vielfältiges Programm – fast nur Amateure – Karten: billig! (9 €) – Reise nach Wuppertal: teuer! – schreckliche Akustik – Was tun nach dem Konzert?

Vielleicht haben Sie noch andere Ideen /Argumente …

b. Bilden Sie zwei Gruppen: Eine möchte zum Schüler-Rockfestival, die andere nicht. Jede Gruppe argumentiert.

Aktion! Eine E-Mail an einen Freund schreiben

Sie wollen mit einem deutschen Freund zum Schüler-Rockfestival gehen. Schreiben Sie ihm eine E-Mail und überreden Sie ihn, mitzukommen.

→ *Ich habe gehört …*

etwa 40 Wörter

Baukasten

- Wir sollten unbedingt zum SRF gehen …
- Was hältst du davon?
- Antworte bitte schnell.

➔ Sprachtraining S. 26-27

- Relater des événements passés
- Lexique : musique et spectacle

➔ Arbeitsheft S. 6

Musikerlebnis

Elke Heidenreich

1943 geboren, wuchs in Essen auf. Sie studierte Germanistik, Publizistik, Theater- und Religionswissenschaften und ist seit 1970 als freie Autorin für Presse, Funk und Fernsehen tätig.

Mitte der 50er Jahre, ich war dreizehn Jahre alt, habe ich meine erste Oper gehört. Das war in Essen, nicht lange nach dem Krieg, der die Städte und die Eltern zerstört[1] hatte. (…) Schönheit galt nichts, Poesie war unbekannt, das Zauberwort hieß Wiederaufbau[2]. (…)

Und dann nahm mich eine Freundin mit in die Oper. Das war der Tag, an dem eine lebenslange Liebe begann, und kein noch so vernünftiges[3] Argument gegen die Oper, diese unvernünftigste aller Künste, kann meinen Kopf erreichen[4]. Die Oper erreicht nur mein Herz, und das Herz diskutiert nicht.

Es war *Die Zauberflöte*. Natürlich habe ich damals den tieferen Sinn der Geschichte nicht verstanden. Ich glaube, ich habe auch die meisten Texte nicht verstanden, denn das muss man ja erst lernen – auf Worte zu hören, die gesungen werden und zu denen ein Orchester – sehr laut – spielt. (…) Und ich war schon bei der Ouvertüre wie verwandelt[5]. Ich hörte hier zum ersten Mal Musik im Dunkeln, in diesem Saal, in diesem Augenblick für mich gespielt – was für ein unbeschreiblicher Luxus! Dann öffnete sich der Vorhang, ein Mann kam und sang: „Zu Hilfe, zu Hilfe, sonst bin ich verloren!" das war genau der Schrei, der schon so lange in mir steckte, und so etwas kann man nicht einfach aussprechen, man muss es wohl singen. Zu Hilfe, zu Hilfe, sonst bin ich verloren! Die Oper kam mir zu Hilfe, darum war ich damals, in dieser Zeit mit diesen Eltern, in dieser Stadt, eben nicht mehr verloren. (…)

Ich habe die ganze Zeit geweint, nicht weil es so traurig gewesen wäre, sondern weil ich so erschüttert[6] war. Kurz nach diesem Opernbesuch habe ich mich zum ersten Mal verliebt, es war, als hätte sich mein Herz geöffnet. Nach diesem Opernbesuch begann das Verhältnis zu den Eltern zu bröckeln, schlechter zu werden, denn ich wollte nicht mehr, dass ihre Welt meine Welt war. Ich hatte etwas anderes gesehen und war für immer die verlorene Tochter der Königin der Nacht[7].

Aus: Elke Heidenreich, *Passione, Liebeserklärung[8] an die Musik*

Die Zauberflöte, Tamino

1. zerstören *détruire* **2.** der Wiederaufbau *la reconstruction* **3.** vernünftig *raisonnable* **4.** erreichen *atteindre* **5.** verwandelt *transformé* **6.** erschüttert *ému* **7.** die Königin der Nacht *dans « La Flûte enchantée », la Reine de la Nuit est à la recherche de sa fille enlevée par Sarastro, grand prêtre du Royaume de la Lumière* **8.** die Liebeserklärung *la déclaration d'amour*

Die Zauberflöte, **Staatsoper unter den Linden, Berlin**

1 Zum Einstieg

Lesen Sie alles, was neben und unter dem Text steht, und die ersten beiden Sätze.

a. Handelt es sich um einen Roman, ein autobiographisches Werk, eine Zeitungsreportage?
b. Was ist das Thema?
– In welchem Ton wird die Autorin wohl davon sprechen: in ironischem – enthusiastischem – neutralem Ton?
– Welche Indizien haben Sie für Ihre Antworten?

2 Indiziensuche

Lesen Sie den ganzen Text.

a. Wie ist der Text aufgebaut? Wo beginnen und wo enden die verschiedenen Teile?
Ein neues Leben – Erster Opernbesuch – Kontext (wann? – wo?) – Wirkung der Musik
b. Suchen Sie nun Informationen zu folgenden Punkten: Name der Oper, Sprache des Operntextes?
c. An diesem Tag erlebte die Autorin einen großen Schock. Welche Textstellen zeigen es? Machen Sie sich Notizen.

Ziehen Sie Bilanz im Plenum:

→ *Die Erzählerin erinnert sich an ihren ersten Opernbesuch: Damals war sie dreizehn …*

Vokabeln

- sich an etwas (+ A) erinnern
- die Nachkriegszeit
- ein wichtiges Erlebnis
- eine andere Welt entdecken
- begeistert sein
- tief berührt / erschüttert sein
- sich verändern
- jdm zu Hilfe kommen (a, o)

3 Textinterpretation

Warum erinnert sich Elke Heidenreich heute noch so genau an diesen Abend?

Aktion! An einem Forum teilnehmen

Auf einem Internet-Forum lesen Sie folgende Beiträge:

HardRocker66	Ich höre nur Rock! Klassische Musik finde ich schrecklich!
Susi	Hi! Das habe ich auch lange gedacht. Hörte aber eines Tages Mozarts Requiem: War echt der Hammer!!

Geben Sie Ihre eigene Meinung.

✎ etwa 40 Wörter

Tipps

- Lesen Sie noch einmal den Text.
- Welche Ausdrücke oder Formulierungen können Sie benutzen?

Die neue deutsche Musikszene

1 Zwei Plakate

a. Schauen Sie sich die zwei Plakate an: Wofür werben sie? Welche Informationen enthalten sie?
b. Was ist vielleicht der jeweilige Musikstil der beiden Bands: Pop-Rock? Jazz? HipHop? R'nB?

2 Wählen Sie eine der beiden Bands.

Video DVD Bonus *Clip Silbermond*

a. Suchen Sie im Internet Informationen zu folgenden Punkten:
– die Musiker: Wie heißen sie? Woher kommen sie?
– die Band: Wann wurde sie gegründet? Was für eine Musik spielt sie?
– die Aktualität der Band: Tournee? Letztes Album? Letzte Single?
– das Engagement der Musiker: Welche Projekte unterstützen sie? Geben Sie Beispiele.
b. Sammeln Sie auf der offiziellen Homepage der Band kostenloses Werbematerial (Video-Clips, Auszüge aus dem letzten Album, Cover …).

Infos unter: www.silbermond.de
www.de.wikipedia.org/wiki/Silbermond
www.culchacandela.de
www.de.wikipedia.org/wiki/Culcha_candela

Aktion! Eine Band vorstellen

Stellen Sie nun der Klasse die Band vor, die Sie gewählt haben: Ihre Mitschüler sollen Lust bekommen, weitere Songs der Band zu hören. Sie können eine PowerPoint-Präsentation erstellen.

→ *Mein Thema ist die Band …*

Baukasten

- Zuerst werde ich die Musiker vorstellen …
- In einem zweiten Teil möchte ich …
- Schließlich will ich auf das Engagement der Band eingehen …
- Zum Schluss möchte ich die wichtigsten Punkte meiner Präsentation zusammenfassen …

Ihr Projekt

Sie haben mit Freunden eine Band gegründet.
Was tun, um am Schüler-Rockfestival teilzunehmen?

1 Schreiben Sie an den Organisator. Nehmen Sie dafür als Modell das Kontaktformular der SRF-Website.

a. Stellen Sie sich und Ihre Band vor (Mitglieder, Musikstil).
b. Erkundigen Sie sich nach den Teilnahmebedingungen.

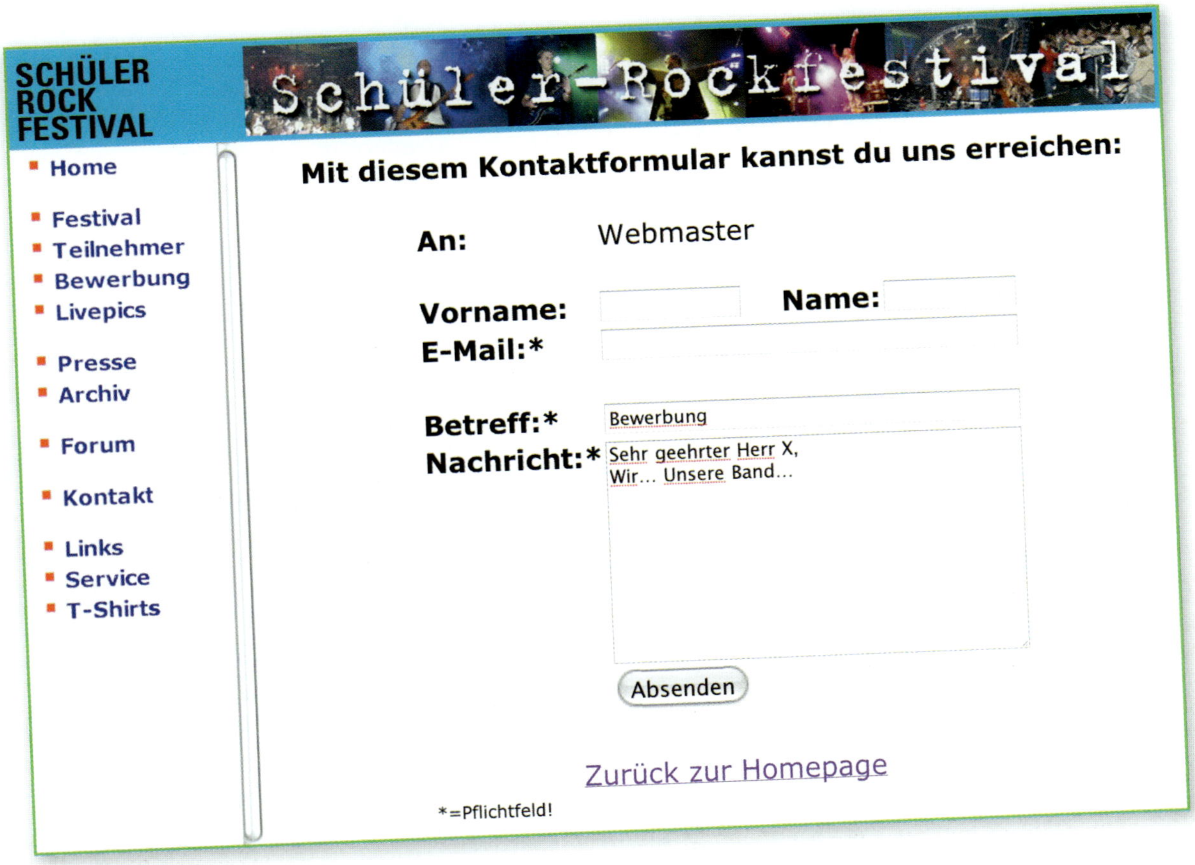

2 Der Organisator hat Sie eingeladen, um Sie und Ihre Band besser kennen zu lernen. Spielen Sie den Dialog.

Organisator: Wie habt ihr von diesem Festival gehört?
…
Organisator: Und ihr möchtet am Konzert teilnehmen? Warum?
…
Organisator: Habt ihr Vorbilder? Seid ihr schon live aufgetreten?
…
Organisator: …

Sprachtraining

➔ Arbeitsheft S. 7-8

Exprimer goûts et préférences

➔ Précis grammatical p. 172

1 Jugement positif ou négatif ? Classez les termes suivants dans l'une ou l'autre catégorie.

→ Und was sagt das Publikum?, p. 20

schlecht – echt gut – schrecklich – langweilig – spannend – lustig – furchtbar – toll – großartig – uninteressant – altmodisch – fantastisch – super

2 Les expressions suivantes signifient-elles : « j'aime » – « je n'aime pas » – « je préfère » ? Recopiez-les en les classant en trois groupes, selon leur sens.

→ Und was sagt das Publikum?, p. 20

… gefällt mir gut – ich mag … lieber (als …) – ich finde … schrecklich – ich mag … sehr gern – ich finde … besser (als …) – … gefällt mir gar nicht – ich hasse … – am liebsten mag ich … – mir gefällt … besser (als …) – ich höre … lieber (als …) – ich mag weder … noch … – ich finde … toll

3 Servez-vous du vocabulaire des deux exercices précédents pour exprimer vos goûts personnels.

→ Und was sagt das Publikum?, p. 20

→ *Popmusik gefällt mir gut.*

a. Rock – klassische Musik
b. Oper – Ballett
c. HipHop – Jazz
d. R'n'B
e. CDs – Live-Konzerte
f. deutsche Volkslieder – französische Chansons
g. Violine – E-Gitarre

Relater des événements passés

- **Pour parler d'événements passés (dans une conversation, un mail…), on utilise le plus souvent le parfait.**

➔ Précis grammatical pp. 149-155

→ *Besonders Peilsender **haben** richtig gut **gerockt**.*

- **Pour les verbes de modalité et pour *haben* et *sein*, il est plus courant d'employer le prétérit.**

→ *Ich **wollte** mir ein Rockfestival anschauen.*

- **Le prétérit est le plus souvent employé lorsqu'on écrit un récit (roman, biographie, conte, mémoires etc.). Il permet de situer une action dans le passé.**

➔ Précis grammatical pp. 149-155

→ *Und dann **nahm** mich eine Freundin mit in die Oper.*

- **Le plus-que-parfait s'emploie pour situer sur l'axe du temps une action antérieure à ce qui est formulé à l'aide du parfait ou du prétérit.**

➔ Précis grammatical pp. 149-155

→ *Das war in Essen nach dem Krieg, der die Städte und die Eltern **zerstört hatte**.*

- **Des éléments lexicaux peuvent aussi apporter des informations complémentaires (*gestern, um 21 Uhr, gegen Abend, letztes Jahr, eines Tages* …).**

4 Le lendemain d'un concert, les fans racontent… Conjuguez les expressions entre parenthèses au parfait.

→ Und was sagt das Publikum?, p. 20

→ *Das Konzert war toll, wir (die ganze Nacht tanzen)*
→ *Das Konzert war toll, wir haben die ganze Nacht getanzt.*

~~**a.** Das Konzert war toll, wir (die ganze Nacht tanzen)~~
b. Wir (die Hits mitsingen)
c. Wir (viele neue Bands entdecken)
d. Die Fans (nach jedem Lied wie verrückt klatschen)
e. Der Veranstalter (den Abend perfekt organisieren)
f. Wir (erst nach Mitternacht nach Hause gehen)

5 Le lendemain aussi, on leur pose bien des questions… Conjuguez les verbes entre parenthèses au parfait.

→ Und was sagt das Publikum?, p. 20

→ *■ du nicht zu spät ■ (kommen)?*
→ *Bist du nicht zu spät gekommen?*

~~**a.** ■ du nicht zu spät ■ (kommen)?~~
b. ■ du ein Programm ■ (kaufen)?
c. Wie ■ die Bands ■ (spielen)?
d. Wie ■ die Sänger ■ (singen)?
e. ■ dir das Konzert ■ (gefallen)?
f. ■ du Bekannte ■ (treffen)?
g. Wie ■ du das Festival ■ (finden)?
h. Wie viele Bands ■ am Festival ■ (teilnehmen)?

6 Conjuguez les verbes entre parenthèses au prétérit.

→ *Musikerlebnis, p. 22*

1956 (**gehen**) Elke Heidenreich zum ersten Mal in die Oper. In dieser Zeit (**wohnen**) sie mit ihren Eltern im zerstörten Essen und (**finden**) das Leben sehr traurig. Da (**nehmen**) eine Freundin sie in die Oper mit, in „Die Zauberflöte". Schon bei der Ouvertüre (**fühlen**) sich Elke wie verwandelt. Sie (**verstehen**) zwar nicht viel vom Text, aber die Musik (**gefallen**) ihr sehr und (**erschüttern**) sie tief. Als das Publikum am Ende (**klatschen**), (**erwachen**) sie wie aus einem Traum. Nach diesem Opernbesuch (**sein**) sie eine andere. Sie (**verlieben**) sich, (**distanzieren**) sich von ihren Eltern, kurz, sie (**werden**) erwachsen.

Prosodie und Phonetik

Schüler CD Piste 8

L'intonation de la phrase

a. Écoutez les phrases enregistrées. Lesquelles sont des interrogatives ? Notez leur numéro.
b. Écoutez à nouveau. Lesquelles sont des interrogatives globales ?

Wortschatz

Musique et spectacle

7 Retrouvez le nom (avec le genre et le pluriel) ou le verbe de la même famille (avec le prétérit et le participe II). Traduisez ensuite ces termes.

→ *R wie Rock, p. 16*

→ *der Organisator(en) → organisieren, organisierte, organisiert*

a. ~~der Organisator(en)~~ → ■
b. der Teilnehmer(-) → ■
c. ■ ← musizieren (te, t)
d. der Sänger(-) → ■
e. ■ ← rocken (te, gerockt)
f. ■ ← produzieren (te, t)
g. ■ ← moderieren (te, t)

8 Complétez à l'aide d'un des verbes de la liste, que vous conjuguerez au présent de l'indicatif.

stattfinden – spielen – auftreten – kosten – haben – teilnehmen

→ *R wie Rock, p. 16*

a. Die Band *Yadanar* ■ am Ende des Festivals ■.
b. ■ ihr Lust, ins Konzert zu gehen?
c. Das Konzert ■ in der Stadthalle ■.
d. Seit wann ■ du Klavier?
e. Super! Meine Lieblingsband ■ am Festival ■!
f. Was ■ der Eintritt? Zehn Euro? Das ist aber nicht teuer!

9 Quel est l'infinitif des verbes soulignés ? Que signifient-ils en français ? Aidez-vous des informations fournies par la phrase pour déduire le sens de ces verbes.

→ *Zwei Bands, p. 18*

a. „Wer leitet die Band?" – „Michael. Er hat auch viele gute Ideen und eine starke Persönlichkeit."
b. Die Musiker haben noch eine Stunde vor dem Konzert ein letztes Mal geprobt. Ihre Show war also wirklich nicht improvisiert.
c. Auf dem Festival entdecken die Zuschauer jedes Jahr neue Bands, die sie noch nie gehört haben.
d. Die Band *Maha Kumari* spielt am liebsten live. Der direkte Kontakt zum Publikum ist für die Musiker sehr wichtig.
e. Das Publikum findet das Konzert toll und klatscht frenetisch.

10 Associez un substantif de la colonne de gauche à un verbe / un groupe verbal de la colonne de droite pour former un ensemble cohérent.

A. der Musikschüler	**a.** auf der Bühne stehen
B. die Stadt	**b.** applaudieren
C. der Dirigent	**c.** über das Festival berichten
D. die Sängerin	**d.** ein Festival veranstalten
E. der Moderator	**e.** mit dem Lehrer üben
F. das Publikum	**f.** das Orchester leiten
G. die Lokalzeitung	**g.** die Bands vorstellen

11 Complétez par l'un des adjectifs de la liste suivante.

aufgeregt – begeistert – erschüttert – enttäuscht – ruhig – wichtig

→ *Musikerlebnis, p. 22*

a. Die Band: „Unsere Musik lebt von den Texten. Die sind wirklich sehr sehr ■!"
b. „Die spielen aber toll!" Maike ist restlos ■.
c. „Der Rhythmus ist super! Da kann ich nicht ■ bleiben. Da muss ich mittanzen!"
d. „Bei dieser Musik muss ich einfach weinen." Antje ist tief ■.
e. Christoph, der Gitarrist, ist vor dem Konzert sehr ■: „Habe ich auch genug geübt? Und wenn ich total schlecht spiele?"
f. „Was? Meine Lieblingsband spielt nicht?" Jakob ist sehr ■.

1 Leseverstehen

Ronsdorf. „Immer nur für mich üben – das ist langweilig“, findet Tobias (11) und spricht damit seinen Kollegen aus dem Herzen. Seit Ende Februar proben drei Schlagzeuger, zwei Gitarristen, ein Keyboarder und eine Sängerin zusammen in der Musikschule Allegro. Waren anfangs zu viele Gitarristen im Team, fehlt nun vor allem noch jemand am E-Bass.

Einen Namen hat die Band bisher noch nicht so richtig. The Rising ist im Gespräch, es könnte aber auch noch ein ganz anderer Name werden. Großes Ziel[1], auf das die Jugendlichen hinarbeiten, ist das Schüler-Rockfestival.

„Wenn ich nicht diese Band hätte, wäre ich nicht auf dem Stand, auf dem ich jetzt bin“, sagt Lennard (15), der erst akustische Gitarre spielte und nach einem Monat E-Gitarre sofort in der Band einstieg. Jetzt probt das Ensemble Klassiker wie „Who Knew“ von Pink und einen Song von Blur. Der Sound macht schon viel her. „Das sind Klassiker, die jeder kennt und die einfach zu spielen sind. Auf der Basis der Noten muss man dann einen eigenen[2] Klang entwickeln“, erklärt Claudio del Rio, der die Band zusammen mit Cristian leitet. Die beiden Brüder aus Chile sind ihrem Vater nach Deutschland gefolgt, der im Chor der Düsseldorfer Oper singt. Claudio studierte Gitarre an der Essener Folkwang-Hochschule, Cristian Schlagzeug an der Wuppertaler Musikhochschule. Ihr älterer Bruder wählte Gesang als Hauptfach, und alle drei gemeinsam treten als Band 33,3 auf Hochzeiten oder in Kirchen auf.

Die Jugendlichen müssen sich erst einmal zusammenfinden und auch auf eine Stilrichtung einigen. „Einige würden vielleicht eher härteren Rock spielen, andere nicht“, meint Philipp, der 14-jährige Schlagzeuger. Als das erste eigene Lied entstehen sollte, war die Frage: Englisch oder Deutsch? Zwar ist Englisch „in“, aber besser verständlich ist Deutsch, entschied das Team.

„Der Sinn ist, dass jeder etwas mitbringt“, sagt Cristian del Rio, „die Schüler sind engagiert bei der Sache, sie sind alle sehr motiviert.“

Tanja Heil, *Westdeutsche Zeitung*, 17.07.09

1. das Ziel(e) *le but* **2.** eigen *propre, personnel*

Schreiben Sie bei jeder Aufgabe die richtige Lösung ab. Begründen Sie ihre Antwort durch ein Zitat.

TEIL 1 (A2)

1 Es handelt sich um
- einen Auszug aus einem Roman.
- einen Auszug aus einem autobiografischen Werk.
- einen Presseartikel.

2 Das Hauptthema ist
- eine neue Schülerband.
- ein Konzert in der Musikschule Allegro.
- die Band 33,3.

3 Tobias und seine Freunde wollen
- an einem Festival teilnehmen.
- auf Festen spielen.
- nur privat musizieren.

4 In der Gruppe
- machen alle Musiker sehr gerne mit.
- kommen einige Musiker nicht oft zu den Proben.
- herrscht eine schlechte Atmosphäre.

TEIL 2 (B1)

1 Die Texte der Lieder sind
- auf Deutsch.
- auf Englisch.
- manchmal auf Deutsch, manchmal auf Englisch.

2 Die Musiker üben
- jeder bei sich zu Hause.
- in der Musikschule.
- bei den Musikstudenten Claudio und Cristian.

3 Die Musiker
- haben ihren eigenen Stil noch nicht gefunden.
- möchten alle dieselbe Musik spielen.
- wollen keine Klassiker spielen.

4 Cristian
- ist der einzige Amateur.
- hat eine musikalische Familie.
- ist in der Schule nicht gut integriert.

5 Das Ensemble
- heißt „The Rising".
- hat noch keinen Namen.
- heißt „Who Knew".

2 Hörverstehen

Klassen CD

Hören Sie sich die Aufnahme an.

1 Worum handelt es sich? Um eine Werbung, ein privates Gespräch, ein Interview?
2 Welche Rolle wird Maren bei dem Festival spielen?
3 Was sagt sie über diesen Job? Über das Festival?

Sie finden den Fragebogen zum Ausfüllen im ***Arbeitsheft S. 9-10***.

3 Mündliche Kommunikation

1 Schauen Sie sich die Anzeige an. Um was für ein Event handelt es sich?
2 Hätten Sie Lust, eine Karte zu kaufen? Warum (nicht)? …

> **Theater**
>
> *Harmonia Ensemble*
>
> Werke von Mozart, Haydn, Mendelssohn-Bartholdy
>
> **So 27.09. 20.00 Uhr**
>
> Karten: 22,50 € / 16,50 €
> Schüler: 10 €

4 Schriftliche Kommunikation

Auf einem Internet-Forum kann man folgende Frage lesen:
„Wie viel Musik hört ihr am Tag? Und wo am liebsten (zu Hause, auf der Straße, in Konzerten …)? Ist Musik für euch wichtig?"
Schreiben Sie eine Antwort.

etwa 50 Wörter

Aufwärmen

1. Welche Wörter assoziieren Sie spontan mit dem Begriff „Solidarität“?
2. Wie kann man sich solidarisch zeigen? Geben Sie Beispiele.

Seid ihr solidarisch?

Descripteurs du Cadre européen

Écouter

A2 Comprendre l'essentiel de courts messages.

Lire

A2 Comprendre l'essentiel de courts textes simples.

B1 Comprendre l'essentiel d'un texte littéraire.

Parler en continu

A2 Exprimer brièvement son opinion.

Parler avec quelqu'un

A2 Échanger des informations.

B1 Participer à une discussion, interviewer, être interviewé.

Écrire

A2 Rendre brièvement compte de ses expériences

B1 Écrire une biographie imaginaire, raconter une histoire, exprimer son opinion.

Micro-tâches

Tâche finale

Participer à un débat citoyen.

➔ **Sprachtraining S. 42-43**
- Le passif
- Lexique : aide et entraide

➔ **Arbeitsheft S. 11**

Herbert

Fünf Uhr morgens. Herbert (14) liegt im Bett.

Herbert dreht sich auf die andere Seite. Vielleicht wird er heute einen guten Tag haben. Er hat lange geschlafen, er ist ausgeruht und stark. Er wird in die Schule gehen, die immer neue Schultasche in der Hand. Er hat sie zu seinem vierzehnten Geburtstag bekommen. Vorher hatte er noch mit einem Ranzen[1] gehen müssen, orange mit weißen Steppnähten, obwohl keiner aus seiner Klasse noch einen Ranzen getragen hatte. Das ist nun vorbei. Er hat eine Tasche wie die anderen.

„Du bist jetzt groß“, hat sein Vater gesagt. „Bald bist du erwachsen.“ „Es wird Zeit, dass er wächst“, hat die Mutter gesagt. „Und wie dünn er ist. Schau, nur Haut und Knochen[2].“ Der Vater hat Herbert prüfend betrachtet und dann genickt. „Ja, das stimmt. Ich in seinem Alter, ich stand ganz anders da.“ (…)

Herbert merkt jetzt ganz genau, dass es nichts mehr wird mit dem Schlafen. Er kann an nichts anderes mehr denken als an den Tag, der vor ihm liegt. Natürlich wird er sich zwei Banjos[3] kaufen, vor der Schule, das tut er immer, und dann wird er aufrecht und furchtlos an den anderen vorbeigehen. Er wird ihnen zeigen, dass sie ihm egal sind, dass sie ihm nichts anhaben können[4], weil er ruhig und besonnen[5] ist. (…)

Er sieht sich durch das Schulhaus gehen, aufrecht, mit erhobenem Kopf, sieht sich Klaus direkt ins Gesicht schauen, ganz ohne Angst, und Klaus wird auf ihn zukommen und sagen: „Es tut mir Leid, dass ich dich geärgert habe. Allen tut es Leid. Wir werden es nicht mehr tun. Wir sehen ein, dass wir einen Fehler gemacht haben. Ab heute wird das alles anders.“ Klaus wird seine Hand ausstrecken und Herbert wird sie ergreifen. „Reden wir nicht mehr drüber. Es ist alles in Ordnung.“

Herbert nimmt sein Kopfkissen und wühlt sein brennendes Gesicht in das kühle Tuch. So wird es nicht sein. So wird es nie sein. Es wird ein Tag sein, wie jeder andere. (…)

Herbert schläft doch wieder ein. Noch eine Stunde, dann fängt der Tag an.

Aus: Mirjam Pressler, *Kratzer im Lack*

1. der Ranzen *le cartable pour l'école primaire* **2.** nur Haut und Knochen *il n'a que la peau et les os*
3. Banjo *nom d'une barre chocolatée* **4.** jdm nichts anhaben können *ne rien pouvoir faire contre qqn*
5. besonnen *réfléchi*

1 Vier Teile

Lesen Sie den Text. Er besteht aus vier Teilen. Wo fangen sie an? Wo enden sie?

Ein neuer Anfang? – Der Blick der Eltern – Ein Szenario für einen neuen Schultag – Rückkehr zur Realität

→ *Der erste Teil beginnt Zeile 1 und endet …, der zweite Teil …*

2 Herbert

Was erfahren wir über Herbert, über sein Aussehen?

3 Ein Szenario für einen neuen Schultag

Lesen Sie noch einmal den Abschnitt „Ein Szenario für einen neuen Schultag“.

a. Auf wen beziehen sich die Pronomen „sie“ (Z. 16) und „wir“ (Z. 21)?

b. Wie stellt sich Herbert in diesem Szenario sein eigenes Verhalten und das seiner Mitschüler vor?

c. Wie sieht wohl ein normaler Schultag für Herbert aus? Was machen seine Mitschüler – und besonders Klaus?

Vokabeln

- schwach, dünn
- jdn ausgrenzen
- jdn mobben
- jdn auslachen
- jdn verprügeln
- sich vor (+ D) fürchten
- sich etwas vorstellen
- etwas bereuen
- sich mit (+ D) versöhnen
- jdn unterstützen

Aktion! Ein Posting schreiben

Herbert erzählt auf einem Internet-Forum von seinen Problemen und bittet um Hilfe. Schreiben Sie sein Posting.

→ *Hallo! Ich habe ein Problem …*

etwa 40 Wörter

Baukasten

- Was soll ich / kann ich …
- Soll ich …?
- Es ist schwer / nicht leicht …
- Könntet ihr bitte …

➔ Sprachtraining S. 42-43
- Exprimer un conseil
- Lexique : aide et entraide
➔ Arbeitsheft S. 12-13

Buddys an deutschen Schulen

1 Motto

Lesen Sie das Motto und schauen Sie sich das Bild an:
Was ist wohl die Rolle der Buddys? Was machen sie vielleicht konkret?

Aufeinander achten, füreinander da sein, miteinander lernen

2 Buddy-Rollen

Bilden Sie zwei Gruppen und behandeln Sie die Aufgaben.

a. Gruppe A liest Text A.
In diesem Bericht werden zwei Buddy-Rollen erwähnt: welche? Suchen Sie zwei Beispiele für diese Rollen.
Gruppe B liest Text B.
Was ist Sebastians Aufgabe? Was macht er konkret? Wie sehen ihn die anderen?
b. Jede Gruppe fasst mit ihren eigenen Worten zusammen, was sie erfahren hat. Die andere Gruppe macht sich Notizen und kann nachfragen, wenn etwas unklar ist.
c. Was ist also das Ziel des Buddy-Projekts?

A

Bernd Schäpers, Buddy[1]-Lehrer in Ahlen: „Ich habe nachgedacht, welche Möglichkeiten gibt es, wo Schüler sich sozial engagieren können, wo sie für andere was tun können, und ich bin dann eben auf Buddy aufmerksam geworden. Und so sind dann nach und nach verschiedene Buddy-Projekte in Gang gekommen, unter anderem die Hausaufgaben-Buddys, dann haben wir auch noch Nachhilfe[2]-Buddys, das sind Schüler, die speziell geschult sind, (…) damit sie Nachhilfe geben können.

Buddys an der Johannes-Dicel-Regelschule in Seebach: „Ich habe einem Mitschüler in Mathe geholfen und ihm auch noch eine zusätzliche Nachhilfe besorgt. Danach hat er eine Zwei in der Mathearbeit geschrieben, dafür war er mir sehr dankbar“, beschreibt Christina aus der 9. Klasse ihr schönstes Buddy-Erlebnis. „Als Lernpate[3] achte ich besonders darauf, dass niemand seine Hausaufgaben und Arbeitsmittel[4] vergisst“, erzählt Maria.

© www.buddy-ev.de

1. der Buddy(s) *(anglais) le copain* **2.** die Nachhilfe *les cours particuliers* **3.** der Lernpate(n) *le tuteur* **4.** die Arbeitsmittel *les affaires*

B

Sebastian (16), **Schüler an der Jeanette-Wolff-Realschule in Dinslaken:**

„Wir Buddys reagieren auf jede kleine Hänselei[1] sofort, achten auf Schüler, die schon wieder alleine auf dem Schulhof stehen, sehen Mobbing schon fast voraus. Dann gehen wir in die Klassen und reden … (…) Ich wurde ab der 6. Klasse gemobbt. Ich habe mich nicht getraut, jemandem etwas zu sagen, auch nicht meinen Eltern. Heute sehen uns die meisten Schüler als Respektperson an, weil wir Konflikte mit Worten regeln können und eine friedliche Lösung finden. Wir können Gewalt im Keim ersticken[2]. Ohne Lehrer! Ohne Strafarbeit! Wir bieten ihnen eine Alternative an – keiner wird etwas darüber erfahren …"

© www.respect.de

1. die Hänselei *la moquerie* 2. Gewalt im Keim ersticken *étouffer la violence dans l'œuf*

Vokabeln
- jdm helfen (a, o, i)
- jdn unterstützen
- ein Problem regeln, lösen
- eine Lösung finden (a, u)
- Nachhilfe geben (a, e, i)
- Hausaufgaben machen

3 Eine Reportage

Schüler-CD Piste 9

Hören Sie sich eine Reportage über die Buddys der Montessori-Hauptschule in Düsseldorf an.

a. Erster Teil:
– Es ist die Rede von einem Treffen. Wer trifft sich? Wie oft? Wo? Worüber wird geredet?
– Schüler sprechen. Worüber?

b. Zweiter Teil:
Die Buddys haben oft selbst Probleme gehabt. Notieren Sie für den Jungen und für das Mädchen, worin sein / ihr Problem bestand.

c. Dritter Teil:
Was hat die Buddy-Rolle dem Jungen und dem Mädchen persönlich gebracht?

Tipps
- Achten Sie auf die verschiedenen Stimmen.
- Notieren Sie die betonten Wörter.

Aktion! An einer Diskussion teilnehmen

Herbert (S. 32) hat mit einem Buddy gesprochen. Über seinen Fall soll beim wöchentlichen Buddy-Treffen diskutiert werden.
Bilden Sie drei Gruppen. Jede hat eine besondere Aufgabe:
– Die erste Gruppe stellt Herberts Situation vor.
– Die zweite Gruppe macht Vorschläge: Was können die Buddys vielleicht für Herbert tun?
– Die dritte Gruppe macht auch Vorschläge: Was können die Buddys gegen Klaus und dessen Freunde machen?
– Am Ende einigt sich die Klasse auf eine Strategie.

Spielen Sie die Buddy-Sitzung.

Baukasten
- Wir könnten …
- Am besten wäre es, …
- Ich schlage vor, …
- Herbert sollte …, die anderen müssen …

➔ Sprachtraining S. 43
• Exprimer un conseil
➔ Arbeitsheft S. 14

Ein MGH

1 Ein Flyer

Lesen Sie den Flyer und suchen Sie Informationen:

a. Wer macht hier Werbung? Was ist also ein MGH (siehe auch Foto)?

b. Was für Personen könnten sich für das MGH interessieren? Warum?

➔ *Leute, die einsam sind …*
Leute, die …

1. Unterstützung benötigen *avoir besoin d'aide*
2. der Gleichgesinnte(n, n) *qqn qui a les mêmes intérêts*

2 Ein buntes Programm

Schauen Sie sich nun das Programm auf der gegenüberliegenden Seite an.

a. Suchen Sie Aktivitäten, die jungen und alten Menschen gemeinsam angeboten werden.

b. Beraten Sie Herbert (siehe Seite 32). Sagen Sie ihm, was er wählen sollte und warum.

➔ *Du könntest / solltest … Da kannst du …*
➔ *Ich glaube, … wäre was für dich, denn …*

Vokabeln
- Aktivitäten anbieten (o, o)
- das Angebot(e)
- treffen (a, o, i)
- Erfahrungen austauschen
- einsam
- allein sein

Mehr Generationen Haus Bensheim

Angebote und Dienstleistungen[1]

Mittagstisch für Jung und Alt

Der Mittagstisch im Café Klostergarten ist ein Ort der Begegnung zwischen den Generationen. Durch die Kooperation mit der nahe gelegenen Liebfrauenschule nehmen regelmäßig SchülerInnen und Lehrer am Mittagstisch teil.
Gleichzeitig ist es ein Dienstleistungsangebot zur Entlastung von älteren Menschen, Familien, Alleinerziehenden und Berufstätigen.
Warme Küche: Mo-Sa 11.30-14.00 Uhr

Offener Treff

Das Café Klostergarten ist ein offener Tagestreff für Jung und Alt. Jeder ist eingeladen zu verweilen. An einzelnen Tagen finden zusätzliche Angebote statt.

- Internet-Café für Jung und Alt
- Hör-Bar: Hörbücher für Groß und Klein
- Spielen am Nachmittag für Jung und Alt Di 16.00-18.00 Uhr
- Thematische und kulturelle Veranstaltungen, Vorträge, Vorlesungen, Erzähl- und Gesprächskreise

Öffnungszeiten: Mo-Fr 9.00-23.00 Uhr
Sa 9.00-15.00 Uhr

Dienstleistungsbörse

- **Senioren ans Netz** – Computerkurs für Senioren Di, Mi 8:15-12:30 Uhr
- **Wunsch-Großeltern** – Junge Familien knüpfen Kontakte zu Senioren, die Ersatzgroßeltern sein möchten.
- **Paten[2] für Zukunft[3]** – Ehrenamtliche[4] Paten stehen benachteiligten jungen Menschen als Lernhelfer zur Seite.
- **Sprachcafé** – Frauen mit Migrationshintergrund vertiefen miteinander ihre Kenntnisse der deutschen Sprache. Mi-Do, 11.30-13.10 Uhr
- **Hausaufgabenhilfe** – Kinder mit Migrationshintergrund im Grundschulalter erhalten Unterstützung bei den Hausaufgaben. Mo-Do, 11.40-13.10 Uhr
- **Young meets Old** – regelmäßiger Besuchsdienst von SchülerInnen der Liebfrauenschule im Caritas-Altersheim.

1. die Dienstleistung(en) *le service, la prestation* **2.** der Pate(n, n) *le parrain* **3.** die Zukunft *l'avenir* **4.** ehrenamtlich *bénévole*

3 Eine bundesweite Initiative

Schüler CD Piste 10

a. Insgesamt gibt es ungefähr 500 MGH in Deutschland. Warum vielleicht? Schauen Sie sich die Grafik an! Achten Sie auf Indizien! (Zeichnung, Zahlen, Lebenserwartung …)
b. Hören Sie nun, was eine Politikerin darüber sagt!
– Wer ist diese Frau?
– Was sagt sie über die MGH? Was ist ihre Absicht?
c. Was halten Sie von dieser Initiative? Wären Sie persönlich interessiert?
→ *Also, ich finde …*

Tipps
- Achten Sie auf die Wörter, die wiederholt werden.

Die steigende Lebenserwartung der Deutschen

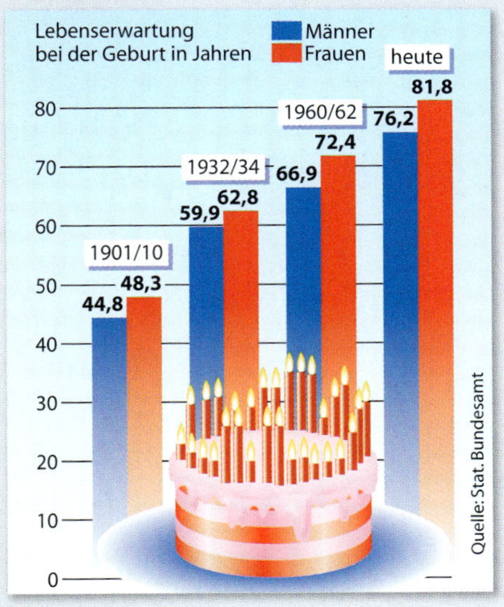

Aktion! Ein Interview führen

Der Direktor / die Direktorin eines MGHs wird von einem Journalisten interviewt.
Bilden Sie zwei Gruppen, machen Sie sich Kurznotizen und spielen Sie das Interview.

→ *Guten Tag Herr / Frau X, Sie leiten ein MGH in … Könnten Sie uns sagen …*

3 Minuten

Tipps
- Konzentrieren Sie sich auf einige Themen: die Besucher – das Angebot – die aktuelle Bilanz.
- Machen Sie sich Kurznotizen, lesen Sie aber keinen fertigen Text vor.

➔ Sprachtraining S. 42
• Als ou wenn
➔ Arbeitsheft S. 15

Oma Wessel

Klassen CD

Yadé Kara

Yadé Kara (*1965 in Çayırlı / Osttürkei) lebt seit 1971 in Berlin. Für ihren ersten Roman *Selam Berlin* erhielt sie den Deutschen Bücherpreis. Sie arbeitete auch als Journalistin und Schauspielerin.

Ich stieg mit schweren Tüten[1] die Treppen hoch. Auf dem zweiten Stock sah ich Oma Wessel. Unverkennbar in ihrem Leopardenmantel aus Nylon. Sie hielt immer zwischen den Stockwerken an und atmete tief durch[2]. (…)

Die Wessels wohnten nebenan und hatten keine Kinder. Sie hatten Ediz und mich als ihre Enkel adoptiert, damals, als wir noch zur Grundschule gingen. Ich stieg die Treppe hinauf, und als ich nahe genug bei ihr war, strahlte[3] sie. Ihr Kopf zitterte[4], und die goldenen Ohrringe[5] tanzten wild unter ihrer braunen Perücke. „Ach neee, der Hansi ist wieder da." Sie war eine von denen, die mich immer Hansi nannten, obwohl ich Hasan Selim Khan Kazan hieß. Meine Eltern hatten mir diesen schönen Namen in Andenken an meine Ururgroßväter gegeben. (…)

„Mensch, Junge, det is ja ne Überraschung."

„Ja, ich bin wieder im Lande", sagte ich freudig und reichte ihr die Hand. Sie griff zu. Ihre Hand war noch zittriger geworden als früher. (…)

Oma Wessel stützte[6] sich auf mich, langsam stiegen wir Stufe für Stufe[7] hoch zum fünften Stockwerk. Hier wohnten wir Tür an Tür mit Oma Wessel. Ihre Wohnungseinrichtung begann schon im Treppenhaus. Sie hatte die Wände mit Postkarten und Kalenderbildern vom Schwarzwald beklebt. Grüne Wälder, blaue Berge (…). Ein kleiner Sessel und ein Tisch standen am Fenster. Oma Wessel ruhte sich hier immer aus und rauchte Zigaretten. Mit der Zeit kamen Kissen, Decken und Pflanzen[8] dazu. Es wurde gemütlich – fast so gemütlich wie vor dem Fernseher. Es war Wessels Territorium. (…)

Nach der Schule gingen wir früher zu Wessels. Meine Eltern waren auf Arbeit. Oma Wessel kochte Kaffee und Kakao und bei Apfelkuchen und Schlagsahne erzählte sie uns von den Bombenangriffen[9] von 1945.

Das einzige, was ich vom Krieg kannte, waren die Schwarzweißfilme der Wochenschau und Opa Wessels Gasmaske, Armeerucksack und Kohlenkarre[10], die im Keller standen. Gegenstände aus einer anderen Zeit, aus einer anderen Welt. An den Wessels sah ich, dass der Krieg nicht nur einmal zerstört[11]. Die Wessels redeten immer noch sehr betroffen von Bomben, Hunger und toten Brüdern, Schwestern, Eltern. Sie waren immer so weinerlich dabei. Ich hatte von alldem keine Ahnung[12].

Aus: Yadé Kara, *Selam Berlin*

1. die Tüte(n) *le sac* **2.** atmete tief durch *reprenait son souffle* **3.** strahlen *(ici) arborer un large sourire* **4.** zittern *trembler* (→ zittrig, Z. 14) **5.** der Ohrring(e) *la boucle d'oreille* **6.** sich auf (+ A) stützen *s'appuyer sur* **7.** Stufe für Stufe *marche après marche* **8.** Kissen, Decken und Pflanzen *des coussins, des couvertures et des plantes vertes* **9.** der Bombenangriff(e) *le bombardement aérien* **10.** Gasmaske, Armeerucksack und Kohlenkarre *le masque à gaz, le sac à dos de l'armée et la brouette à charbon* **11.** zerstören *détruire* **12.** von (+ D) keine Ahnung haben *ne pas avoir la moindre idée de qqch.*

Berlin Kreuzberg

1 Zum Einstieg

Erfinden Sie eine kurze Geschichte mit Hilfe folgender Elemente.

Schauplatz: Berlin, Adalbertstr. 8, in einem Mietshaus
Zeitpunkt: 1989, kurz nach dem Fall der Mauer
Personen: – Hasan (19), lebt zwischen der Türkei und Berlin
– Oma Wessel, eine alte Berlinerin

2 Indiziensuche

a. Lesen Sie den Anfang des Textes bis Zeile 22.

- Wer ist der Erzähler? Sammeln Sie Informationen über ihn.
- Oma Wessel ist eine alte Dame. Welche Indizien zeigen es? Sie ist auch eine originelle Frau. Woran sieht man es zum Beispiel?

b. Lesen Sie den Text zu Ende.

- Um welches Thema geht es jetzt?
- Hasan wusste nicht viel darüber. Welche Textstellen zeigen es?

Vokabeln

- der Nachbar(n) / die Nachbarin(nen)
- das Mietshaus(¨er), mieten
- das Stockwerk(e)
- sich über (+ A) freuen
- schwach, krank
- es sich gemütlich machen
- sich um (+ A) kümmern
- eine zweite Familie / Ersatzfamilie

3 Textinterpretation

Charakterisieren Sie die Beziehungen zwischen Hasan und Oma Wessel früher und jetzt. Was bringt jeder dem anderen?

Aktion! Eine Biografie schreiben

Erzählen Sie Oma Wessels Leben mit Hilfe folgender Elemente. Benutzen Sie auch Informationen aus dem Text.

1922: Geburt in Schlesien, arme Familie
1935: Umzug mit den Eltern nach Berlin
1940: Fabrikarbeiterin
1942: Heirat mit Theo Wessel (Soldat)
1945: Tod der Eltern
1947: macht eine Ausbildung als Verkäuferin
1952: mietet eine Wohnung in der Adalbertstraße
1985: geht in Rente
→ *Oma Wessel wurde 1922 in Schlesien geboren …*
etwa 50 Wörter

Tipps
• *Méthodologie S. 145-146*

Zivilcourage

1 Der Clip (Jochen Graf / ZARA) ist Teil einer Kampagne für Zivilcourage. Welche Elemente erkennen Sie in diesem Wort? Was ist vielleicht Zivilcourage? Geben Sie Beispiele.

2 Schauen Sie sich den Anfang des Films an.

a. Beschreiben Sie kurz die Frau im Park. Welchen Eindruck macht sie?

b. Was wird jetzt vielleicht passieren? Erfinden Sie eine Fortsetzung.

3 Schauen Sie sich nun das Ende des Films an.

a. Hatten Sie richtig geraten? Wie finden Sie den Film?

b. Welches Adjektiv passt am besten zu dieser Frau? Begründen Sie Ihre Wahl.

schwach – alt – mutig – komisch – banal

c. Was bedeutet also: Zivilcourage zeigen?

Vokabeln

- etwas abwischen
- sich für (+ A) einsetzen
- gegen (+ A) kämpfen

Video DVD Bonus *Flugzeug*

Video DVD Bonus *Öffentlicher Bus*

Aktion! Eine Kritik schreiben

Schreiben Sie eine kurze Kritik dieses Clips für eine Schülerzeitung.
Fassen Sie das Szenario zusammen und erklären Sie, was Sie von dem Film halten.

→ *Im Deutschunterricht haben wir vor kurzem einen Clip gesehen …*

etwa 40 Wörter

Baukasten

- Am Anfang sieht man …
- Zuerst weiß man nicht …
- Aber dann …
- Da versteht der Zuschauer, dass …
- Es ist ein gutes Beispiel …

An einer Debatte teilnehmen

1 Hören Sie sich die Aufnahme an. Mehrere Personen nehmen an einer Debatte über die Mehrgenerationenhäuser teil.

Schüler CD Piste 11

a. Welche Ausdrücke benutzen sie:
- um eine Meinung zu formulieren?
- um zu sagen, dass sie nicht einverstanden sind?
- um etwas einzuräumen?

b. Ordnen Sie Ihre Notizen.

mdr-Talkshow „Riverboat" in Leipzig

2 Eine These verteidigen

„Es gibt viel Gewalt an Schulen, immer mehr Menschen leben allein."
These A: „Initiativen wie Buddys oder MGH bringen nicht viel."
These B: „Initiativen wie Buddys oder MGH sind sehr hilfreich."

Bilden Sie zwei Gruppen.
Gruppe A ist mit der These A einverstanden, Gruppe B mit der These B.

a. Jede Gruppe erklärt ihren Standpunkt und gibt Beispiele.
- Stellen Sie zuerst Ihre These dar.
- Zitieren Sie konkrete Beispiele aus diesem Kapitel.

b. Es folgt eine kurze Diskussion.
Machen Sie sich Kurznotizen, lesen Sie aber keinen fertigen Text vor.

c. Eine Jury urteilt, welche Gruppe besser argumentiert hat.

5 Minuten

Sprachtraining

➔ Arbeitsheft S. 16-17

Le passif

➔ Précis grammatical p. 155

● **Le passif (auxiliaire *werden* + participe II) permet d'envisager une action sous une autre perspective.**

→ *Die anderen Schüler mobben Herbert.* (L'accent est mis sur l'action des élèves.)
*Herbert **wird** von den anderen Schülern **gemobbt**.* (L'accent est mis sur le fait qu'Herbert subit quelque chose.)

● **On n'indique pas toujours qui est l'agent (celui qui réalise l'action), soit parce que cette information n'est pas connue, soit parce que cela n'est pas utile.**

→ *Im Unterricht **ist** das Thema „Mobbing" **besprochen worden**.*
(Le sujet ayant été traité en classe, *im Unterricht*, on ne précise pas que ce sont les élèves et leur professeur qui en ont discuté.)

1 **Le verbe *werden* ne sert pas qu'à former des structures passives. Quelles sont les deux phrases qui ont effectivement une structure passive ? Justifiez vos réponses grâce aux formes verbales.**

→ *Herbert, p. 32*

a. Herbert wurde wegen seines Schulranzens von seinen Mitschülern ausgelacht.
b. Einige Mitschüler werden ihm sicher helfen.
c. Immer mehr Jugendliche werden in der Schule gemobbt.
d. Was wird morgen passieren?
e. Herbert ist vor kurzem 14 geworden.

2 **Herbert raconte comment tout a commencé : complétez les phrases au passif parfait.**

→ *Herbert, p. 32*

→ *Ich ■ systematisch ■ (ausgrenzen) → Ich bin systematisch ausgegrenzt worden.*

a. Schon an meinem ersten Schultag ■ ich ■ (auslachen).
b. Schnell ■ ich von den meisten Mitschülern ■ (mobben).
c. Eines Tages ■ ich sogar von einem älteren Schüler ■ (schlagen).
d. Ich habe dann auf einem Forum von meinen Problemen gesprochen und ■ von anonymen Freunden ■ (unterstützen).

Als ou *wenn*

➔ Précis grammatical p. 166

3 **Complétez à l'aide des conjonctions *als* ou *wenn*, selon le sens.**

→ *Oma Wessel, p. 38*

a. ■ Hasan ein kleiner Junge war, besuchte er fast jeden Nachmittag Oma Wessel.
b. Er freute sich immer, ■ Oma Wessel von ihrer Kindheit sprach.
c. Sie erzählte von ihrem Leben, ■ sie noch in Schlesien, weit von Berlin, lebte.
d. ■ Oma Wessel vom Krieg sprach, wurde sie immer sehr traurig.
e. Einmal fiel eine Bombe direkt auf ihr Haus: ■ sie aus dem Luftschutzbunker (*abri anti-aérien*) kam, lag alles in Trümmern.
f. Heute freut sich die alte Dame immer, ■ sie Hasan wiedersieht.
g. Beide sprechen dann von früher, ■ sie für ihn und seinen Bruder Apfelkuchen backte.

Exprimer un conseil

➔ Précis grammatical p. 168

4 **Voici une série de propos :**

→ *Buddys an deutschen Schulen, p. 34*

a. „Ich verstehe im Matheunterricht gar nichts."
b. „Ich habe Angst auf dem Nachhauseweg."
c. „Ich schaffe es nicht, meine Arbeit zu organisieren."
d. „Ich finde, mein Französischlehrer schikaniert mich."
e. ~~„Ich werde von meinen Mitschülern gemobbt."~~
f. „Ich bin eine Null in Informatik."

En vous aidant des expressions ci-dessous, formulez des conseils adaptés à chaque situation en commençant par :

Ich rate dir, … Du solltest … An deiner Stelle …

→ *Ich rate dir, eine Mail an www.mobbing.seitenstark.de zu schreiben.*

unter den größeren Schülern einen Lernpaten suchen – ~~eine Mail an www.mobbing.seitenstark.de schreiben~~ – an einem Computerkurs teilnehmen – einen Nachhilfe-Buddy suchen – sich von einem Buddy begleiten lassen – ein offenes Gespräch mit dem Lehrer suchen

5 **Conseillez chacun en fonction de son problème, en variant les moyens utilisés et en vouvoyant votre interlocuteur.**

→ *Ein MGH*, p. 36

ins Sprachcafé gehen – alte Menschen oder Kranke besuchen – ~~sich im MGH Hörbücher leihen~~ – an der Freizeitgruppe teilnehmen – im MGH Kontakte zu Senioren knüpfen – am Mittagstisch teilnehmen

→ *Ich rate Ihnen, sich im MGH Hörbücher zu leihen.*

a. „Ich esse nicht gerne allein."
b. „Ich spreche nicht sehr gut Deutsch."
c. ~~„Ich sehe schlecht, kann nicht mehr viel lesen."~~
d. „Ich habe keine Großeltern mehr."
e. „Ich möchte gern manchmal ins Kino gehen."
f. „Ich möchte mich nützlich machen."

Prosodie und Phonetik

Schüler CD – *Piste 12*

[h] ou attaque dure de la voyelle en début de mot ?

Écoutez la différence :
– [h] : *Haus*
– sans [h] (attaque dure de la voyelle) : *aus*

a. Vous allez entendre des couples de mots. Repérez dans chaque couple lequel des deux commence par un [h] et notez-le (a. ou b.).

b. Vous allez entendre une nouvelle suite de mots. Quels sont ceux qui commencent par un [h] ? Notez leur numéro. Entraînez-vous ensuite à prononcer correctement la suite de mots.

Wortschatz

Aide et entraide

6 **Complétez selon le modèle ci-dessous. Vous noterez également la traduction de ces mots.**

→ *Buddys an deutschen Schulen*, p. 34

→ *mobben → das Mobbing*

a. helfen → die ■
b. danken → der ■
c. unterstützen → die ■
d. sich engagieren → das ■
e. beraten → der ■
f. lösen → die ■

7 **Déduire le sens à partir du contexte. Quel est l'infinitif des verbes soulignés ? Aidez-vous des informations fournies par la phrase pour déduire logiquement le sens de ces verbes en français.**

→ *Herbert*, p. 32

a. Klaus und seine Clique beleidigen Herbert mit Sätzen wie: „Du bist eine Null in Sport, du hast ja gar keine richtigen Muskeln!"
b. Manchmal bleibt es nicht bei Worten: Klaus und seine Clique haben schon mehrere Jungen verprügelt, so zum Beispiel Mark, der mit blauen Flecken nach Hause kam.
c. Zum Glück gibt es die Buddys, die schwache Schüler gegen aggressive größere Schüler verteidigen. Wenn es Konflikte oder sogar eine Prügelei gibt, bleiben sie nicht passiv: Sie greifen ein. Und meistens haben sie Erfolg: Die aggressiven Jungen hören auf, die Schwächeren zu attackieren.
d. Hoffen wir, dass Klaus bald sagen wird: „Es tut mir Leid. Ich werde so etwas nie mehr machen. Ich bereue wirklich, was ich getan habe."

8 **Que signifient les éléments soulignés en français ? La traduction d'un mot-clé vous est fournie. Sachez-vous en servir !**

→ *Buddys an deutschen Schulen*, p. 34

a. die Ruhe: ***le calme, la tranquillité***
Bei einer Streiterei verliert ein Buddy nicht die Nerven, er bleibt ganz ruhig. Er versucht, auch die anderen zu beruhigen, indem er zum Beispiel sagt: Also, erzählt erst mal, was los ist. Das Resultat der Buddy-Aktionen ist, dass die aggressiven Größeren die Kleineren in Ruhe lassen.

b. die Furcht: ***la peur, la crainte***
Herbert fürchtet sich vor Klaus und seiner Clique. Er befürchtet, dass sie ihn nie in Ruhe lassen. Dabei träumt er davon, ihnen furchtlos ins Auge blicken zu können.

c. die Gewalt: ***la violence***
Klaus und seine Clique sind gewalttätig: Sie machen Sachen kaputt, verprügeln ihre Kameraden. Herbert träumt von einer gewaltfreien Schule.

d. der Angriff: ***l'attaque***
Oft greifen Größere die Kleineren an. Besonders Klaus und seine Freunde sind sehr angriffslustig.

e. der Frieden: ***la paix***
Die Buddys regeln Konflikte friedlich. Herbert ist ein friedliebender Charakter.

f. der Mut: ***le courage***
Buddys haben keine Angst, sind mutig. Sie versuchen, die Mobbingopfer zu ermutigen: Lasst nicht den Kopf hängen, lasst euch nicht entmutigen.

1 Leseverstehen

Jelko und Marc haben zwei von Sinas Mitschülerinnen gemobbt. Jetzt wird in der Klassensprecherstunde[1] *diskutiert. Es spricht Sina.*

„Wenn es bei uns schon zwei sind, wie ist es denn dann in anderen Klassen?“ rufe ich empört.

„Genau, das kann doch nicht sein, dass die die gesamte Schule drangsalieren, und keiner tut was!“ Das ist Friederike, die eigentlich immer eine Meinung hat. (…)

„Und was soll ich eurer Meinung nach machen?“ fragt Streber[2] Anton mit seiner sanften Stimme. Er ist unser erster Klassensprecher. (…)

„Nicht du, wir“, mischt Kleo sich nun ein, die sich in dieser Mobbing-Diskussion besonders engagiert.

„Wir? Wofür haben wir denn einen Klassensprecher, hä?“ Das kommt von Sebastian, klar, für ihn ist soziales Engagement ein Fremdwort.

„Klar, wir“, mache ich jetzt mit, „gegen Mobber hilft nur Gruppendynamik, und zwar in jeder Hinsicht. Da müssen wir ALLE aktiv werden.“ (…)

Anton schüttelt den Kopf. „Mein Vorschlag wäre, die zu ignorieren. Was soll's, die hören auch wieder auf.“ (…)

Frau Tuszynski würde gerne etwas sagen, das spüre ich, aber sie scheint sich auch über unsere angeregte Diskussion zu freuen. Typisch Lehrer, die müssen immer alles pädagogisch wertvoll finden. „Was schlägst du also vor, Sina?“ fragt sie mich jetzt.

Jetzt oder nie. Ich atme tief durch, stehe auf und dann höre ich mich sagen: „Als Erstes müssen wir die Schulleitung über die Vorfälle informieren. Dann müssen alle Klassensprecher in ihren Klassen nachfragen, welche Schüler noch von den beiden belästigt wurden und wie. Und dann müssen wir dafür sorgen, dass sie so etwas nie wieder tun.“

„Genau !“ – „Sina hat recht!“ „Richtig, unbedingt!“ In der Klasse rufen die Stimmen meiner Mitschüler durcheinander. (…) „Noch viel wichtiger aber“, füge ich mit lauter Stimme hinzu, um die anderen zu übertönen, „ist, dass wir uns in Zukunft für eine gewaltfreie Schule engagieren.“

Der tosende Beifall[3], der daraufhin losbricht, löst ein gewisses Obama-Gefühl in mir aus.

Ich finde es dann nur konsequent, dass Friederike mich aus einem Impuls heraus für die neue Klassensprecherin erklärt und alle zustimmend applaudieren. Anton scheint noch nicht mal beleidigt[4] zu sein deswegen. (…) Und inzwischen bin ich mir sicher: Es wird mir riesig Spaß machen, mich für Gerechtigkeit[5] und gegen Gewalt an unserer Schule stark zu machen.

Aus: Ilona Einwohlt, *Die Schule und ich*

1. der Klassensprecher(-) *le délégué* **2.** der Streber(-) *le bon élève, (fam.) l'intello* **3.** der Beifall *les applaudissements* **4.** beleidigt *vexé* **5.** die Gerechtigkeit *la justice*

Schreiben Sie bei jeder Aufgabe die richtige Lösung ab. Begründen Sie ihre Antwort durch ein Zitat.

TEIL 1 (A2)

1 Die Schüler diskutieren
- über die Wahl eines neuen Klassensprechers.
- über die Ungerechtigkeit mancher Lehrer.
- über Aktionen gegen Mobbing.
- über die Schulleitung.

2 Außer den Schülern gibt es
- keinen Lehrer.
- eine Lehrerin, die an der Diskussion gar nicht teilnimmt.
- eine Lehrerin, die wenig spricht.
- eine Lehrerin, die die Diskussion autoritär leitet.

3 Sina will,
– dass nur die Lehrer das Problem regeln.
– dass nur die Klassensprecher der Schule sich um das Problem kümmern.
– dass alle Schüler eine Aktion unternehmen.
– dass die Schulleitung alles regelt.

4 Am Ende
– wird der Klassensprecher kritisiert.
– wird Friederike Klassensprecherin.
– will niemand Klassensprecher werden.
– wird Sina Klassensprecherin.

TEIL 2 (B1)

1 Die meisten Schüler
– sind mit Sinas Vorschlag einverstanden.
– reagieren nicht auf Sinas Vorschlag.
– wollen mit Sina nicht mehr sprechen.
– wollen, dass nur Sina etwas macht.

2 Sebastian
– interessiert sich für das Thema.
– will persönlich nichts unternehmen.
– möchte mehr Engagement von der Klasse.
– denkt daran, Klassensprecher zu werden.

3 Anton
– macht einen anderen Vorschlag als Sina.
– weiß genau, was er tun soll.
– ärgert sich über Sinas Verhalten.
– hat schon mit dem Direktor über das Problem gesprochen.

4 Es gefällt Sina,
– sich zu engagieren.
– ihre Mitschüler zu dominieren.
– dass ihre Mitschüler Spaß haben.
– dass ihre Mitschüler keine Angst mehr vor Gewalt haben.

2 Hörverstehen

Klassen CD

Im Schulradio werben vier Schüler / Schülerinnen für ihre Aktivitäten als „Buddys". Hören Sie sich ihre Berichte an. Worauf ist jeder Buddy „spezialisiert"?

Sie finden den Fragebogen zum Ausfüllen im ***Arbeitsheft S. 18***.

3 Mündliche Kommunikation

Kommentieren Sie kurz Foto und Text.

1 Was macht das Mädchen? Und der Junge? Was halten Sie von dieser Initiative? Möchten Sie persönlich mitmachen? ...

2 Bekommen Sie viele Hausaufgaben? In welchem Fach haben Sie die meisten Probleme? Wer kann Ihnen helfen? ...

4 Schriftliche Kommunikation

Auf einem Internetforum hat man die Frage gestellt: „Kontakte zwischen Jung und Alt: Was denken Sie darüber?" Hier sind einige Antworten:

> Ich finde Alte furchtbar, die sagen immer nur: „Die Jugend von heute ..." – „Früher war alles besser..."

> Ich habe einen Nachbarn, der erzählt viel Interessantes von früher. Er kann sich sogar noch an den Krieg erinnern!

> Alt und Jung zusammen: Da lernt jeder was vom anderen!

Und Sie? Haben Sie Kontakte zu Senioren? Warum / warum nicht?

etwa 60 Wörter

Kapitel 3

Aufwärmen

1. Erkennen Sie das Monument auf dem Gemälde?
2. Was machen wohl die beiden Frauen hier?
Erfinden Sie eine kurze Geschichte.

Berlin, Hauptstadt der Künste

Descripteurs du Cadre européen

Écouter

A2 Comprendre l'essentiel de courts messages.

B1 Comprendre les points principaux d'une émission, d'un reportage.

Lire

A2 Comprendre de courts textes simples.

B1 Parcourir un texte assez long pour y localiser des informations, comprendre l'essentiel d'un texte littéraire.

Parler en continu

A2 Raconter une histoire simple, organiser des activités.

B1 Faire un exposé, une description.

Parler avec quelqu'un

A2 Échanger des informations.

Écrire

B1 Raconter une histoire, résumer des informations factuelles.

Micro-tâches

Tâche finale

Pour préparer un voyage de classe à Berlin, présenter un monument ou un musée de la ville.

➔ Sprachtraining S. 59
• L'opposition locatif / directif
➔ Arbeitsheft S. 19

Die Riesen kommen!

Im Oktober 2009 – 20 Jahre nach dem Fall der Mauer – kam die französische Straßentheater-Truppe „Royal de Luxe" mit ihren riesigen Marionetten nach Berlin.

1 Straßentheater

Schauen Sie sich die Fotos an. Erklären Sie mit Ihren eigenen Worten, was *riesig* wohl bedeutet. Was ist also *ein Riese / eine Riesin*?

Die kleine Riesin vor dem Roten Rathaus

2 Ein Märchen

Die Marionetten erzählten ein Märchen: Die kleine Riesin und ihr Onkel, der große Riese, haben sich seit Jahren nicht gesehen. Jetzt suchen sie einander.

a. Bilden Sie zwei Gruppen. Gruppe A erzählt, was die kleine Riesin macht (Seite 49, A), Gruppe B (Seite 49, B) beschreibt die Route des großen Riesen (siehe auch Stadtplan, Umschlagklappe II). Die andere Gruppe fragt nach, wenn etwas nicht klar ist.

→ *A: Am Samstag Morgen erwacht die kleine Riesin vor dem Roten Rathaus; dort … Sie hat … Dann … Später …*
B: Am Samstag Morgen … Er trägt … Er sucht seine Nichte und geht …, dann … Später …

Vokabeln
- das Spektakel(-)
- ein Märchen erzählen
- der Riese(n, n), die Riesin(nen)
- erwachen ≠ einschlafen (ie, a, ä)
- suchen ≠ finden (a, u)
- getrennt ≠ wieder vereint
- symbolisieren
- begeistert
- gerührt

b. Wann und wo treffen sich die beiden Riesen?
c. Was ist Ihrer Meinung nach die symbolische Bedeutung des Märchens? Warum waren die zwei Riesen so lange getrennt?

A

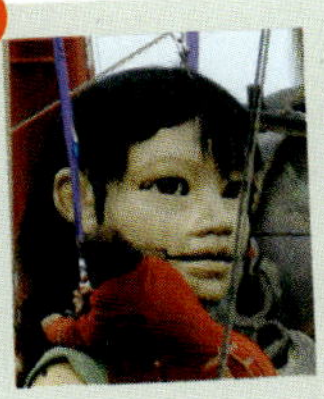

Die kleine Riesin (trägt einen großen Postsack mit alten Briefen, die verloren gegangen waren).

Freitag (2. Okt.): Rotes Rathaus (erwacht, duscht), Bebelplatz, Gendarmenmarkt, Lustgarten (schläft ein)

Sa.: Checkpoint Charlie, Potsdamer Platz, Abend: Brandenburger Tor

So.: Straße des 17. Juni (verteilt die Briefe), Spree (Boot, fährt weg)

B

Der große Riese: (trägt einen Tiefsee-Taucher-Anzug)

Freitag (2. Okt.): x

Sa.: Hauptbahnhof (taucht aus dem Wasser auf[1]), Siegessäule, Abend: Brandenburger Tor

So.: Straße des 17. Juni (verteilt Briefe), Spree (Boot, fährt weg)

1. aus dem Wasser auftauchen *sortir de l'eau*

3 Eindrücke

Schüler CD Piste 13

Reporter haben Zuschauer nach ihren Eindrücken gefragt. Wie reagieren sie? War das Spektakel ein Erfolg?

Tipps
- Wie viele Stimmen hören Sie?
- Notieren Sie die betonten Wörter.
- Achten Sie auf den Tonfall.

Wiedersehen des großen Riesen mit der kleinen Riesin

Aktion! Ein Märchen schreiben

Schreiben Sie nun das Märchen von den beiden Riesen.

→ *Es war einmal eine kleine Riesin …*
etwa 50 Wörter

→ ***Méthodologie S. 145***

Baukasten
- glücklich leben
- vor langer, langer Zeit
- Aber eines Tages
- sich wiederfinden
- Und wenn sie nicht gestorben sind …

Infothek

➔ *Sprachtraining S. 58-59*
- La chronologie
- L'opposition locatif / directif
- Lexique : l'art, les artistes

➔ ***Arbeitsheft* S. 20**

Lange Nacht der Museen

1 Im Radio

Schüler CD Piste 14

Hören Sie sich zuerst die Aufnahme an.

a. Worum handelt es sich? Um eine Talkshow? Um Werbespots? Um Kurzinterviews?
b. Welche Frage wurde wohl gestellt?
c. Wer beantwortet die Frage positiv, wer negativ? Was sind die Argumente?

Tipps
- Achten Sie auf die Geräusche, auf den Tonfall.
- Notieren Sie die betonten Wörter.

2 Ein Artikel aus der Berliner Morgenpost

a. Lesen Sie die Überschrift, den ersten und den letzten Abschnitt: Was bedeutet „Lange Nacht der Museen" konkret?
b. Lesen Sie den ganzen Text. Notieren Sie, welche Museen zitiert werden und was man da machen kann.
c. Was ist die Aktion „Big Draw"? Welche Indizien helfen dem Leser, es zu verstehen?
d. Welche Textpassagen werden durch die Bilder illustriert?

Ziehen Sie Bilanz: Was haben Sie über die lange Nacht erfahren?

Vokabeln
- von … bis … geöffnet sein
- besuchen
- besichtigen
- der Besucher(-)
- an (+ D) teilnehmen (a, o, i)
- die Kunst(¨e)

Was Berliner Kulturfans am Sonnabend[1] erwartet

Freitag, 28. August 2009 04:00 – Von Birgit Haas

Bereits zum zehnten Jahr in Folge öffnen Berlins Museen und Galerien an diesem Wochenende ihre Türen für Nachtschwärmer. (…)

104 Museen laden zwischen 18 und 2 Uhr nicht nur zu ihren Dauerausstellungen. (…) Zum Beispiel im Alten Museum am Lustgarten: Dort stehen sich die Büsten der altägyptischen Königinnen Kleopatra und Nofretete[2] gegenüber. (…)

Die meisten Besucher werden zwischen vier bis fünf Museen besichtigen können – mehr ist kaum zu schaffen, wie die Erfahrung aus zehn Jahren zeigt.

1

Jan Miense Molenaer, *Ein Künstleratelier*, 1631

2

3
„Trabi"

4

Einen Besuch in der Gemäldegalerie am Kulturforum in Tiergarten – zu erreichen mit Shuttle-Bussen – sollten Sie nicht verpassen. Bei zahlreichen Zeichen-Aktionen zwischen 18 Uhr und Mitternacht werden die Besucher hier selbst zu Künstlern. „The Big Draw – Das Große Zeichnen" – so nennt sich die gemeinsame Mitmach-Aktion aller Museen. Dabei sind nicht hochtalentierte Maler gefragt, sondern jeder. (...)
Im Museum für Naturkunde an der Invalidenstraße in Mitte können Sie die aufregenden Reisen des Evolutionsforschers Charles Darwin nacherleben. (...). Auch die einmalige Sammlung der Dinosaurier-Skelette, die aus der Zeit vor 150 Millionen Jahren stammen, beeindruckt. (...)
Doch nicht nur die prähistorische Geschichte ist bei der Langen Nacht der Museen Thema, sondern auch die jüngere Vergangenheit. Auf fröhliche Art im DDR-Museum an der Karl-Liebknecht-Straße, denn dort spielt DJ Albi DDR-Hits.

Mit dem Kombiticket der Langen Nacht der Museen kommen Sie in die teilnehmenden 104 Museen, dürfen die Shuttle-Busse nutzen und mit den öffentlichen Verkehrsmitteln an- und abreisen. Im Vorverkauf kostet das Kombiticket 12 Euro, ermäßigt 8 Euro. Am Sonnabend kosten die Karten 15 Euro, ermäßigt 10 Euro. Tickets im Internet: www.museumsportal.de

© Berliner Morgenpost

5
Nofretete

1. Sonnabend = Samstag **2.** Nofretete *Nefertiti, reine égyptienne*

Aktion! Einen Abend in Berlin organisieren

Sie wollen mit einem Freund an der „Langen Nacht" teilnehmen. Organisieren Sie Ihren Abend.

→ *Also, wir könnten zuerst ... Dort gibt es ... Dann ...*
1 Minute

Sie können Ihren Beitrag aufnehmen.

Tipps
- Suchen Sie auf dem Stadtplan von Berlin (Umschlagklappe II) die vier im Text erwähnten Museen.

➔ Sprachtraining S. 58-59
- La chronologie
- Lexique : l'art, les artistes
➔ Arbeitsheft S. 21

Tacheles? Was ist das?

1 Vier Bilder und vier Texte

Hier sind vier Bilder und vier Texte.

a. Womit können Sie die einzelnen Texte assoziieren? Erklären Sie warum.
➔ *Ich glaube, Text … passt zu Bild …, denn im Text sagt man, …*
b. Ordnen Sie nun Bilder und Texte chronologisch, und erzählen Sie die Geschichte des Tacheles.
➔ *Zuerst war das Gebäude … Dann … Im Jahre … Heute …*
c. Was gefällt wohl den Touristen an diesem Ort?
d. Was möchten Sie persönlich lieber besuchen? Das Tacheles oder ein Museum? Warum?

Vokabeln
- das Gebäude(-)
- bauen ≠ abreißen (i, i)
- zerstören
- besetzen
- originell
- frei

1
Nach dem Fall der Mauer besetzten[1] Künstler das Haus. Sie gründeten eine Künstlerinitiative namens „Tacheles" und bald wurde das Haus zum Tempel der künstlerischen Alternativszene. Künstler aus aller Welt kamen, um an diesem Ort der Freiheit und der Kreation zu arbeiten.

A

www.tacheles.de

Programmübersicht

Kunst Konsum
täglich
Tacheles-Künstler
Ausstellung und Verkauf

Tacheles topfloor art zoo
ab 21 Uhr
Berlin underground
Musik / Konzerte / DJs

Dach 9
10.07. bis 21.10.
Internationaler Kulturaustausch

10 Jahre Wee dance company
21.-28. Juni
Wee dance company
Tanztheater

Jeder Mensch ist König
samstags, 16 Uhr
Bürgerinitiative

Musik aus Mittelalter und Renaissance
am 15. Februar
Deutsches Symphonie-Orchester Berlin
Kammerkonzert

B

2
Im Krieg wurde das Haus bombardiert. Das Gebäude war sehr beschädigt, aber es kostete zu viel Geld, alles wieder aufbauen zu lassen. Deswegen sollte die Ruine in den 80ern abgerissen werden[2].

1. besetzen *occuper, squatter* **2.** abreißen (i, i) *détruire, démolir* **3.** der Kuppelbau *la coupole*

C

4 Das Haus beherbergt heute mehr als 25 Ateliers, wo Künstler ihre Werke zeigen und verkaufen können. Es werden Veranstaltungen wie Ausstellungen, Debatten, Konzerte, Theater- oder Tanzaufführungen organisiert. Außerdem kann man sich selten gezeigte Filme ansehen oder in einem Restaurant essen.

D

3 Am Anfang des 20. Jahrhunderts wurde in Berlin eine der schönsten Geschäftspassagen der Welt gebaut, die Friedrichstraßen-Passage: ein Luxuskaufhaus mit einem überdimensionierten Kuppelbau[3] aus Stahlbeton und einer Marmortreppe.

2 Zukunftsperspektiven?

Schüler CD Piste 15

a. Investoren haben ein Projekt für das Tacheles entwickelt. Schauen Sie sich das Bild an. Was wollen sie wohl machen? Welche Aktivitäten sind vielleicht geplant?

Tipps

- Was hören Sie: Stimmen und …?
- Welche Wörter erkennen Sie wieder?
- Achten Sie auf Zahlen und Adjektive.

b. Hören Sie sich nun die Aufnahme an.
– Worum handelt es sich: um eine Sendung, eine offizielle Rede, eine Talk-Show, eine Werbung?
– Was wird geplant? Hatten Sie richtig geraten?

c. Hören Sie die Aufnahme noch einmal! Wie wird das Projekt bewertet? Eher positiv oder negativ? Welche genauen Informationen werden gegeben?

Aktion! Ein Referat halten

Sammeln Sie nun alle Informationen über das Tacheles (Geschichte, aktuelle Funktion, Zukunft) und halten Sie ein kurzes Referat vor der Klasse. Sie können eine Zeittafel und eine PowerPoint-Präsentation benutzen.

super.tacheles.de/cms

Baukasten

- Ich möchte über … sprechen.
- Der erste Teil behandelt …
- Anschließend möchte ich …
- Zum Schluss

➔ Sprachtraining S. 58
• Exprimer la cause
➔ Arbeitsheft S. 22

Jacob

Klaus Kordon

Klaus Kordon wurde 1943 in Berlin geboren. Er hat viele Kinder- und Jugendromane geschrieben, die oft die deutsche Geschichte als Hintergrund haben.

Berlin, 1923

„Nun muss der Jacob doch weg." Mutter sagt es beim Abendbrot und Vater nickt nur still. Lisa lässt den Löffel in die Suppe gleiten: Der Jacob soll weg? Sie muss husten, Tränen[1] steigen ihr in die Augen.
„Aber Elisabeth!" Mutter schaut Lisa vorwurfsvoll[2] an. „Der Jacob ist doch bloß ein Bild."
(…) Bloß ein Bild! Natürlich ist der Jacob nur ein Bild, aber solange Lisa denken kann, hängt das Porträt dieses pausbäckigen[3] Jungen im Wohnzimmer über dem Sofa. (…)
Und Vater liebt das Bild auch. Einmal hat er einen Bildband[4] mitgebracht, in dem das Bild vom Jacob abgebildet war. *Johann Jacob Felsenau 1682-1735* stand darunter.
Der Junge hieß also in Wirklichkeit nicht nur Jacob, sondern Johann Jacob, und der Maler, der ihn gemalt hatte, hieß Carl August Schranz. Deshalb hatte das Bild inzwischen einigen Wert und müsse vorsichtig behandelt werden[5], hatte Vater früher immer gesagt. Aber das hatte Lisa nie interessiert, sie weiß nur, dass sie schon als ganz kleines Mädchen öfter vor dem Bild stand und es lange ansah. (…)
Der Jacob gehört zu ihr, gehört zur Familie, die Eltern dürfen das Bild nicht verkaufen! (…)
„Muss der Jacob wirklich weg?", flüstert sie da nur.
„Ja. Wir können sonst nichts mehr zu essen kaufen", antwortet der Vater. Und sehr ernst fügt er hinzu: „Du weißt, ich liebe den Jacob genauso wie du. Kenne ihn ja schon viel länger. Aber nun heißt es, er oder wir. Die Inflation …"

Am nächsten Tag. Bertha, das Dienstmädchen[6], soll das Bild verkaufen. Mit Lisa fährt sie zu ihrem Bruder Franz.

„Was haste denn diesmal?" Berthas Bruder setzt sich hinter einen kleinen Tisch, bietet aber weder Bertha noch Lisa einen Stuhl an. Bertha setzt sich trotzdem und Lisa setzt sich neben sie.
„Ein Bild", sagt Bertha und wickelt den Jacob aus dem Laken[7].
Ihr Bruder ist sofort hellwach[8]. „Von wem? (…) Carl August Schranz? Nie gehört." Franz ist enttäuscht.
„Soll aber sehr wertvoll[9] sein", sagt Bertha. Und Lisa (…) fügt böse hinzu: „Es ist sehr wertvoll. Es ist eines der wertvollsten Bilder, die es gibt."
Franz lächelt nur. „Geh mal 'nen Augenblick in den Flur[10], Kleine. Solche Geschäfte sind nichts für Kinder."

Aus: Klaus Kordon, *Paule Glück*

1. die Träne(n) *la larme* **2.** vorwurfsvoll *d'un air de reproche* **3.** pausbäckig *joufflu* **4.** der Bildband(¨-e) *le livre d'art* **5.** vorsichtig behandeln *traiter avec précaution* **6.** das Dienstmädchen(-) *la bonne* **7.** wickelt … aus dem Laken *sort du drap qui l'enveloppait* **8.** hellwach *en alerte* **9.** wertvoll → der Wert *la valeur* **10.** der Flur(e) *le couloir*

Gemäldegalerie, Berlin

1 Zum Einstieg

Schauen Sie sich das Foto an. Warum sitzen die Kinder wohl so still da?

2 Indiziensuche

Von Zeile 1 bis Zeile 23

a. Wer oder was ist „Jacob"? Was hat der Vater vor? Aus welchem Grund? Zitieren Sie den Text!
b. Jacob spielt eine große Rolle in Lisas Leben. Welche Textstellen zeigen es?
c. Wie wird Lisa im Text noch genannt? Wie alt mag sie sein?

Von Zeile 24 bis zum Ende

d. Franz ist nicht sehr höflich. Woran sieht man das?

Fassen Sie den Text mit Ihren eigenen Worten zusammen.

Vokabeln

- malen, das Gemälde(-)
- das Kunstwerk(e)
- der Wert(e), wertvoll
- an (+ D) hängen (i, a)
- etwas beschließen (o, o)
- etwas verhindern
- retten
- fasziniert sein

3 Textinterpretation

a. In was für einem Milieu spielt diese Geschichte? Begründen Sie Ihre Antwort.
b. Franz ist zunächst „hellwach", dann „enttäuscht". Wie kann man das erklären?
c. Was bedeutet das Bild für Franz? Was bedeutet es für Lisa? Vergleichen Sie.

Aktion! Eine Geschichte weitererzählen

Lisa geht in den Flur, macht die Tür der Küche auf und … „Auf dem Tisch steht eine kleine Kassette, der Deckel ist hochgeklappt. Neugierig tritt Lisa näher – und zuckt zurück: Dollars! Die Kassette ist voller Dollars! Lauter Zehn-Dollar-Scheine liegen da aufeinander."

Wie wird die Geschichte vielleicht weitergehen? Erzählen Sie.

→ *Lisa weiß zuerst nicht, was sie machen soll …*

etwa 50 Wörter

Baukasten

- Zuerst … dann …
- Plötzlich …
- zögern, etwas zu tun
- Schließlich

Eine Kunstaktion

Video DVD

1 Schauen Sie sich den ersten Teil der Reportage ohne Ton an.

a. Das Kunstwerk sieht wie ein großer Stein aus: Was ist darauf gemalt oder geschrieben? Welche Farben wurden benutzt?
b. Wer sind wohl die beiden Frauen? An welchen Indizien kann man sie erkennen? Was machen sie wahrscheinlich?
→ *Die Frau mit dem blauen T-Shirt …*
→ *Die Frau mit der roten Bluse heißt … Sie ist vielleicht …*

2 Schauen Sie sich die Sequenz noch einmal an, diesmal mit Ton.

Notieren Sie sich den Titel, den die Künstlerin ihrem Werk gegeben hat.

3 Fassen Sie nun zusammen: Warum ist das TV-Team zu Sabine Ahrens gekommen?

→ *Das TV-Team wollte … Sabine Ahrens ist … Sie hat nämlich …*

4 Schauen Sie sich die Fortsetzung der Reportage an (mit Ton).

a. Was passiert mit dem Kunstwerk?
b. Schauen Sie sich das letzte Bild der Sequenz an und stellen Sie Hypothesen über die Aktion in Berlin auf: Was wird wohl geschehen?
→ *Man kann vermuten, dass jeder Künstler …*
→ *Nach der Form des Kunstwerkes stelle ich mir vor, dass …*

5 Letzter Teil: Schauen Sie sich das Ende der Reportage an.

a. Hatten Sie richtig geraten?
b. Notieren Sie sich konkrete Angaben zu der Aktion.
c. Welche Wörter und Zeichnungen können Sie auf den Steinen sehen?
d. Welche Stimmung herrscht bei der Aktion (Reaktionen des Publikums …)?

6 Was symbolisiert diese Kunstaktion? Wie finden Sie persönlich eine solche Installation?

Vokabeln
- die Fahne(n)
- ein Sinnbild für etwas sein
- etwas beschreiben (ie, ie)
- etwas darstellen
- jubeln
- klatschen

Aktion! An einer Kunstaktion teilnehmen

Stellen Sie sich vor, Sie hätten die Möglichkeit, an der Dominoaktion teilzunehmen. Entwerfen Sie Ihren eigenen Stein (es kann auch eine Collage sein).
Stellen Sie ihn Ihren Mitschülern vor und erklären Sie, was Sie an der Aktion interessiert.
Eine Jury kann entscheiden, welcher „Künstler" das beste Projekt hat.

Baukasten
- Hier seht ihr …
- Das bedeutet …
- Es soll … darstellen
- Ich wollte …

TICE

Ein Referat über ein Berliner Gebäude oder Museum halten

Sie planen mit Ihrer Klasse eine Reise nach Berlin. Um die Reise vorzubereiten, sollen Sie ein Referat über den Reichstag oder das Deutsche Museum für Film und Fernsehen in Berlin halten. Dazu können Sie eine PowerPoint-Präsentation benutzen. Ihre Mitschüler machen sich Notizen.

Geben Sie zuerst genaue Informationen über das Gebäude oder das Museum und erklären Sie, warum der Besuch sich lohnt.
Ihr Referat soll folgende Informationen enthalten:

Reichstag

- → Adresse
- → Öffnungszeiten
- → Eintrittspreise
- → Anfahrt (S-Bahn? Bus?)
- → Kurze Geschichte:
  - Wann erbaut?
  - Architekt?
- → Wichtige Daten:
  - 9. November 1918
  - Februar 1933
  - 30. April 1945
  - 1994-1999

Museum für Film und Fernsehen

- → Adresse
- → Öffnungszeiten
- → Eintrittspreise (regulär, Schüler, Familien)
- → Anfahrt (S-Bahn? Bus?)
- → Einige Themen der ständigen Ausstellung
- → Wie viele Fotos, Plakate, Filmkopien im Archiv?

Infos unter: **www.berlin.de/orte/sehenswuerdigkeiten/reichstag**
www.filmmuseum-berlin.de

Sprachtraining

➔ Arbeitsheft S. 23-24

Exprimer la cause

➔ Précis grammatical p. 168

1 **Associez à l'aide de *weil* ou *deshalb* chaque phrase de la colonne de gauche à une phrase de la colonne de droite pour former un ensemble cohérent.**

→ Jacob, p. 54

→ *Die Preise steigen kontinuierlich, weil das Geld jeden Tag an Wert verliert. → Das Geld verliert jeden Tag an Wert; deshalb steigen die Preise kontinuierlich.*

A. ~~Die Preise steigen kontinuierlich.~~
B. Der Vater muss das Bild verkaufen.
C. Bertha will zu ihrem Bruder gehen.
D. Franz ist enttäuscht.
E. Lisa will nicht, dass das Gemälde verkauft wird.
F. Franz schickt Lisa in den Flur.

a. Die Familie ist praktisch ruiniert.
b. C.A. Schranz ist kein berühmter Maler.
c. Solche Geschäfte sind nichts für kleine Kinder.
d. ~~Das Geld verliert jeden Tag an Wert.~~
e. Franz hat schon viele Bilder gekauft.
f. Jacob ist für sie viel mehr als ein Bild.

La chronologie

Plusieurs moyens permettent d'indiquer que des événements ont lieu à des moments différents :

➔ Précis grammatical p. 166

● **Les temps des verbes conjugués à l'indicatif.**

moment où on s'exprime

passé	actuel	futur
plus-que-parfait, parfait, prétérit	présent	présent, futur avec *werden*

● **Des éléments lexicaux, comme :**

gestern	heute	morgen
vor drei Tagen	jetzt	in drei Tagen
letztes Jahr	dieses Jahr	nächsten Monat

→ *Dieses Jahr ist das Programm der „Langen Nacht" besonders interessant.*
Letzten Monat war ich in Berlin.
Morgen gehen wir ins Kino.

● **Pour indiquer la succession dans le temps, on se sert d'éléments comme :**

zuerst	dann	am Ende
am Anfang	später	schließlich
	danach	zuletzt
		nachher

2 **a. Associez logiquement un élément de la colonne de gauche à un élément de la colonne de droite. Chaque élément ne sera utilisé qu'une fois.**

→ Lange Nacht der Museen, p. 50

in eine Ausstellung	besuchen
den Bus	gehen
ein Gebäude	fahren
eine Pause	nehmen
zu einem Ort	besichtigen
ein Museum	sehen
einen Film	machen

b. Un touriste a noté rapidement ce qu'il a fait en une journée à Berlin. Le lendemain, il raconte…

→ *Am Morgen bin ich mit der U-Bahn zum Potsdamer Platz gefahren. Dort … . Dann … später …*

9.00 Uhr: U-Bahn, Potsdamer Platz
Filmmuseum, Sonderausstellung: „Alfred Hitchcock in Berlin"
Bus → Reichstag (2 Stunden!)
Nachmittag: Bus → Neues Museum, Ausstellung: „Die Kunst der alten Ägypter"
17.00 Uhr: Pause! (Café am Opernpalais: tolle Torten!)
Abend: zurück zum Potsdamer Platz
Cinemax: Action-Film mit Brad Pitt

3 **Il manque dans le texte ci-dessous des éléments lexicaux qui marqueraient clairement la chronologie. Complétez à l'aide de : *am Ende, dann, nach und nach, nach, später, zuerst*.**

→ Tacheles? Was ist das?, p. 52

Was man 2010 als „Kunsthaus Tacheles" bezeichnet, war ■ ein luxuriöses Kaufhaus. ■ wurde es als Bürohaus genutzt. ■ dem Krieg blieb es jahrelang eine Ruine. Im Jahre 1989 fiel die Berliner Mauer. Ein Jahr ■ besetzten Künstler das Haus. Sie verwandelten es ■ in einen Tempel der künstlerischen Alternativszene. Das „Tacheles" entwickelte sich ■ zu einer großen Touristenattraktion.

L'opposition locatif / directif

➔ Précis grammatical p. 161

4 **Complétez à l'aide de : *zum, am, im, nach* (2x), *an der*.**

➔ *Die Riesen kommen!, p. 48*

Anfang Oktober kamen viele Touristen ■ Berlin, um an dem Event „Das Wiedersehen in Berlin“ teilzunehmen. Am ersten Tag kamen sie ■ Roten Rathaus, wo die kleine Riesin erwachte. Die Marionette ging dann durch Berlin spazieren, am Abend schlief sie ■ Lustgarten ein. Am Freitag standen schon um 8 Uhr Tausende von Touristen ■ Spree, wo der große Riese aus dem Wasser auftauchte. Erst am Abend trafen sich die beiden Riesen ■ Brandenburger Tor. Am nächsten Tag gingen sie zusammen ■ Hause.

5 **Complétez à l'aide de : *in, in der* (3x), *in den, ins, im* (3x).**

➔ *Lange Nacht der Museen, p. 50*

Bei der letzten Langen Nacht habe ich fünf Museen besuchen können. Zuerst war ich ■ Alten Museum. Dort habe ich ■ Sälen der Antikensammlung viele Skulpturen gesehen. Dann habe ich ■ DDR-Museum etwas vom Alltagsleben ■ DDR erfahren können. Anschließend bin ich ■ Deutsche Historische Museum gegangen und habe mir die Ausstellung „Deutsche Geschichte in Bildern und Zeugnissen“ angesehen. ■ Sonderausstellung „Deutsche und Polen“ erfuhr ich viel über den Zweiten Weltkrieg. Da ich mich für moderne Kunst interessiere, blieb ich eine Weile ■ Temporären Kunsthalle Berlin. Man zeigte internationale zeitgenössische Kunst, die ■ Berlin entsteht. Zum Schluss war ich ■ Museum für Film und Fernsehen.

Prosodie und Phonetik

Schüler CD – *Piste 16*

Le *Umlaut*

Écoutez la différence :

schön – schon
Hut – hüten
mager – Mädchen

Vous allez entendre des couples de mots (singuliers / pluriels, mots de la même famille). Repérez à chaque fois lequel des deux mots prend le *Umlaut* (a. ou b.).

Wortschatz

L'art, les artistes

6 **Qui fait quoi ? Complétez selon le modèle ci-dessous. Vous noterez également la traduction de ces mots. Attention : il ne s'agit pas toujours de mots de la même famille !**

➔ *der Künstler(-) → die Kunst(¨e)*

a. ■ → ~~die Kunst(¨e)~~
b. der Zeichner(-) → ■
c. ■ → das Gemälde(-)
d. der Galerist(en) → die ■
e. ■ → der Tanz(¨e)
f. der Regisseur(e) → ■
g. ■ → das Buch(¨er)

7 **Si on ne connaît pas un mot en allemand ou si on l'a oublié, on peut toujours se faire comprendre, en utilisant une autre stratégie (chercher un synonyme, utiliser une relative etc.).**

➔ *Schauspieler* (l'acteur) → *der Mann, der diese Rolle spielt*

a. À quel élément de la liste ci-dessous renvoie chacun des passages soulignés ?

eröffnen – das Kunstwerk(e) – hässlich – wertvoll – der Besucher(-)

a. Das Bild ist wirklich nicht schön!
b. Wer hat diese Galerie aufgemacht?
c. Bekannte Künstler zeigen ab Freitag ihre Bilder im Kulturforum.
d. Die Leute, die im Museum waren, waren von der Ausstellung begeistert.
e. In meiner Bibliothek habe ich ein paar sehr teure Bücher.

b. Reformulez maintenant les phrases ci-dessus en utilisant les termes de la liste. Pensez à conjuguer les verbes.

8 **Retrouvez parmi les termes suivants ceux qui s'opposent et recopiez-les avec leur traduction.**

➔ *modern ≠ antik (moderne ≠ antique)*

wertvoll – geöffnet – aufregend – unbekannt – vielfältig – billig – ~~modern~~ – hässlich – getrennt – langweilig – eintönig – berühmt – tot – wertlos – geschlossen – schön – ~~antik~~ – teuer – lebendig – vereint

1 Leseverstehen

Die Gelbe Villa in Berlin

Ali und Ali, elf und zwölf Jahre alt, sitzen in der Milchbar der „Gelben Villa“. (...)

Ali und Ali sind die Söhne libanesischer Flüchtlinge[1]. Ihre Familien, eine mit sieben Kindern, eine mit fünf, haben die Spannungen im Libanon nicht länger ertragen[2], die Gefahr und die Angst. Ali und Ali haben inzwischen gut Deutsch gelernt, nur manchmal suchen sie noch nach einem Wort. Seit vergangenem Sommer sind die beiden Jungen Stammgäste[3] des Kreativ- und Bildungszentrums „Gelbe Villa“ für Kinder und Jugendliche in Berlin-Kreuzberg.

Bei Ali und Ali, wie bei vielen anderen Kindern, die in die Villa kommen, ist es zu Hause eng. Die Eltern von Ali und Ali sind froh, wenn die Jungs am Nachmittag nicht vor dem Fernseher sitzen oder durch die Wohnung toben. In der Gelben Villa können Kinder an allen Wochentagen malen, basteln, tanzen, rappen, singen, Hausaufgaben machen, Siebdruck[4] lernen, Videos drehen. Es gibt Kurse für Töpfern, Kochen, (...) Streetdance, Fotografie und vieles mehr. Jeden Tag kommen rund 150 Gäste in die Villa. Fast 10 000 Kinder und Jugendliche haben im vergangenen Jahr allein die Ferienprogramme der Gelben Villa besucht.

Ingrid Fliegel ist seit Aufbau und Gründung der Gelben Villa 2003 dabei, die Diplom-Pädagogin hat das Konzept mitentwickelt. „Prävention“, sagt sie, ist eine der pädagogischen Säulen unseres Hauses.“ Ali der Jüngere ist hingerissen[5] von der Holzwerkstatt. Ein Haus hat er selbst gebastelt, aus Holz, für Vögel, „und ein Gerippe! Und Blumen!“ Auch Ali der Ältere freut sich. „Wir können hier alles ausprobieren, die helfen uns dann. Ingrid ist voll nett!“ (...) [Er] lehnt sich zufrieden zurück. Ingrid Fliegel, da sind sich die Jungen einig, ist ein Kumpel, und die Gelbe Villa, die ist „toll“. (...)

Nur die Milchbar und das Mittagessen im Kinderrestaurant „Fünf Jahreszeiten“ kosten hier etwas, einen Euro zahlen die Kinder (...). Alles andere ist gratis, Kurse und Material, alles: Leinwand, Pinsel, Ton, Stoff, Filz, Holz, Film, Farben, Instrumente, Mikrofone, Computer, Siebdrucksachen. (...)

Aus der halben Welt waren schon Experten hier, aus Italien, Amerika, China und die „Kulturkompetenzvermittler“ vom Pariser Centre Pompidou.

Vor dreieinhalb Jahren ließen die Kunden der Hamburger Warburg-Bank über die Stiftung Jovita dieses Millionenprojekt entstehen. (...) Eine halbe Million Euro im Jahr betragen die laufenden Kosten. Die Kinder wissen von alledem nichts. Sie nehmen die Villa einfach an, wie einen schönen Spielplatz.

1. der Flüchtling(e) *le réfugié* **2.** ertragen (u, a, ä) *supporter* **3.** der Stammgast(¨e) *l'habitué*
4. der Siebdruck *la sérigraphie* **5.** hingerissen *enthousiasmé*

Schreiben Sie bei jeder Aufgabe die richtige(n) Lösung(en) ab. Mehrere Antworten sind möglich. Begründen Sie ihre Antwort durch ein Zitat.

TEIL 1 (A2)

1 Was steht auf dem Programm der Gelben Villa?
- Museumsbesuche
- Ausstellungen
- künstlerische Aktivitäten
- Englischkurse

2 Das Projekt „Gelbe Villa“
- ist ein Erfolg.
- wird von Pädagogen kritisiert.
- wird bald ein Ende haben.
- existiert schon seit dreißig Jahren.

3 Ali und Ali
- haben Spaß am Programm.
- kennen die Gelbe Villa seit Jahren.
- müssen die meiste Zeit zu Hause bleiben.
- kommen mit ihren Geschwistern in die Gelbe Villa.

TEIL 2 (B1)

1 Ali und Ali
- dürfen in der Villa gratis essen und trinken.
- finden Frau Fliegel sympathisch.
- haben Fortschritte in Deutsch gemacht.
- haben Angst, in den Libanon zurückgehen zu müssen.

2 Wann ist die Gelbe Villa geöffnet?
- nur am Wochenende
- während der Ferien
- vormittags
- während der Woche

3 Das Projekt
- basiert auf einem französischen Modell.
- wird in ganz Deutschland kopiert.
- ist jetzt international bekannt.
- ist eine Touristenattraktion.

4 Das Haus
- lebt vom Geld reicher Leute.
- sucht Sponsoren.
- hat finanzielle Probleme.
- soll bald verkauft werden.

2 Hörverstehen

Klassen CD

Hören Sie sich die Aufnahme an.

1 Worum handelt es sich? Um ein Interview, ein privates Gespräch, eine Talkshow?

2 Hat den Personen Berlin gefallen? Was sagen sie über ihren Aufenthalt?

Sie finden den Fragebogen zum Ausfüllen im ***Arbeitsheft S. 25-26***.

3 Mündliche Kommunikation

Erklären Sie kurz, was Sie auf dem Foto sehen und wie Sie den Text verstehen.

Was halten Sie persönlich von einer solchen Initiative und von Graffiti-Sprayern? Ist das wirklich Kunst?

Seit 2005 können Berliner Senioren in Workshops das Graffiti-Sprayen lernen.

4 Schriftliche Kommunikation

„Gehst du manchmal ins Museum?“
Auf einem Forum hat man diese Frage gestellt. Hier sind einige Antworten:

> Museum! Das ist doch langweilig!

> Ich gehe nie ins Museum, oder nur mit meiner Klasse, wenn ein Lehrer einen Besuch organisiert.

> Einmal war ich in einem Technik-Museum mit vielen alten Flugzeugen und Autos. War recht interessant.

> Ich möchte gern ins Museum gehen. Aber es ist einfach zu teuer!

Und Sie? Gehen Sie gern ins Museum? Warum?
Wann haben Sie zum letzten Mal ein Museum besucht?

etwa 50 Wörter

Kapitel 4

Aufwärmen

Schüler CD Piste 17

Hören Sie sich eine Umfrage an.

– Wie viele Stimmen hören Sie?
– Über welches Thema sprechen diese Leute?
– Welche Fragen wurden vielleicht gestellt?
– Wer ist optimistisch / Wer pessimistisch? Aus welchen Gründen?

Die Welt von morgen?

Descripteurs du Cadre européen

Écouter

A2 Comprendre de brefs messages.

B1 Comprendre des informations factuelles.

Lire

A2 Comprendre de courts textes simples.

B1 Comprendre l'essentiel d'un article de presse, d'un texte littéraire.

Parler en continu

A2 Faire une brève description, raconter une histoire.

B1 Développer une argumentation.

Parler avec quelqu'un

B1 Échanger des informations.

Écrire

A2 Écrire un texte court et simple.

B1 Faire le compte rendu d'expériences, argumenter.

Micro-tâches

Tâche finale

Écrire le début d'un roman de science-fiction.

➔ Sprachtraining S. 74-75
- Exprimer l'hypothèse
- Lexique : avenir et création
➔ Arbeitsheft S. 27

Ängste und Wünsche

1 Eine Grafik

Schauen Sie sich folgende Grafik an.

a. Um welches Thema geht es? Nennen Sie Indizien. Was wurde vielleicht gefragt?

b. Erklären Sie mit Ihren eigenen Worten, was die Zahlen wohl bedeuten.

➔ *Zum Beispiel: 48 bedeutet, dass 48% Prozent der deutschen … 46 bedeutet …*

c. In der Grafik fehlen drei Antworten. Welche Probleme wurden wohl an diesen Stellen genannt (siehe unten)?

➔ *Wahrscheinlich steht / stehen an erster Stelle … An zweiter Stelle steht / stehen wahrscheinlich … Und an letzter Stelle …*

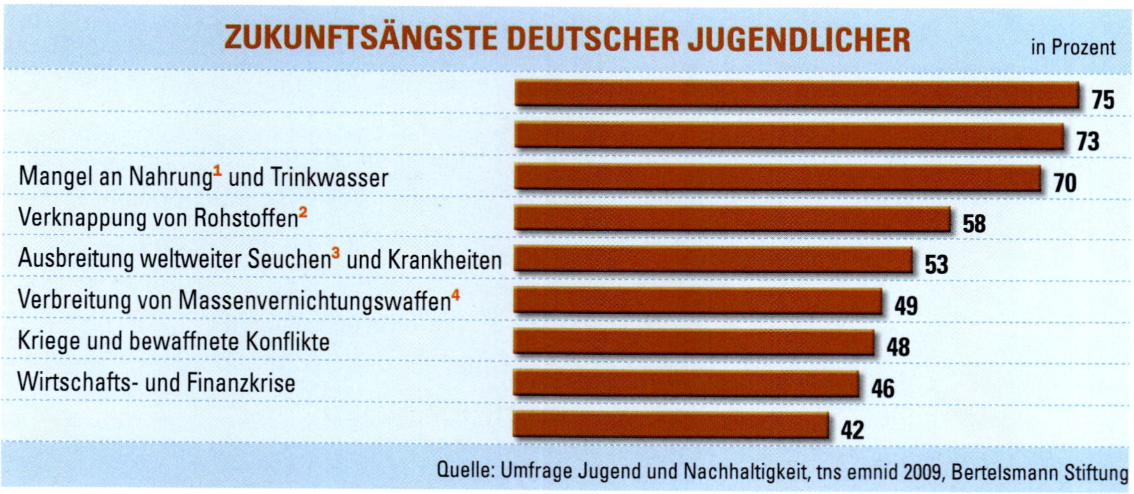

- Armut in vielen Ländern?
- Politische Krisen?
- Klimawandel und Umweltzerstörung?
- internationaler Terrorismus?
- Arbeitslosigkeit?

1. Mangel an Nahrung *manque de nourriture* **2.** Verknappung von Rohstoffen *diminution des matières premières* **3.** die Seuche(n) *l'épidémie* **4.** die Massenvernichtungswaffe(n) *l'arme de destruction massive*

2 Ein Kommentar

Schüler CD Piste 18

Hören Sie nun einen Kommentar zu dieser Grafik: Hatten Sie richtig geraten?

Tipps
- Listen Sie zuerst die Wörter / Ausdrücke auf, die Sie wahrscheinlich hören werden.
- Achten Sie besonders auf die Zahlen.

3 Ein Kettenspiel

Und Sie? Was würden Sie persönlich antworten? Fragen Sie dann Ihren Nachbarn / Ihre Nachbarin.

4 König von Deutschland?

Die ARD – das Erste Deutsche Fernsehen – hat Jugendlichen folgende Frage gestellt: „Was würdest du tun, wenn du König von Deutschland wärest?"

a. Was würden Milena und Robert tun? Achten Sie auf die Wiederholungen. Zitieren Sie die genauen Textstellen.
b. Was für eine Welt wollen sie also schaffen? Was gefällt ihnen an der heutigen Welt nicht?
c. Und Sie? Was würden Sie tun, wenn Sie KönigIn wären?

Eigentlich bin ich gar nicht so scharf darauf, jetzt König von Deutschland zu sein. Das ist eigentlich nicht so mein Traumberuf, weil ich finde, die Verantwortung[1], die da auf einem lastet, ist dann doch ziemlich hoch, aber wenn ich dann schon mal die Chance hätte, einen Tag König von Deutschland zu sein, würde ich vielleicht allen Menschen frei geben, egal ob Schule, Arbeit, oder sonst irgendwas. Damit sie sich einmal einen schönen Tag machen können und frei haben, und dann würde ich mir auch einen freien Tag machen, vielleicht mit der Krone auf dem Kopf durch die Straßen marschieren und mich bejubeln lassen[2].

Robert

Ich würde die Umwelt schützen, indem man keine Autos mehr fahren lässt, sondern nur noch Fahrräder und Fußgänger. Und ich würde auch eine neue Firma bauen, in der Arbeitslose arbeiten können oder neue Läden in der Stadt eröffnen.

Milena

© www.ard.de/kinder-sind-zukunft

Vokabeln
- sauber ≠ schmutzig
- frei haben
- die Möglichkeit geben (a, e, i)
- das Leben genießen (o, o)
- verbieten (o, o)
- Probleme abschaffen
- ändern
- dafür sorgen, dass …
- schaffen (u, a)

1. die Verantwortung *la responsabilité* **2.** sich bejubeln lassen (ie, a, ä) *se faire acclamer*

5 Christian und Sandra

Schüler CD Piste 19

Hören Sie jetzt die Antworten von Christian und Sandra.

a. Christian hat zwei Wünsche.
Was würde er machen?
b. Für wen würde Sandra etwas tun?
Und was würde sie machen? Wozu?

Tipps
- Welche Wörter werden wiederholt?
- Notieren Sie auch die betonten Wörter.

Sandra

Christian

Aktion! Die erste Strophe eines Songs schreiben

→ *Wenn ich König / Königin wäre, wäre die Welt viel schöner …*

Machen Sie weiter und schreiben Sie die erste Strophe eines Songs.

etwa 50 Wörter

Tipps
- Benutzen Sie das Vokabular dieser Seiten.
- Versuchen Sie nicht, aus dem Französischen zu übersetzen.

➔ Sprachtraining S. 74-75
- Exprimer la finalité
- Lexique : avenir et création

➔ Arbeitsheft S. 28

Kreative Ideen für morgen?

1 Ein Projekt

a. Schauen Sie sich das Logo an.
Was ist vielleicht das Ziel dieser Initiative?
b. Bei diesem Projekt arbeiten Schulen und Unternehmen zusammen.
Was kann das Interesse für die einen / die anderen / beide zusammen sein?
Ordnen Sie zu.
→ *Die Schüler können …*
Das Unternehmen kann …
Zusammen können sie …

JUGEND DENKT ZUKUNFT

- neue Talente entdecken
- Trends und Probleme analysieren
- die Arbeitswelt kennenlernen
- neue Produkte und Dienstleistungen entwickeln
- von der Kreativität der Jugend profitieren
- das Funktionieren des Marktes entdecken

2 Jugend denkt Zukunft

Schüler CD Piste 20

Hören Sie nun eine kurze Präsentation des Projekts.
a. Mit welchen Fragen beschäftigen sich die Jugendlichen?
Wann sollen die Projekte realisiert werden?
b. Ist die Aufnahme eine Reportage oder eher eine Werbung?
Begründen Sie Ihre Antwort.

Tipps
- Notieren Sie die Wörter, die Sie wiedererkennen.
- Ordnen Sie Ihre Notizen.

3 Zwei Beispiele

a. Bilden Sie zwei Gruppen: Jede liest einen Artikel und beantwortet die Fragen.
Wie heißt die Schule, das Unternehmen? Wo befinden sie sich (siehe Karte, Umschlagklappe I)? Welche Produkte wurden entwickelt? Was sind ihre Vorteile?

b. Jede Gruppe fasst ihren Artikel zusammen.
Sie benutzt eventuell die Tafel und gibt Beispiele, um Wörter zu erklären. Die Mitschüler machen sich Notizen und fragen nach, wenn etwas unklar ist.

A

Süßwaren der Zukunft

Leuchtende[1] Kaugummis mit Vitaminen, Bonbons, die Alkohol abbauen[2] können und Schokodragees gegen Stress. Ganz klar: Süßigkeiten wird es auch in Zukunft geben. Wahrscheinlich aber werden viele Produkte ganz anders sein als heute – davon gehen zumindest 26 Schülerinnen und Schüler des Lise-Meitner-Gymnasiums in Unterhaching aus. Im Rahmen der Wirtschaftsinitiative „Jugend denkt Zukunft" haben sie sich fünf Tage lang mit dem Thema „Süßwaren im Jahr 2020" beschäftigt. Die Schüler diskutierten mit Wrigley-Mitarbeitern über mögliche Entwicklungen und konzipierten innovative Produktideen von morgen. (...) Fünf Tage lang konnten die Jugendlichen einen Blick hinter die Kulissen der Wrigley GmbH werfen und den Arbeitsalltag in einem internationalen Unternehmen begleiten.

1. leuchtend *phosphorescent* **2.** abbauen *(ici) absorber*

B

Eine Zukunftsvision wird Wirklichkeit

In welchem Zimmer liegt Tante Klara? Wo finde ich das Sprechzimmer[1] des Oberarztes – und wo die Cafeteria? Im Universitätsklinikum Mannheim gibt seit Sommer 2008 der Hospipoint Besuchern Orientierungshilfe und weist den richtigen Weg durch die Krankenhausflure[2]. Die Idee für das Infoterminal stammt von Schülerinnen und Schülern der Gesamtschule Mannheim-Herzogenried, die (...) mit dem Klinikum Mannheim ein Innovationsspiel zum „Universitätsklinikum der Zukunft" durchgeführt haben. Die Geschäftsführung des Klinikums war so begeistert von der Idee der jungen Projektentwickler, dass sie den Hospipoint realisieren ließ. An den Eingängen und weiteren prägnanten Punkten im Klinikum aufgestellt, zeigt der Wegweiser mit Touch-Screen den Besuchern nun, wie sie am besten zur gesuchten Station[3] oder zum Ausgang kommen. Als Orientierungshilfe wird der Lageplan (...) gleich ausgedruckt[4].

1. das Sprechzimmer(-) *la salle de consultation* **2.** der Krankenhausflur(e) *le couloir d'hôpital* **3.** die Station(en) *(ici) le service* **4.** ausdrucken *imprimer*

Aktion! Als Jurymitglied auftreten

Eine Jury soll entscheiden, welche der beiden Schulen den „Innovationspreis für junge Talente" verdient.
Sie sind Mitglied der Jury: Erklären Sie, für welche Schule Sie stimmen und argumentieren Sie.

→ *Beide Schulen haben gute Arbeit geleistet ...*
2 Minuten

Baukasten

- sich gesund ernähren
- Orientierungshilfe geben (a ,e, i)
- seinen Weg finden (a, u)
- eine Idee verwirklichen
- nützlich ≠ unnütz
- praktisch

➔ *Sprachtraining S. 75*
· Le marquage du groupe nominal
➔ *Arbeitsheft S. 29*

Gärten der Zukunft

1 Was ist passiert?

Schauen Sie sich die Bilder an und erfinden Sie eine Geschichte.

→ *Es war einmal eine triste Siedlung … Die Einwohner … Eines Tages …*

Früher

Heute

2 Eine Initiative

Lesen Sie folgenden Text und beantworten Sie die Fragen.

a. Wo wurde das Projekt durchgeführt (siehe Karte, Umschlagklappe I)?
b. Wer nimmt daran teil? Was können die Teilnehmer machen?
c. Ist der Autor des Artikels für oder gegen diese Initiative? Listen Sie seine Argumente auf.

Die Internationalen Gärten in Göttingen sind Orte, wo Flüchtlings-, Migranten- und deutsche Familien Beziehungen aufbauen und durch interkulturelles Gestalten und Zusammenarbeit positive Beispiele für Völkerverständigung[1] und Integration geben. Das Projekt setzt sich gegen Ausgrenzung[2] ein. (…)
Die Gärten bestehen aus Einzelparzellen für den Anbau von Gemüse und Kräutern[3] und aus Gemeinschaftsflächen[4]. Auf diesen können Kinder spielen, Erwachsene sich treffen, Veranstaltungen abgehalten werden. Der Garten ist für uns ein idealer Ort der Begegnung[5]. (…)

Im Projekt arbeiten Familien aus 16 Nationen und unterschiedlichen Religionen zusammen; insgesamt mehr als 300 Menschen. (…) Viele Menschen in der deutschen Bevölkerung solidarisieren sich mit Migranten und Flüchtlingen. Unser Verein möchte einen Beitrag dazu leisten, dass sich diese Solidarität im Alltag stabilisiert. Durch gemeinsame Aktivitäten von Ausländern und Inländern versuchen wir Menschen aus unterschiedlichen Kulturen einander näher zu bringen. (…)

© www.internationale-gaerten.de

Vokabeln
- Gemüse anbauen
- gemeinsam arbeiten
- verschieden sein
- sich kennen lernen
- Kontakte knüpfen
- freundschaftliche Beziehungen haben

1. die Völkerverständigung *l'entente entre les peuples* **2.** die Ausgrenzung(en) *l'exclusion* **3.** Gemüse und Kräuter *des légumes et des herbes aromatiques* **4.** die Gemeinschaftsfläche(n) *la surface commune* **5.** die Begegnung(en) *la rencontre*

3 Eine Reportage

Schüler CD Piste 21

a. Sie werden nun eine Reportage über Gärten in Berlin hören.

Was werden Sie wohl hören (wer wird vielleicht interviewt, worüber, Kommentare)? Stellen Sie Hypothesen auf.

b. Hören Sie sich jetzt die Reportage mehrmals an.

– Man hört insgesamt drei Frauenstimmen. Wer sind diese Personen? Wodurch unterscheidet sich die zweite von den anderen?
– Welche Informationen kennen Sie schon aus dem Text Seite 68? Welche sind neu (Aktivitäten, materielle Situation der Leute ...)?
– Klingen die Kommentare eher positiv oder negativ? Geben Sie Beispiele.

Tipps

- Notieren Sie die Wörter, die Sie wiedererkennen.
- Achten Sie auf Wörter, die Sie aus anderen Sprachen kennen.
- Ordnen Sie Ihre Notizen.

Aktion! Einen Text für eine Unterschriftensammlung verfassen

Die Stadt will das Grundstück verkaufen und Bürohäuser bauen lassen.
Schreiben Sie den Text für eine Unterschriftenaktion gegen diesen Plan.

→ *Die Stadt hat beschlossen ...*
etwa 50 Wörter

Baukasten

- Wir sagen nein: Wir wollen ...
- Unser Garten ist ein Ort, wo ...
- Wenn es diesen Ort nicht mehr gibt, dann ...
- Welche Stadt wollen wir für morgen?

➔ Sprachtraining S. 74
· Exprimer l'hypothèse
➔ Arbeitsheft S. 30

Schöne neue Welt?

Reinhold Ziegler

1955 in Erlangen geboren, studierte Maschinenbau und arbeitete zuerst als Ingenieur, dann als Journalist. In seinen Büchern beschreibt er oft die Welt von morgen.

2025: Tubor Both, ein junger Informatiker aus München, hat eine neue Arbeitsstelle in Wohnwiesen, einer modernen Stadt unweit von Berlin, gefunden. Er hat sich im Internet über die Stadt informiert und eine Wohnung bekommen.

Eine knappe Woche später landete ich (…) auf dem Flughafen Wohnwiesen. Ich sah schon beim Anflug die vier Wohntürme stehen, jetzt, real. (…) Dann fesselte mich die Perfektion der schönen, neuen Stadt. Es war faszinierend. Ab dem Terminal brauchte ich nichts anderes mehr als meine π-Karte. In der Kabine des NEAR schob ich sie in den Leseschlitz[1], wurde nach meinem Ziel gefragt, gab an: „West 2, Wohnung 4256" und schon setzte sich das Ding in Bewegung. Nach ein paar Minuten stoppte die Kabine sanft. „Bitte steigen Sie aus und benutzen Sie die blaue Rolltreppe[2] mit der Nummer vier, vielen Dank für Ihre Mitfahrt!", rief mir eine sanfte Frauenstimme nach. Hinter mir schloss sich leise die Tür und die Kabine schwebte davon.

Ich ließ mich von der blauen Rolltreppe unter die Glaskuppel der Mall[3] tragen, die zwischen den vier Türmen lag, fand mich am Rande des Einkaufszentrums vor dem Eingang meines Wohnblocks. (…)

„Willkommen, Herr Both", sagte der Aufzug[4], als ich die π-Karte durch den Schlitz führte, „wir hoffen, Sie hatten eine angenehme Reise. Ihre Wohnung ist bezugsfertig und reagiert bereits auf Ihre Karte und Stimme. Dieser Aufzug bringt Sie jetzt in den 42. Stock. Wenden Sie sich beim Hinaustreten nach links und beachten Sie die Wohnungsnummern."

Der Gang[5] war mit dunkelblauem Teppich verkleidet (...), in der Mitte der Tür, klein, die Nummer der Wohnung, keine Namen. Neben jeder Tür ein Kartenleser. Ich lief, bis ich zur 4256 kam, dort zog ich die Karte durch den Schlitz. Nichts passierte.

Nach einer Weile sagte die Stimme: „Sie müssen innerhalb von zehn Sekunden ihr VoiceSign-Codewort sprechen, bitte benützen Sie noch einmal Ihre Karte!"

Ich zog sie wieder durch. „Nuala", sagte ich deutlich. Es summte und die Tür sprang auf.

Die Wohnung war kühl und leer. (…) Wie eine eiskalte Wolke[6] wehte die Einsamkeit mir aus diesen Wänden entgegen (...). Es war eine Kälte, die ich nicht mehr vergessen konnte.

Aus: Reinhold Ziegler, *Version 5 Punkt 12*

1. der Leseschlitz *la fente de lecture* **2.** die Rolltreppe(n) *l'escalator* **3.** die Glaskuppel der Mall *la coupole en verre de la galerie marchande* **4.** der Aufzug(¨e) *l'ascenseur* **5.** der Gang(¨e) *le couloir* **6.** eine eiskalte Wolke *un nuage glacial*

1 Zum Einstieg

Lesen Sie die Einleitung und schauen Sie sich das Bild an.

Wie sieht Wohnwiesen vielleicht aus (Häuser, Transportmittel, Geschäfte)?

2 Indiziensuche

a. Von Zeile 1 bis Zeile 13

– Wie reagiert Tubor, als er die Stadt sieht? Wo genau wird er wohnen? Zitieren Sie den Text.
– Was ist wohl das NEAR / die π-Karte? Zitieren Sie die Textstellen, die dem Leser helfen, das zu verstehen.

b. Von Zeile 14 bis zum Ende

Sammeln Sie Informationen über das Haus, in dem Tubor wohnen wird (Höhe, Farbe, Sicherheitssystem …).

c. Lesen Sie noch einmal den ganzen Text.

– Wie viele Transportmittel benutzt Tubor? Mit wem redet er? Was hört er?

d. Die Geschichte spielt 2025. Was würde Tubor heute tun, wenn er in einer Stadt ankäme? Vergleichen Sie.

Vokabeln

- der Turm(¨-e)
- das Hochhaus(¨-er)
- die Chipkarte(n)
- die Daten *(pl.)*
- die Stimme erkennen (a, a)
- nach dem Weg fragen, sich erkundigen
- sich einsam fühlen
- unmenschlich

3 Textinterpretation

Vergleichen Sie Anfang und Ende des Textes.
Finden Sie, dass der Titel „Schöne neue Welt?" gut zum Text passt?

Aktion! Auf eine E-Mail antworten

Noch am selben Abend bekommt Tubor eine Mail von seiner Freundin: „War es schwer, die Wohnung zu finden? Alles OK?"

Verfassen Sie Tubors Antwort.

→ *Hallo, komme eben aus dem vollautomatischen Restaurant zurück …*

etwa 50 Wörter

Baukasten

- Alles ist perfekt gelaufen: Am Flughafen …
- Nach wenigen Minuten …
- Aber, als ich die Tür hinter mir geschlossen hatte, …
- Wohnwiesen ist sicher perfekt organisiert, aber …

Metropolis

1 Schauen Sie sich die erste Sequenz an.

Vergleichen Sie die Vision der Stadt im Film mit dem Gemälde von Georg Grosz. Suchen Sie nach Ähnlichkeiten und Unterschieden.

Georg Grosz, *Metropolis*, 1916-17

2 Schauen Sie sich nun den zweiten Auszug an. Hier sehen Sie, was unter der Erde passiert.

a. Wie werden die Arbeiter dargestellt?

b. Kommentieren Sie die Bilder.

→ *Oben in den Hochhäusern wohnen die Reichen ... Unten ...*

c. Wie finden Sie persönlich diese Szenen? Kennen Sie moderne Filme, die wohl von *Metropolis* inspiriert wurden?

Vokabeln

- riesig ≠ winzig
- das Hochhaus(¨er)
- Angst machen
- die Masse(n)
- die Bewegung(en)
- das Monster(-), das Ungeheuer(-)
- von oben ≠ von unten
- jdn ausbeuten
- beeindruckend, stark
- unrealistisch

Aktion! Die erste Seite eines Programmheftes verfassen

2008 wurden Filmszenen wiedergefunden, die als verloren galten. Eine neue restaurierte Version wurde auf der Berlinale gezeigt. Schreiben Sie den Anfang des Programmheftes für die Premiere (technische Daten: Regisseur, Datum, Hauptrollen, die Stadt oben, die Stadt unten). Fügen Sie Bilder ein.

Infos und Materialien unter:
www.filmportal.de
www.murnau-stiftung.de

Baukasten

- einen Film drehen
- der Kultfilm(e)
- die Sensation
- unvergessliche Bilder

Den Anfang eines Science-Fiction-Romans schreiben

1 **Lesen Sie den Text und achten Sie auf folgende Punkte:**
– Was findet die Erzählerin?
– Woran erinnert sie sich?

18. Oktober 2055

Ich habe heute beim Aufräumen im Keller[1] einen Karton gefunden. Mit Papier. Darin waren Bücher. Könnt Ihr Euch erinnern? Ich hatte sie ganz vergessen über die Jahrzehnte, die ich schon elektronisch-digital lese. Ein Buch habe ich herausgenommen (…). Als ich das Buch aus der Kiste nahm, fiel ein kleines Stück Papier heraus. Ein Bordkartenabschnitt[2]. Ich erinnere mich noch daran, dass es die gab. Dass Flugtickets damals auch noch gedruckt wurden auf so ein festes Papier. Ich erinnere mich tatsächlich daran, wie ich das Buch auf diesem Flug gelesen habe und wie es mich eine lange Zeit lang beschäftigt hat. Es ist kaum zu glauben, aber ich kann die Situation wieder vor mir sehen …

Miriam Meckel
© www.miriammeckel.de

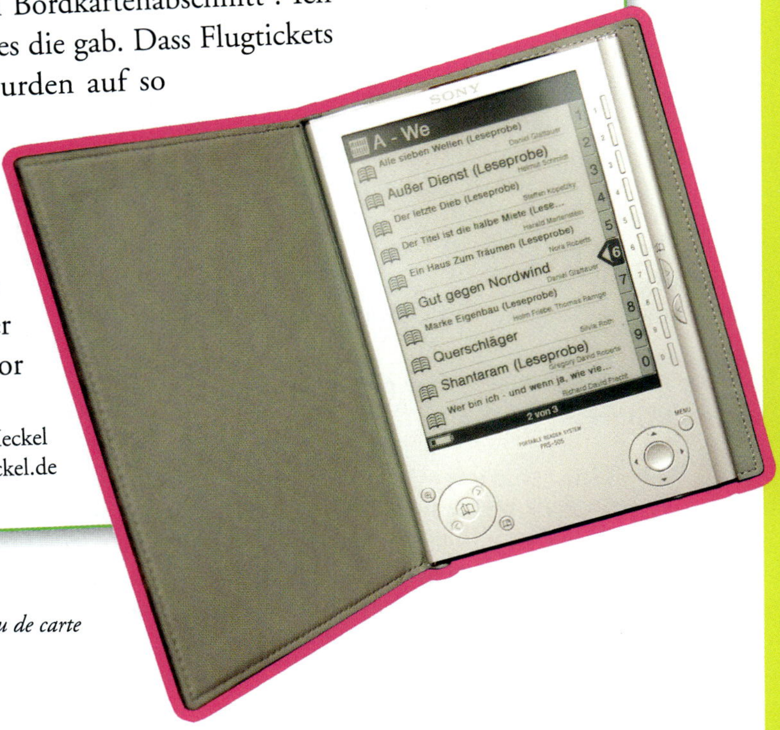

1. der Keller(-) *la cave*
2. der Bordkartenabschnitt(e) *le bordereau de carte d'embarquement*

2 **Verfassen Sie nun die ersten Zeilen eines Science-Fiction-Romans. Benutzen Sie den Text von Miriam Meckel als Vorlage.**

→ *Ich habe heute beim Aufräumen im Keller einen Karton gefunden. Mit alten CDs / alten Papier-Zeitungen / alten Aspirin-Tabletten / alten Schulbüchern … Ich erinnere mich … Heute …*

etwa 60 Wörter

Exprimer l'hypothèse (le fait non réalisé)

➔ Précis grammatical p. 167

Le subjonctif II permet d'exprimer qu'un fait n'est pas ou n'a pas été réalisé.
C'est donc ce mode qui servira notamment à formuler :

- **une hypothèse irréelle**

→ *Wenn das Wetter schöner gewesen wäre, wäre ich spazieren gegangen.*
(S'il avait fait meilleur temps, je serais allé me promener.)

→ *Wenn ich Geld hätte, würde ich den Armen helfen.*
(Si j'avais de l'argent, j'aiderais les pauvres.)

- **un fait non réalisé**

→ *Ich würde gern kommen.* (J'aimerais bien venir, mais je ne viendrai pas.)

- **une proposition**

→ *Hättest du Lust, ins Kino zu gehen?*
(Est-ce que tu aurais envie d'aller au cinéma ?)

1 Que se passerait-il si... ? Utilisez les éléments donnés pour former des phrases selon le modèle suivant :

→ *Ängste und Wünsche*, p. 64

→ *ich: König von Deutschland sein / allen jungen Leuten ein modernes Handy schenken. → Wenn ich König von Deutschland wäre, würde ich allen jungen Leuten ein modernes Handy schenken.*

a. ich: allein regieren können / das Autofahren verbieten
b. die jüngere Generation: an der Macht sein / eine bessere Welt schaffen
c. wir: Geld haben / ein Freizeitzentrum für Jugendliche bauen lassen
d. ich: eines Tages Kanzler(in) sein / etwas gegen die Arbeitslosigkeit tun
e. ich: König der Welt sein / den Krieg abschaffen

2 Conjuguez les verbes entre parenthèses au subjonctif II présent.

→ *Ängste und Wünsche*, p. 64

Wir (haben) ein ganz anderes Leben, wenn ich König (sein). Es (geben) keine Schulen mehr, wir (müssen) nicht mehr früh aufstehen, sondern (gehen) dreimal die Woche ins Kino. Wir (können) den ganzen Tag Computerspiele machen oder Sport treiben. Jeder (dürfen) tun, was ihm (gefallen).

3 Utilisez les éléments donnés pour former des phrases selon le modèle suivant :

→ *Schöne neue Welt?*, p. 70

→ *Tubor: in einer normalen Stadt sein / den Bus oder ein Taxi nehmen → Wenn Tubor in einer normalen Stadt wäre, würde er den Bus oder ein Taxi nehmen.*

a. Tubor: keine π-Karte haben / die Tür seiner Wohnung nicht aufmachen können
b. Tubors Freundin: auch eine Stelle in Wohnwiesen finden können / sofort nachkommen
c. ich: in Wohnwiesen leben müssen / depressiv werden

4 Que se serait-il passé si... ? Transformez les phrases selon le modèle suivant :

→ *Schöne neue Welt?*, p. 70

→ *Tubor hat sich im Internet informiert; er hat die Wohntürme der Stadt sofort erkannt. → Wenn sich Tubor nicht im Internet informiert hätte, hätte er die Wohntürme der Stadt nicht sofort erkannt.*

a. Tubor hat eine π-Karte bekommen; er hat seinen Weg gefunden.
b. Es hat eine Wirtschaftskrise gegeben; Tubors Freundin hat ihren Job verloren.
c. Tubor ist nicht in München geblieben; er hat den Kontakt zu seinen alten Freunden verloren.

Exprimer la finalité

➔ Précis grammatical p. 169

5 Associez les phrases au moyen de *um ... zu* ou *damit*, selon le sens.

→ *Kreative Ideen für morgen?*, p. 66

a. Die Initiative „Jugend denkt Zukunft" wurde 2004 gegründet. Junge Menschen können ihre Kreativität zeigen.
b. Die Süßwaren der Zukunft werden weniger Zucker enthalten. Die Kinder werden nicht mehr so dick.
c. Die Mitarbeiter der Firma arbeiten fünf Tage lang mit den Jugendlichen. Sie zeigen ihnen, wie ein Unternehmen funktioniert.
d. Die Jugendlichen sollen mit Marketing-Experten Trends und Probleme analysieren. Sie entwickeln die richtigen Produkte.
e. Die Unternehmen investieren in das Projekt. Sie entdecken junge Talente.

Le marquage du groupe nominal

➔ Précis grammatical p. 156

6 **Complétez par la marque qui convient.**

→ Gärten der Zukunft, p. 68

Ein Gartenbesucher erzählt:
„Ich verbringe fast jed■ Sonntag hier mit mein■ ganz■ Familie. In d■ international■ Garten können mein■ Kinder Freunde aus verschieden■ Ländern finden. Ich selbst habe nett■ Leute kennengelernt. Zum Beispiel unser■ Gartennachbarin, eine jung■ Türkin, die uns regelmäßig frisch■ Gemüse und aromatisch■ Kräuter aus ihr■ kleinen Garten schenkt. Abends sitzen wir oft um ein■ groß■ Tisch herum und diskutieren über d■ Garten, aber auch über d■ beruflich■ Zukunft unser■ Kinder! Dieser Garten ist für uns ein klein■ Paradies."

Prosodie und Phonetik

Schüler CD Piste 22

Ach-Laut / Ich-Laut

En fonction du **son** qui précède, « ch » se prononce différemment :
[ç] (*Ich-Laut*) ou [χ] (*Ach-Laut*).

a. Écoutez la différence et déduisez la règle : après quels sons prononce-t-on [χ] ?

b. Entraînez-vous maintenant à prononcer les mots suivants en les répétant après les avoir entendus. Vous pouvez vous enregistrer et améliorer votre prononciation en la comparant au modèle.

1. Buch
2. Bücher
3. kochen
4. Köchin
5. Macht
6. mächtig
7. persönlich
8. durch
9. brechen
10. tauchen

Wortschatz

Avenir et création

7 **Déduisez le sens des mots soulignés. Aidez-vous de la liste ci-dessous :**

créer – résoudre – déployer – inventer – changer

→ Kreative Ideen für morgen?, p. 66

a. Viele Jugendliche sind mit der Welt, wie sie heute ist, nicht zufrieden. Sie wollen sie radikal <u>verändern</u>.
b. Moritz hat viel Fantasie: Er kann die tollsten Geschichten <u>erfinden</u>.
c. Kein Land kann die globalen Probleme der Welt allein <u>lösen</u>.
d. Wenn ich König wäre, würde ich eine ideale Welt <u>schaffen</u>: ohne Armut, ohne Terror.
e. Beim Projekt „Jugend denkt Zukunft" können junge Leute ihre ganze Kreativität <u>entfalten</u>.

8 **a. Associez logiquement un élément de la colonne de gauche à un élément de la colonne de droite.**

→ Kreative Ideen für morgen?, p. 66

A. ein innovatives Produkt	**a.** beschäftigen
B. an einem Projekt	**b.** kennen lernen
C. die Welt der Wirtschaft	**c.** entwickeln
D. sich mit einem Thema	**d.** entdecken
E. die Mitarbeiter eines Unternehmens	**e.** teilnehmen

b. Utilisez les expressions ci-contre pour décrire le projet „Jugend denkt Zukunft".

9 **Retrouvez le nom ou le verbe de la même famille. Notez le pluriel des noms et les temps des verbes.**

→ Ängste und Wünsche, p. 64

→ *der Traum → träumen*

a. ■ → wünschen
b. der Plan → ■
c. ■ ← erfinden
d. die Hoffnung → ■
e. ■ ← entdecken
f. die Lösung → ■

10 **Déduisez le sens des mots soulignés. La traduction d'un mot-clé vous est fournie.**

der Nutzen: *l'utilité*

→ Kreative Ideen für morgen?, p. 66

a. Ich finde den Hospipoint praktisch und sehr <u>nützlich</u>: Ein solcher Infoterminal kann vielen Leuten helfen.
b. Ein leuchtender Kaugummi dagegen bringt absolut nichts. Er ist völlig <u>unnütz</u>.
c. Die Teilnehmer sollen ihre kreativen und organisatorischen Kompetenzen <u>benützen</u>.

1 Leseverstehen

Ajescha, Insekten-Spezialistin

Ajescha war die einzige Schülerin der Primo-Levi-Oberschule in Berlin, die bei „Jugend forscht[1]“ mitgemacht hat. Aufgefordert hat sie dazu niemand. „Ich habe irgendwann per Zufall[2] von dem Wettbewerb[3] gehört und mich im Internet erkundigt.“ Schon im letzten Jahr war sie dabei. „Damals habe ich auch was mit Schlupfwespen[4] gemacht und bin im Landeswettbewerb auf den fünften Platz gekommen.“ Ihre Freunde fanden es nicht seltsam, dass Ajescha sich zwischendurch den Insekten widmete. Sie traf sich ja trotzdem mit Leuten, ging shoppen, ins Kino und auf Parties.

Dass sie in diesem Jahr siegen würde – damit hat die junge Forscherin nicht gerechnet. „Die einzige, die sich da ganz sicher war, war eine Freundin. Vor der Preisverleihung in Hamburg meinte sie immer wieder, dass ich auf jeden Fall Bundessiegerin werde.“

Ajeschas Preis: Sie durfte im August nach China fliegen. Außerdem bekam sie 1500 Euro. „Das Geld will ich vielleicht für meinen Führerschein benutzen oder für eine Reise.“ Aber 200 oder 300 Euro – die will sie „auf jeden Fall vershoppen.“

Die gerahmte „Jugend forscht“-Urkunde[5] lehnt in ihrem Zimmer. „Meine Mutter will sie unbedingt aufhängen.“ Ajescha selbst hat andere Pläne. Sie möchte die Bilder der Jungs aus der Fernsehserie *OC California* abhängen („die fand ich schon mit 13 nicht mehr toll“) und stattdessen New-York-Postkarten an die Wand pinnen. Schließlich ist das ihre Lieblingsstadt. Außerdem hängt an den rosa Zimmerwänden noch eine Pace-Flagge und ein aus dem Weltraum fotografiertes „Die Erde“-Poster. „Das hat mir mein Opa mal geschenkt.“

Eines Tages will Ajescha Biologin oder Juristin werden. „Oder etwas ganz anderes. Vielleicht sogar Politikerin. Ich bin ja so 'ne Umwelttante.“ (...) Die Klimaerwärmung findet die 15-jährige schlimm. „Das ist seit zehn Jahren klar, plötzlich sind alle so betroffen, das verstehe ich einfach nicht.“ Fern sieht Ajescha selten. „Mich regt vieles auf, was die zeigen.“

Harvard, Yale, Princeton, Oxford – an einer dieser Elite-Unis würde Ajescha später gern studieren. „Das wäre ein Traum.“ Obwohl – ein Leben ohne ihre Familie und ihre Freunde kann sie sich eigentlich nicht vorstellen. Und auch die Wohnung in Berlin-Pankow, die sie mit ihrer Mutter und den beiden Meerschweinchen[6] Zoey und Phoebe teilt, möchte sie ungern verlassen. Der Wandspruch[7] im alten Treppenhaus passt zu Ajeschas bescheidener Art. Dort steht: „Viel leisten, wenig hervortreten. Mehr sein als scheinen.“

von Katrin Schmiedekampf

1. forschen *faire de la recherche* **2.** der Zufall(¨e) *le hasard* **3.** der Wettbewerb(e) *le concours* **4.** die Schlupfwespe(n) *la guêpe ichneumon* **5.** die Urkunde(n) *le diplôme* **6.** das Meerschweinchen(-) *le cochon d'Inde* **3.** der Wandspruch(¨e) *la citation sur le mur*

TEIL 1 (A2)

Schreiben Sie die richtige Antwort ab und belegen Sie Ihre Wahl durch ein Zitat.

1 Ajescha
- hatte schon einmal am Wettbewerb teilgenommen.
- hat zusammen mit ihrer besten Freundin am Wettbewerb teilgenommen.
- hatte über ihre Biologie-Lehrerin vom Wettbewerb gehört.

2 Ajescha
- interessiert sich für Umweltprobleme.
- weiß genau, welchen Beruf sie später ausüben will.
- hat wenig Interesse an Politik.

3 Ajescha
- wäre glücklich, wenn sie an einer Elite-Uni studieren könnte.
- hätte Lust, einen Zeitlang weit weg von ihrer Familie zu leben.
- möchte am liebsten alleine wohnen.

4 Ajescha
- hat den zweiten Preis gewonnen, ihre Freundin den ersten.
- hat ihren Preis in China entgegengenommen.
- hat eine Reise gewonnen.

TEIL 2 (B1)

1 Richtig oder falsch? Antworten Sie und belegen Sie Ihre Wahl durch ein Zitat.
- Ajescha sieht nicht viel fern.
- Ajescha hat Tag und Nacht für den Wettbewerb gearbeitet.
- Ajescha wusste, dass ihre Arbeit über Schlupfwespen sehr gut war.
- Ajescha hat ihre Urkunde sofort in ihrem Zimmer aufgehängt.

2 Was bedeutet der Satz „Aber 200 oder 300 Euro – die will sie ‚auf jeden Fall vershoppen.'" (Zeile 21-22)? Schreiben Sie die richtige Antwort ab.
- Ajescha hofft, 200 oder 300 Euro mehr zu gewinnen.
- Ajescha will mit diesem Geld einkaufen gehen.
- Ajescha will 200 oder 300 Euro auf die Bank bringen.
- Ajescha will 200 oder 300 Euro an einen Freund schicken.

2 Hörverstehen

Hören Sie sich die Aufnahme an.

1 Worum handelt es sich? Um eine Reportage, eine Werbung, ein privates Gespräch?
2 Wer organisiert die Innovationsspiele? Was ist deren Ziel?
3 Was sagen Nils und Charlotte über das Innovationsspiel, an dem sie persönlich teilgenommen haben (wo, welche Arbeitsweise, welches Thema, welches Resultat)?

Sie finden den Fragebogen zum Ausfüllen im ***Arbeitsheft S. 33-34***.

3 Mündliche Kommunikation

1 Wie interpretieren Sie das Bild? Können Sie verstehen, warum der Mann in der Mitte lieber eine Zeitung liest?
2 Was wird sich in der Zukunft vielleicht noch ändern? Was wünschen Sie persönlich? ...

4 Schriftliche Kommunikation

Eine Tageszeitung hat junge Leser gefragt, wie sie ihre Zukunft sehen. Optimistisch oder pessimistisch?

Schreiben Sie Ihren Beitrag.

etwa 50 Wörter

Kapitel 5

Aufwärmen

Schüler CD Piste 23

Ein Quiz – Wie gut kennen Sie Österreich?

1. Wie viele Einwohner hat Österreich?
4 Millionen – 8 Millionen – 20 Millionen

2. Wer wurde <u>nicht</u> in Österreich geboren?
Mozart – Beethoven – Arnold Schwarzenegger – Romy Schneider

3. Früher war Österreich ein Kaiserreich. Welches Land gehörte zu dieser Monarchie?
die Schweiz – Ungarn – Italien – Polen

Hören Sie nun die Lösungen.

Zusammen unterwegs

Descripteurs du Cadre européen

Écouter

A2 Comprendre de brefs messages.

B1 Comprendre des informations factuelles, l'essentiel d'une conversation.

Lire

A2 Localiser une information spécifique.

B1 Comprendre l'essentiel d'un texte littéraire.

Parler en continu

A2 Décrire des préparatifs.

B1 Défendre un projet, faire une description.

Parler avec quelqu'un

A2 Échanger des informations.

Écrire

A2 Écrire des phrases simples.

B1 Rendre compte d'expériences, raconter une histoire.

Micro-tâches

Tâche finale

Réaliser la première page d'un prospectus touristique d'une ville.

➔ Sprachtraining S. 90-91
- La relative
- Lexique : le voyage

➔ Arbeitsheft S. 35

Klassenfahrt

Herr Schönborn ist Henrikes Lehrer. Alle nennen ihn einfach bei seinem Vornamen: Till. Das hat er sich so gewünscht. Eigentlich ist er ganz in Ordnung, ein bisschen unscheinbar[1], mit seiner altmodischen Brille und den schlottrigen Cordhosen[2], aber echt nett. Muss ja nicht jeder aussehen wie ein Popstar.

An diesem Morgen sagt er, nachdem Ruhe eingekehrt ist: „Wenn ihr wollt, machen wir nach den Sommerferien eine Klassenfahrt."

Alle reden erst einmal durcheinander. Doch schnell deutet sich Zustimmung[3] an. „Was stellt ihr euch denn vor?", will der Lehrer wissen.

Dominik ruft: „New York!" Henrike und ihre Freundin Katja schauen sich amüsiert an. Der kluge Dominik macht sich mal wieder wichtig. Da kann Christian natürlich nicht zurückstehen[4]. „München!", schreit er. „Zum Oktoberfest! Bier saufen!"

Cem meint ganz ernsthaft, er würde den Mitschülern gern Ankara zeigen.

Arzu schüttelt ihr langes, glattes Haar, Ankara kennt sie in und auswendig, sie möchte nach Helgoland.

Moritz, David und Philipp schlagen vor, in einem Vergnügungspark zu zelten[5]. (…) Henning juxt: „Da braucht ihr euch nicht mal zu waschen, da schwimmt ihr einfach die Wasserrutsche runter!"

Etwas ärgerlich wartet Mirjam, bis sich das grölende Gelächter gelegt hat. „Ich möchte mal eine Woche in der Stadt leben", sagt sie. (…) „Ins Kino gehen", malt Mirjam ihren Traum aus. „Eis essen, in die Disko …" Alle lachen, denn der Bauernhof[6] von Mirjams Eltern liegt weit abseits, der Schulbus muss einen Umweg fahren dorthin.

Till nickt. „Das dachte ich auch. Wald und Wiesen habt ihr jeden Tag. Bildet jetzt bitte Gruppen, die sich auf ein realistisches Ziel einigen können, sucht die passende Jugendherberge[7] dazu heraus und berechnet die Kosten für Fahrt und Aufenthalt[8]."

In der Pause trifft Henrike ihre Cousine Tatjana. Die geht in die Parallelklasse und erzählt, dass sie in den Harz fahren. Die Lehrerin hat einfach „Altenau" an die Tafel geschrieben. Tatjana weiß auch, wie viel die Fahrt kostet; und eine Liste haben sie aufgestellt, was sie mitnehmen sollen. Unterhosen, Regenzeug, Wanderschuhe und so.

Die haben es gut. Ein Vater fährt mit, alles ist geregelt.

Aus: Renate Schoof, *Klassenfahrt mit Kick*

1. unscheinbar *effacé, discret* **2.** schlottrige Cordhosen *des pantalons flottants en velours côtelé* **3.** die Zustimmung *l'approbation* **4.** zurückstehen (a, a) *être en reste, en faire moins* **5.** in einem Vergnügungspark zelten *faire du camping dans un parc de loisirs* **6.** der Bauernhof(¨e) *la ferme* **7.** die Jugendherberge(n) *l'auberge de jeunesse* **8.** der Aufenthalt(e) *le séjour*

1 Worum handelt es sich?

Was ist wohl eine Klassenfahrt? Schauen Sie sich auch das Foto an. Erklären Sie es mit Ihren eigenen Worten.

2 Wohin soll es gehen?

Lesen Sie nun den Text Seite 80.

a. Von Zeile 1 bis Zeile 9

– Notieren Sie die Informationen zu Herrn Schönborn (Beruf, Vorname, Aussehen ...).

b. Von Zeile 10 bis Zeile 29

– Herr Schönborn macht einen Vorschlag. Zitieren Sie den Text.
– Auch die Schüler machen Vorschläge. Wer spricht? Was schlägt er / sie vor? Warum?
– Fassen Sie nun zusammen!
→ *Dominik, der sich wichtig machen will, schlägt vor, ... Christian, ...*

c. Ende des Textes

– Was sollen die Schüler jetzt tun? Welche Textstelle informiert darüber? Was bedeutet wohl *berechnen* auf Französisch? Der Kontext kann Ihnen helfen.
– Auch die Parallelklasse macht eine Klassenfahrt. Was ist aber anders? Welche Methode finden Sie persönlich besser? Warum?

Vokabeln
- vorschlagen (u, a, ä)
- einen Vorschlag annehmen (a, o, i) ≠ einen Vorschlag ablehnen
- das Ziel(e)
- vorbereiten
- eine Entscheidung treffen (a, o, i)
- für (+ A) verantwortlich

3 Eine Reise vorbereiten

Hier sind die wichtigsten Etappen bei der Vorbereitung einer Klassenfahrt. Stellen Sie die chronologische Reihenfolge her.

→ *Als erstes ... Dann muss man ... Erst dann kann man ... Zwei Wochen vor der Abfahrt ... Und schließlich ...*

- Reiseziel wählen
- einen Elternabend organisieren, das Projekt vorstellen
- Koffer packen
- Transportmittel und Jugendherberge buchen
- ein genaues Programm festlegen
- Brief mit praktischen Infos an die Eltern schreiben (mit Abfahrtszeit, detailliertem Programm, Telefonnummern, Infos über Taschengeld usw.)
- den Wecker stellen, früh aufstehen!
- Transportmittel bestimmen (Bus? Bahn? zu Fuß?)
- Kosten für Fahrt und Aufenthalt berechnen

Aktion! Eine Klassenfahrt planen

Erstellen Sie nun mit Textverarbeitung einen Klassenfahrt-Planer.

→ *Vier Monate vorher: das Reiseziel wählen*
etwa 40 Wörter

Baukasten
- Drei Monate vorher ...
- Sechs Wochen vorher ...
- Am Tage vor der Abfahrt ...

Infothek

➔ Sprachtraining S. 91
• Lexique : le voyage
➔ Arbeitsheft S. 36

Auf nach Salzburg?

1 Die Stadt Salzburg

a. Und wie wär's mit einer Klassenfahrt nach Salzburg? Suchen Sie die Stadt auf der Karte (Umschlagklappe I und III): In welchem Land liegt sie? In welchem Bundesland? An welchem Fluss?
b. Schauen Sie sich die Bilder an: Was kann man dort wohl machen?

Ausschnitt aus einem Österreich-Katalog

Vokabeln
- die Sehenswürdigkeit(en)
- die Burg(en)
- das Geschäft(e)
- entdecken

2 Ein Audio-Beitrag

Schüler CD Piste 24

Hören Sie sich den Beitrag an.

a. Worum handelt es sich: um ein Interview, um den Kommentar eines Dokumentarfilms, um eine Werbung, um Nachrichten? Nennen Sie Indizien.
b. Notieren Sie den Titel und die Namen, die der Stadt gegeben werden. Ergänzen Sie die Informationen aus dem Österreich-Katalog mit Hilfe des Audio-Beitrags.
c. Bilanz: Warum zieht Salzburg so viele Touristen an?

Tipps
- Achten Sie auf den Tonfall und auf die Verbformen.
- Achten Sie auf die Wörter, die Sie aus anderen Sprachen kennen.

3 Sich informieren

Bilden Sie zwei Gruppen. Jede Gruppe liest eine Information (A oder B) und fasst sie für die anderen zusammen. Die andere Gruppe macht sich Notizen und fragt nach, wenn etwas nicht klar ist.

→ *Die Jugendherberge liegt … Es gibt … Ein 3-/4-Bett-Zimmer mit Dusche kostet …*

→ *Wenn man die Salzburg-Card kauft … Die Salzburg-Card kostet … für …*

Tipps

- Machen Sie ganze Sätze und geben Sie die Informationen so wieder, dass die anderen sie verstehen können. Zum Beispiel: *Ermäßigungen bei kulturellen Veranstaltungen → Konzerte, Theater und so weiter sind mit der Salzburg-Card billiger.*

A

Jugendherberge Eduard-Heinrich-Haus

Lage Salzburg – Stadt
Tel. 0043662 625976-0
eduard-heinrich-haus@jungehotels.at

Preise (pro Person inkl. Frühstück):

3-/4-Bett-Zimmer mit Dusche/WC (Etagendusche € 18,-)	€ 22,-
5-/6-Bett-Zimmer mit Dusche/WC	€ 18,-
Halbpension	€ 7,-
Vollpension	€ 14,-

Aufenthaltsraum, Fernsehraum, Internet-Café, Terrasse mit Grillplatz

B

Die Vorteile der Salzburg Card auf einen Blick:

- freier Eintritt in alle Sehenswürdigkeiten der Stadt
- freie Fahrt mit den öffentlichen Verkehrsmitteln[1]
- attraktive Ermäßigungen[2] beim Besuch von kulturellen Veranstaltungen

Stunden	Erwachsene	Kinder (6 bis 15 Jahre)
24	25,00 Euro	12,50 Euro
48	33,00 Euro	16,50 Euro
72	38,00 Euro	19,00 Euro

Vokabeln

- günstig
- freien Eintritt haben
- gratis fahren
- weniger bezahlen
- teuer ≠ billig
- komfortabel

1. die öffentlichen Verkehrsmittel *les transports publics*
2. die Ermäßigung(en) *la réduction*

Aktion! Ein Projekt verteidigen

Verteidigen Sie das Projekt „Klassenfahrt nach Salzburg". Sie können Ihren Beitrag auch aufnehmen.

→ *Ich finde, eine Klassenfahrt nach Salzburg wäre eine gute Idee!*

1 Minute

Baukasten

- Wir könnten …
- Außerdem …
- Und, nicht vergessen: …

Infothek

➔ Sprachtraining S. 90-91
- Les temps de l'indicatif
- Exprimer l'opposition
- Lexique : le voyage

➔ Arbeitsheft S. 37

Reisetagebuch

1 Tims Notizen, Tims Fotos

a. Die Klasse ist nach Salzburg gefahren. Lesen Sie die Notizen, die Tim sich am 22. September gemacht hat und schauen Sie sich seine Fotos an.

b. Die Fotos sind durcheinander geraten. Stellen Sie die richtige Reihenfolge der Bilder her, indem Sie sich auf Tims Notizen stützen.

➔ *Ich glaube, zuerst kommt Foto … Tim schreibt nämlich … Und auf dem Foto …*

c. Ziehen Sie Bilanz: Was haben Tim und seine Klassenkameraden an diesem Vormittag gemacht?

➔ *Am Mittwoch Vormittag haben sie um 8 Uhr gefrühstückt.*

Mittwoch, 22. September

Frühstück: 8 Uhr. Bergschuhe, warme Kleidung. Fahrt mit der Untersberg-Seilbahn[1] (10 km von Salzburg, gratis mit Salzburg-Card): in zehn Minuten von 456 m auf 1776 m! Tolles Panorama! Mit Herrn Weber und der halben Klasse: Bergtour. Über Felstreppen[2], durch Felstunnel geklettert[3]. Der Rest der Klasse: faul in der Sonne liegen. Gemeinsam Picknick.

Gegen 14 Uhr mit Bus nach Hellbrunn. Schloss-Besichtigung. Führung durch den Park: Wasserspiele.

Dann Shopping im Europark.

Abends 20 Uhr 30: Konzert mit LaBrassBanda (bayrische Band) im Saal der ARGEkultur.

23 Uhr 30: (todmüde) ins Bett.

1. die Seilbahn *le téléphérique*
2. der Fels(en), Felsen(-) *la roche, le rocher*
3. klettern *grimper, escalader*

A

Vokabeln
- steigen (ie, ie)
- die Wanderung
- das Schloss(¨er)
- an (+ D) teilnehmen (a, o, i)

2 Ein Telefongespräch

Schüler CD Piste 25

Hören Sie sich das Telefongespräch zwischen Tim und seiner Freundin Sarah an.

a. Machen Sie sich Notizen:
– Was hat Tim gefallen? Was nicht?
– Wie haben seine Mitschüler/Innen reagiert?
b. Wann ruft Sarah an: Mittwoch morgens / Mittwoch abends / Donnerstag morgens?
Welche Indizien haben Sie?

Tipps

- Lesen Sie zuerst noch einmal Tims Stichwörter.
- In welchem Tonfall sprechen Tim und Sarah von den Aktivitäten und den anderen Schülern?
- Notieren Sie die betonten Wörter.

3 Bilanz

Was haben also Tim und seine Mitschüler auf dieser Klassenfahrt entdeckt? Was haben sie gelernt?

Aktion! Ein Reisetagebuch schreiben

Nach der Rückkehr der Klasse in ihre Heimatstadt ist Tim damit beauftragt, das Klassen-Tagebuch für den 22. zu verfassen. Schreiben Sie den Text.

→ *Am Mittwoch, dem 22. mussten wir früh aufstehen … Wir sind … während …*

etwa 50 Wörter

Tipps

- Sehen Sie sich Ihre Notizen zum Telefongespräch noch einmal an.
- Benutzen Sie den Text von 1 und bereichern Sie ihn durch Tims Kommentare.
- Aber Vorsicht: Es gibt vielleicht Dinge, die besser nicht im offiziellen Tagebuch erscheinen sollten …

➔ Sprachtraining S. 90
• Le marquage du groupe nominal
➔ Arbeitsheft S. 38

Eine Zeitreise

Eva Baronsky

1968 geboren, studierte Marketing-Kommunikation. *Herr Mozart wacht auf* ist ihr erster Roman.

Eva Baronskys Roman erzählt eine fantastische Geschichte: Im Dezember 2006 erwacht Mozart in einer WG[1] in Wien. Zuerst ist er in seiner neuen Umwelt ziemlich verloren. Eines Tages trifft er Piotr, einen polnischen Violonisten, der für Touristen auf der Straße Musik spielt.

„Wie nennt man jenes Stück, das Ihr gespielt habt? Von wem ist es komponiert?“

Piotr kniff die Brauen zusammen[2]. Der Kleine sprach unverkennbar mit österreichischem Akzent. „ Machst du Spaß, oder? Kennst du nicht *Blaue Donau* von Strauß?“

Der Kleine machte ein ahnungsloses[3] Gesicht (...)

„Funktioniert auch mit Mozart.“ Piotr (...) spielte die ersten Takte von Mozarts *Kleiner Nachtmusik*. Wie auf Bestellung drehten sich die Passanten um[4]. „Siehst du?“ Piotr nickte dem Kleinen zu, der von neuem strahlte[5], als wollte er Piotr um den Hals fallen. Seine rechte Hand hob sich und fing sachte[6] wieder zu dirigieren an.

„Ist immer gleiche mit Touristen“, brummte Piotr (...), „reden alle von Mozart, aber kennen sie nur dieses eine Stück.“

„So ... ist es ein recht populäres Stück geworden?“

„Ist Berühmtestes von Mozart. Kennst du nicht?“

„O gewiss. Ich kenne mit Bestimmtheit ein jedes seiner Werke“, erklärte der Kleine. (...)

„Jedes? (...) Kenne ich nicht alle. Gibt zu viele. Und ist schwer zum Spielen, Mozart. Kann ich besser Tschaikowski oder Dvořák.“ Piotr fixierte ihn prüfend. „Magst du Tschaikowski?“

Der Kleine starrte ihn sekundenlang an. Plötzlich hob er enthusiastisch die Hände. „Hättet Ihr die Güte, mir euer liebstes Stück von ihm zu spielen?“

Piotr holte Luft (...), für ein kurzes Stückchen blieb ihm Zeit.

Der Kleine lauschte mit einem Blick, der Piotr sagte, dass er es tatsächlich nie gehört hatte; doch verfolgte er die Musik mit einer so intensiven Aufmerksamkeit, als wollte er jede Note in sich aufsaugen[7].

„Wundervoll!“ Der Kleine applaudierte wieder mit unverhohlener Begeisterung. „Gewiss könnt Ihr mir sagen, wann es komponiert wurde.“

„Hat er geschrieben ziemlich spät, glaube ich. Ungefähr 1890.“

Der Kleine zuckte zusammen[8] (...). „Gütiger Gott! 1890! So ist es mehr als hundert Jahre alt? (...) So wollt Ihr mir gewiss die Freude machen, etwas vollkommen Neues zu spielen, das gerade à la mode ist?“

„Nein, ist Schluss für heute.“

Aus: Eva Baronsky, *Herr Mozart wacht auf*

1. die WG: die Wohngemeinschaft *appartement en colocation* **2.** kniff die Brauen zusammen *fronça les sourcils* **3.** ein ahnungsloses Gesicht *le visage de qqn qui ne comprend pas* **4.** Wie auf Bestellung ... um *les passants se retournèrent comme sur commande* **5.** der von neuem strahlte *dont le visage était à nouveau rayonnant* **6.** sachte *doucement* **7.** als... aufsaugen *comme s'il voulait s'imprégner de chaque note* **8.** zusammenzucken *tressaillir*

1 Zum Einstieg

a. Was haben Sie am Anfang des Kapitels über Mozart erfahren?
b. Schauen Sie sich das Bild genau an. Was ist hier komisch?
Was für eine Geschichte erzählt vielleicht der Text? Stellen Sie Hypothesen auf.

2 Indiziensuche

a. Lesen Sie von Zeile 1 bis Zeile 11.

Notieren Sie, was über Mozart gesagt wird (Größe, Akzent, Reaktion auf seine eigene Musik).

b. Lesen Sie von Zeile 12 bis zum Ende.

– Wer waren Tschaikowski und Dvořák?
Schauen Sie im Lexikon nach: Wann sind sie geboren? Wann sind sie gestorben?
– Welche Textstellen zeigen, wie Mozart auf die Musik anderer Komponisten reagiert?
– Piotr spricht nicht sehr gut Deutsch. Geben Sie Beispiele.

Vokabeln
- der Komponist(en, en)
- komponieren, schaffen (u, a)
- jdn bitten (a, e) etwas zu tun
- das Werk(e)
- von (+ D) begeistert sein
- neugierig
- klassisch ≠ modern

3 Textinterpretation

Welche Musik interessiert Mozart am meisten? Ziehen Sie Bilanz.
Wie wird Mozart hier dargestellt (Charakter, Verhalten ...)?

Aktion! Eine Fortsetzung der Geschichte erfinden

Etwas später nimmt Piotr Mozart in seine Wohnung mit. Er erklärt ihm, was CDs sind und wie ein CD-Player funktioniert. Was wird wohl geschehen?

→ *Fasziniert blickte Wolfgang auf die kleinen CDs ...*
etwa 40 Wörter

Baukasten
- viel Musik auf einer kleinen Scheibe
- eine CD spielen
- über (+ A) erstaunt sein
- perfekt, praktisch
- Jazz, Rock, HipHop

Wie wär's mit Innsbruck?

Sie möchten mit Ihrer Partner-Schule in München eine gemeinsame Klassenfahrt nach Österreich machen. Wie wär's mit einem Aufenthalt in Innsbruck? Informieren Sie sich über die Stadt.

a. In welchem Bundesland liegt Innsbruck? Was bedeutet der Name der Stadt? Einwohnerzahl?
b. Sehenswürdigkeiten:
– Was ist das Wahrzeichen der Stadt? Finden Sie ein Foto.
– Wie heißt die Burg? Wie heißt das Schloss?
c. Praktische Infos:
– die Innsbruck-Card (Preis? Vorteile?)
– die Jugendherberge (wo? Preise? Angebot?)
d. Sportmöglichkeiten im Winter / im Sommer

Infos unter:

– **www.innsbruck.at**
– **www.innsbruck.info/innsbruck**

Aktion! Eine PowerPoint-Präsentation kommentieren

Erstellen Sie eine PowerPoint-Präsentation von Innsbruck und stellen Sie die Stadt vor.

→ *Ich möchte heute die Stadt Innsbruck vorstellen …*

Baukasten
- Diese Stadt befindet sich …
- Dort gibt es viel zu besichtigen: …
- Außerdem …

TICE

Einen Prospekt für eine Stadt entwerfen

Wählen Sie eine Stadt in Deutschland, Österreich oder in der Schweiz (siehe Umschlagklappe I) und erstellen Sie die erste Seite eines Prospektes (Slogan, Fotos, Informationen). Sie können das Modell dieser Seite als Vorlage nehmen.

Informationen finden Sie auf dem offiziellen Stadtportal im Internet:
www.namederstadt.de (für Deutschland)
www.namederstadt.at (für Österreich)
www.namederstadt.ch (für die Schweiz)

Sprachtraining

➔ Arbeitsheft S. 39-40

La relative

➔ Précis grammatical p. 158

Plusieurs éléments peuvent apporter des précisions sur un nom :

- **Les articles, les possessifs, les démonstratifs,... :**
  → *eine Klassenfahrt, **unser** Klassenlehrer, **dieses** Reiseziel*
- **Les adjectifs épithètes, les noms propres au génitif :**
  → *eine **schöne** Klassenfahrt, **Mirjams** Idee*
- **Une proposition relative :**
  → *Dominik, **der** sich wichtig machen will, schlägt vor, nach New York zu fahren.*

1 Reliez les phrases au moyen d'un relatif.

→ Klassenfahrt, p. 80

→ *Dominik schlägt vor, nach New York zu fahren. Er will sich wichtig machen. → Dominik, der sich wichtig machen will, schlägt vor, nach New York zu fahren.*

a. Mirjam hätte Lust, eine Woche in einer Stadt zu leben. Sie wohnt auf dem Land.

b. Herr Schönborn ist Henrikes Klassenlehrer. Alle nennen ihn einfach „Till".

c. Moritz, David und Philipp möchten in einem Freizeitpark zelten. Sie treiben gern Sport.

d. Arzu schlägt Helgoland vor. Ihr fallen immer originelle Ideen ein.

e. Das Reiseziel ist Altenau im Harz. Tatjanas Lehrerin hat es ganz autoritär bestimmt.

Les temps de l'indicatif

➔ Précis grammatical pp. 149-155

2 a. Complétez par un verbe de la liste suivante. Conjuguez ce verbe au présent. Chaque verbe ne sera utilisé qu'une seule fois.

fahren – gehen – laufen – klettern – wandern

→ Reisetagebuch, p. 84

Was Tim heute macht:

a. Er ■ mit Herrn Weber, einem Jogging-Fan, eine halbe Stunde durch den Stadtpark.

b. Er ■ mit der Seilbahn auf den Untersberg.

c. Dann ■ er zwei Stunden durch die Natur.

d. Schließlich ■ er über Felstreppen.

e. Nachmittags ■ er shoppen.

b. Le lendemain : commencez ces mêmes phrases par *gestern*. Conjuguez les verbes au parfait.

3 Voici ce que Tim a noté le premier jour :

Montag: 14 Uhr Ankunft in Salzburg. 10-minütige Busfahrt zur Jugendherberge. Auspacken, aufräumen. Kleiner Bummel durch die Altstadt. Besichtigung des Doms. 19 Uhr Abendbrot in der Jugendherberge. Kartenspiele. 22 Uhr Bettruhe. Dienstag: 7 Uhr 30 Frühstück. 8 Uhr 30 Aufbruch zur Festungsbahn.

→ Reisetagebuch, p. 84

a. Associez logiquement les noms et les verbes des deux listes ci-dessous :

die Abfahrt – das Frühstück – die Ankunft – die Bettruhe – die Fahrt – die Besichtigung – das Abendbrot – der Aufbruch – der Bummel

schlafen gehen – abfahren – besichtigen – bummeln – ankommen – fahren – frühstücken – essen – aufbrechen

b. Rédigez le texte de Tim selon le modèle ci-dessous :

→ *7 Uhr Abfahrt → Wir sind um 7 Uhr abgefahren.*

Le marquage du groupe nominal

➔ Précis grammatical p. 156

4 Recopiez les phrases en complétant les groupes nominaux.

→ Eine Zeitreise, p. 86

Mozart fühlte sich in sein■ neu■ Umwelt ein bisschen verloren: Auf den Straßen sah er komisch■ Wagen, die ohne Pferde fuhren; überall standen hoh■ Häuser aus Glas. Plötzlich hörte er ein■ schön■ Melodie: Ein arm■ Violonist spielte für Touristen. Mozart bat d■ freundlich■ Mann, ein ander■, moderner■ Stück zu spielen: Der Violinist spielte also ein kurz■ Stück von Tschaikowski. Aber die Musik d■ neunzehnt■ Jahrhundert■ interessierte Mozart viel weniger als die Musik von heute.

Exprimer l'opposition

➔ *Précis grammatical p. 170*

5 Associez une phrase de la colonne de gauche à une phrase de la colonne de droite à l'aide de *während – dagegen*.

➔ *Reisetagebuch*, p. 84

➔ *Tim mag die Musik der bayrischen Band, während andere Rock furchtbar finden. / … andere dagegen finden Rock furchtbar.*

A. Im Unterricht ist Herr Weber autoritär.	**a.** Die anderen klettern begeistert.
B. Kathrin schimpft auf der Bergtour.	**b.** Die Schlossbesichtigung ist langweilig.
C. Die Wasserspiele sind lustig.	**c.** Eine andere Gruppe geht in der Altstadt einkaufen.
D. Tim fährt mit einigen Schülern zum Europark.	**d.** Auf der Bergtour ist er sehr nett.
~~E. Tim mag die Musik der bayrischen Band.~~	~~e. Andere finden Rock furchtbar.~~

Prosodie und Phonetik

Schüler CD Piste 26

Voyelles longues ou voyelles brèves ?

Écoutez la différence :

i long : *mir* — i bref : *mit*
a long : *Bahn* — a bref : *lassen*

a. Vous allez entendre 8 mots. Notez lesquels comportent une voyelle longue.

b. Dans les couples de mots suivants, l'un comporte une voyelle brève, l'autre une longue. Écoutez l'enregistrement, entraînez-vous ensuite à répéter correctement.

1. die Stadt – der Staat
2. lernen – der Lehrer
3. sie will – sie sieht
4. die Sonne – der Sohn
5. die Suppe – der Stuhl

Wortschatz

Le voyage

6 Associez un élément de la colonne de gauche à un élément de la colonne de droite pour obtenir un ensemble cohérent. Chaque élément ne sera utilisé qu'une fois. Traduisez le résultat obtenu.

➔ *Klassenfahrt*, p. 80

A. ein Hotelzimmer	**a.** zurückfahren
B. den Koffer	**b.** kaufen
C. die Fahrkarte	**c.** wählen
D. eine Woche	**d.** buchen
E. nach Hause	**e.** packen
F. das Reiseziel	**f.** machen
G. eine schöne Reise	**g.** in Österreich verbringen

7 Auquel des termes de la liste suivante correspond chacun des mots soulignés? Aidez-vous du contexte ! La composition des mots, leur proximité avec le français peuvent également vous aider.

➔ *Auf nach Salzburg?*, p. 82

le départ – le séjour – les bagages – le prospectus – l'entrée – l'arrivée – les attractions touristiques

a. Ich hatte viel <u>Gepäck</u> auf der Reise: Drei Koffer und drei Taschen.

b. „Wie lange sind Sie in Salzburg geblieben?" „Eine ganze Woche." „Und hatten Sie einen angenehmen <u>Aufenthalt</u>?"

c. Im Reisebüro hat man mir viel Informationsmaterial gegeben, mehrere Kataloge, und einen schönen <u>Prospekt</u> über Salzburg.

d. Mit der Stadt-Card kann man alle <u>Sehenswürdigkeiten</u>, wie z.B. das Schloss, den Dom, kostenlos besichtigen.

e. Mit dem ICE sind Sie in vier Stunden in Berlin: <u>Abfahrt</u> 14 Uhr 48 in Köln, <u>Ankunft</u> 19 Uhr 02 am Berliner Hauptbahnhof.

f. „Entschuldigung, was kostet der <u>Eintritt</u>?" „13 Euro für Erwachsene, 6 für Kinder."

8 Associez un élément de la colonne de gauche à un élément de la colonne de droite pour obtenir un ensemble cohérent. Traduisez le résultat obtenu.

➔ *Reisetagebuch*, p. 84

A. auf den Burgberg	**a.** besuchen
B. ein Schloss	**b.** teilnehmen
C. an einer Führung	**c.** gehen
D. einen Ausflug	**d.** machen
E. shoppen	**e.** besichtigen
F. eine kulturelle Veranstaltung	**f.** steigen

1 Leseverstehen

Der Lehrer Till Schönborn – seine Schüler nennen ihn einfach Till – hat seiner Klasse vorgeschlagen, eine Klassenfahrt zu machen.

Die Klasse (…) verwandelt sich an den folgenden Tagen in ein Reisebüro. Prospekte, Jugendherbergs-Verzeichnisse und Stadtpläne liegen herum. (…) Überall wird diskutiert, gerechnet, geblättert oder geträumt.

Dominik unterstützt Cem und Ugur bei der Ausarbeitung einer Türkei-Reise. Den ganzen Vormittag arbeiten sie über Landkarten gebeugt an einer Super-Route. Siegessicher[1] stellen sie ihre Fahrt bei der Abschlussbesprechung[2] vor. Cem ruft: „Und das Ganze für (…) 1200 € pro Person!“

„Bleib auf'm Teppich[3], Junge.“ Mit Würde zieht Christian seinen Spezi[4] zurück auf den Stuhl. „Mirjam hat längst unser Traumziel gefunden: Hühnerburg an der Illau!“ (…). Alle halten das für einen besonders gelungenen Witz.[5]

Und dann gibt es dieses Hühnerburg wirklich. Und die Jugendherberge liegt schön praktisch am Stadtrand. „Praktisch zwischen Kino, Kneipe und Fußballplatz!“, dröhnt Christian. (…) Der Vorschlag erhält die meisten Stimmen.

„Nun brauchen wir noch eine weibliche Begleitperson[6]“, verkündet Till erleichtert. „Fragt doch mal zu Hause. Bestimmt hat eine Mutter Zeit und Lust mitzufahren.“

Auf dem Heimweg im Schulbus sitzt Henrike neben Katja. Die beiden sind Freundinnen, seit sie laufen können. (…) Beide denken an die Hausaufgabe. Plötzlich lacht Katja laut heraus.

„Frau Meiners könnte doch mitfahren.“

„Keine schlechte Idee“, findet Henrike. Frau Meiners ist eine junge Referendarin[7] mit langen blonden Locken. Sie lacht oft und hat sogar bei der Pausenaufsicht gute Laune. „Wie kommst du denn auf die?“, will Henrike wissen.

Katja grinst. „Meine Mutter (…) kennt [Till] ja aus der Zeit, als er meinen älteren Bruder unterrichtete und noch jung war. Ihr tut es Leid, dass er hier auf dem Lande keine Frau findet. ›Er vereinsamt‹, sagt sie.“

Darüber hat Henrike noch nie nachgedacht. Aber es stimmt. Till wird langsam etwas komisch. (…) Henrike weiß nicht recht, ob er sich über diese Referendarin als Begleitung freuen würde. Immerhin gibt sie Sport und Musik in anderen Klassen; ganz gute Fächer für eine Fahrt. Sie spielt sogar Gitarre. Das ist doch etwas anderes als Till mit seiner Blockflöte[8].

Aus: Renate Schoof, *Klassenfahrt mit Kick*

1. siegessicher *sûr de l'emporter* **2.** die Abschlussbesprechung *la discussion finale* **3.** Bleib auf dem Teppich! *Ne rêve pas !* **4.** der Spezi *le copain, le meilleur ami* **5.** Alle … Witz. *tous prennent cela pour une bonne blague* **6.** eine weibliche Begleitperson *une accompagnatrice* (→ begleiten *accompagner*) **7.** die Referendarin(nen) *la professeure stagiaire* **8.** die Blockflöte(n) *la flûte à bec*

TEIL 1 (A2)

Schreiben Sie die richtige Antwort ab und belegen Sie Ihre Wahl durch ein Zitat.

1 Wie wird die Fahrt vorbereitet?

- Die ganze Klasse nimmt an der Vorbereitung der Fahrt teil.
- Ein paar Schüler zeigen nur wenig Interesse.
- Ein Reisebüro hilft der Klasse bei der Vorbereitung der Fahrt.

2 Die Klasse

- wird in die Türkei fahren.
- wird in die Stadt Hühnerburg fahren.
- wird aufs Land fahren.

3 Till

- will die Klasse allein begleiten.
- möchte, dass eine Kollegin mitfährt.
- bittet die Schüler, eine Begleiterin zu finden.

4 „Frau Meiners könnte doch mitfahren.“, sagt Katja. Warum?
- Frau Meiners ist nett.
- Frau Meiners hat schon andere Klassen begleitet.
- Frau Meiners ist die Sportlehrerin der Klasse.

TEIL 2 (B1)

1 Richtig oder falsch? Antworten Sie und belegen Sie Ihre Wahl durch ein Zitat.
- Die Schüler werden in Familien wohnen.
- Till lebt allein.
- Henrike und Katja kennen sich schon lange.
- Till ist seit einem Jahr Lehrer an Henrikes und Katjas Schule.

2 Was bedeutet der Satz „Das ist doch etwas anderes als Till mit seiner Blockflöte.“? Schreiben Sie die richtige Antwort ab.
- Till ist ein bisschen langweilig.
- Till ist ein guter Musiker.
- Till mag nur klassische Musik.
- Till ist ein guter Lehrer.

2 Hörverstehen

Klassen CD

Mme Mercier, Deutschlehrerin in Frankreich, spricht hier mit dem Direktor des Heinrich-Kleist-Gymnasiums. Hören Sie sich das Gespräch an!

1 Um welches Thema geht es?
2 Was wird über die Reiseziele und über die Klassen gesagt?
3 Was machen die Schüler?

Sie finden den Fragebogen zum Ausfüllen im ***Arbeitsheft S. 41-42***.

3 Mündliche Kommunikation

Eine Klassenfahrt in eine Stadt oder ins Gebirge machen?

Diskutieren Sie zu zweit.
Jede(r) vertritt einen anderen Standpunkt.

4 Schriftliche Kommunikation

Auf einem Schüler-Forum lesen Sie folgende Beiträge:

Revolutionär 97	Hilfe! Ich fahre morgen mit meiner Klasse und unserem ach so netten Geschichtslehrer und der Mathe-Lehrerin für eine Woche nach München! Der pure Horror!
PP	Das hört sich sehr uncool an! Eine Woche lang mit den Lehrern! Ich hoffe, ihr habt auch mal ein bisschen Freizeit!

Sind Sie mit diesen Aussagen einverstanden?
Was halten Sie persönlich von Klassenfahrten?

etwa 60 Wörter

Kapitel 6

Aufwärmen

Schüler CD Piste 27

Hören Sie eine Aufnahme.

– Wie viele Personen hört man?
– Welche Wörter werden wiederholt?
– Um welches Thema geht es?
– Wer ist optimistisch? Wer ist pessimistisch? Welches sind die Argumente?

Unter Palmen an der Ostsee?

Descripteurs du Cadre européen

Écouter

A2 Comprendre les points principaux d'une brève interview.

B1 Comprendre des informations factuelles, les points principaux d'une intervention.

Lire

A2 Comprendre l'essentiel de courts textes simples.

B1 Comprendre l'essentiel d'un texte littéraire.

Parler en continu

B1 Faire un exposé, défendre un projet, se plaindre.

Parler avec quelqu'un

B1 Participer à une discussion.

Écrire

A2 Écrire un message simple pour convaincre.

B1 Résumer des informations, argumenter.

Micro-tâches

Tâche finale

Annoncer la création d'un club pour défendre l'environnement.

➔ **Sprachtraining S. 107**
- L'impératif
- Lexique : l'environnement

➔ **Arbeitsheft S. 43**

Ein Umweltquiz für Umweltschützer

1 Sind Sie ein Ökoprofi?

Lesen Sie folgenden Test und wählen Sie die richtige Antwort. Machen Sie am besten zuerst die Übungen 5. bis 7., Seite 107.

A Warum steigt immer mehr Treibhausgas[1] CO_2 in die Atmosphäre?

1. Weil der Mensch immer mehr Energie verbraucht.
2. Weil der Mensch immer mehr Wasser verbraucht.
3. Weil die Sonne im Sommer so richtig kräftig scheint.

B Welcher Energiestoff ist nicht umweltfreundlich, nicht erneuerbar?

1. Wind
2. Sonne
3. Erdöl[2]

C Du hast einen Computer. Wie kannst du am meisten Energie sparen?

1. Nach der Arbeit schaltest du den Computer ganz aus.
2. Nach der Arbeit schaltest du den Computer auf Standby.
3. Du surfst nur nach 18 Uhr im Internet.

D Wie kommst du am umweltfreundlichsten zur Schule?

1. mit dem Bus
2. mit dem Fahrrad
3. mit dem Auto

E Wie kannst du am besten Wasser sparen?

1. Du wäschst dich nur jeden zweiten Tag.
2. Beim Händewaschen drehst du den Wasserhahn[3] zu, solange du dir die Hände einseifst[4].
3. Du drehst den Wasserhahn nicht voll auf.

F Wie kannst du dich umweltfreundlich verhalten, wenn es im Winter sehr kalt ist?

1. Du achtest darauf, dass immer 28 Grad in deinem Zimmer sind.
2. Du machst sehr oft das Fenster auf, damit die Luft frisch bleibt.
3. Du heizt auf 20 Grad und trägst einen Pulli.

G Woraus trinkst du am besten dein Schulgetränk?

1. aus einer Aluminium-Dose zum Wegwerfen
2. aus einem Tetrapack
3. aus einer Mehrwegflasche[5]

H Was machst du am besten mit leeren Batterien[6]?

1. Du bringst sie in die Altbatteriesammlung (z.B. im nächsten Supermarkt).
2. Du wirfst sie ordentlich in den Hausmüll[7].
3. Du machst daraus ein Weihnachtsgeschenk.

I Wie viel länger hält eine Energiesparlampe im Vergleich zu einer traditionellen Glühbirne[8]?

1. 8 mal so lange
2. gleich lang
3. 100 mal so lange

J Wie viel Zeit vergeht, bis nichts mehr von einer Plastiktüte übrig bleibt?

1. etwa 100 Jahre
2. etwa 200 Jahre
3. mehr als 400 Jahre

1. das Treibhausgas *le gaz à effet de serre* **2.** das Erdöl *le pétrole* **3.** der Wasserhahn(¨-e) *le robinet* **4.** einseifen *savonner* **5.** die Mehrwegflasche(n) *la bouteille consignée* **6.** die Batterie(n) *la pile* **7.** der Hausmüll *les ordures ménagères* **8.** die Glühbirne(n) *l'ampoule*

2 Umweltquiz – Lösungen

Schüler CD Piste 28

a. Hören Sie nun die Lösungen. Für jede richtige Antwort können Sie sich einen Punkt anrechnen.
b. Hören Sie sich die Kommentare zu den richtigen Antworten an. Notieren Sie möglichst viele Informationen.
c. Ziehen Sie Bilanz. Was sollte ein Ökoprofi machen? Warum?

Tipps
- Achten Sie auf Wörter, die Sie aus anderen Sprachen kennen und auf die Zahlen.

8-10 Punkte Sie sind der super Ökoprofi! Weltmeisterklasse!

5-7 Punkte Nicht schlecht. Aber Sie können noch dazulernen.

0-4 Punkte Sie sind eine ziemliche Null in Sachen Umweltschutz! Dabei hängt unsere Zukunft davon ab!

3 Slogans

Erfinden Sie – mit Hilfe des Umweltquiz – weitere Slogans.

SPART ENERGIE!

RETTET DAS KLIMA!

Vokabeln
- benutzen
- ausschalten
- Rad fahren (u, a, ä)
- wegwerfen (a, o, i)
- stoppen

Aktion! Durch ein Plakat zum Handeln auffordern

Verfassen Sie ein Informationsblatt (Slogans + Argumente + Bild), auf dem Sie Ihre Mitschüler auffordern, sich wie richtige Ökoprofis zu verhalten.
→ *Sei aktiv! Benutze Mehrwegflaschen!*
etwa 40 Wörter

Tipps
- Lesen Sie noch einmal das Quiz und Ihre Notizen.
- Benutzen Sie den Imperativ.
➔ ***Précis grammatical S. 153-155***

➔ Sprachtraining S. 106
• Exprimer la finalité
➔ Arbeitsheft S. 44

Ein Wettbewerb

1 Energiesparmeister

Dieses Bild ist das Logo eines Wettbewerbs. Wer kann daran teilnehmen? Worum handelt es sich wohl? Suchen Sie nach Indizien (Wörter, Zeichnung, ...).

Vokabeln
- Energie sparen
- Energie verbrauchen
- einen Tipp geben (a, e, i)
- eine Regel einhalten (ie, a, ä)
- das Ergebnis(se)
- der Stecker(-)

2 Ein Artikel

a. Lesen Sie den Artikel und suchen Sie folgende Informationen:
- Von wie vielen Schülern ist hier die Rede? Aus welcher Schule kommen sie?
- Was haben sie gewonnen? Warum?
- Was bedeutet wohl „senken"?

b. Diese Schüler haben einen Slogan erfunden. Wo wird er zitiert?

Die Energiewächter[1]

Kategorie „Next Generation"
Staatliche Realschule aus Weilheim in Bayern
Preisgeld: 1.000 Euro

„Sei ein Genie – Spar Energie!"
Die Arbeitsgemeinschaft 50/50 der Realschule Weilheim, bestehend aus neun Schülerinnen und Schülern der 8., 9. und 10. Jahrgangsstufe, schaffte es durch zahlreiche Verbesserungen den Energieverbrauch[2] der Schule seit 2004 um 20 Prozent zu senken.

©www.klima-sucht-schutz.de

1. der Wächter(-) *le surveillant, le gardien*
2. der Energieverbrauch *la consommation d'énergie*

3 Schüler für die Umwelt

Die AG 50/50 hat eine eigene Homepage, wo die Schüler ihre Arbeit vorstellen.
Lesen Sie den ganzen Text. Was haben die Schüler konkret gemacht,
– um Energie zu sparen?
– um ihre Mitschüler zu informieren?
– um saubere Energie zu produzieren?

http://www.50-50.org/home

Energiespartipps ...

... in jedem Klassenzimmer. Mit einfachen Regeln kann jeder Schüler dazu beitragen, dass der Stromverbrauch an unserer Schule sinkt.

Information aller Mitschülerinnen und Mitschüler ...

... war eine ziemlich große Aktion: Wir sind durch alle Klassen gegangen und haben die Schüler über unsere Arbeit und die Möglichkeiten des Energiesparens informiert. Dabei haben wir auch eine Umfrage gemacht.

Einführung von Energiewächtern ...

... in jeder Klasse: Zwei gewählte Schüler achten in ihrer Klasse auf die Einhaltung der Energiesparregeln.

Ausstellungen ...

... auf Plakatwänden in den Gängen des Schulgebäudes zu den Themen:
Klimawandel: Zu diesem Thema stellten wir insgesamt 29 Plakate aus, um Schüler und Lehrer genauer über dieses wichtige Thema zu informieren.
Fotovoltaik: Für die Einweihung unserer Fotovoltaik-Anlage am 12.3.05 gestalteten wir ein Plakat, auf dem wir die Schüler über Solarenergie informierten.

Aktion! Ein Projekt verteidigen

Die Schüler der AG 50/50 präsentieren ihr Projekt vor der Jury „Energiesparmeister".

Bilden Sie drei Gruppen. Jede stellt einen Aspekt des Projekts dar (siehe 3) und versucht, die Jury zu überzeugen.

→ *Mit unserem Projekt wollten wir ...*

2 Minuten

Baukasten
- Es war uns wichtig ...
- Wir waren entschlossen, ...
- Das Ergebnis lässt sich sehen.
- Es ist uns gelungen, ...

Sprachtraining S. 106-107
- Le futur
- Lexique : l'environnement
Arbeitsheft S. 45

Folgen des Klimawandels

1 Eine Karikatur

Schauen Sie sich die Karikatur an.

a. Der Weihnachtsmann wird hier mit einem Problem konfrontiert. Was ist los?

b. Welche mögliche Konsequenz des Klimawandels in Deutschland wird hier karikiert?

1. jdm zu schaffen machen *causer du souci à qqn*

2 Eine Grafik

Schauen Sie sich nun folgende Grafik an.

Finden Sie, dass die Grafik die Karikatur bestätigt? Was erwarten die Experten?

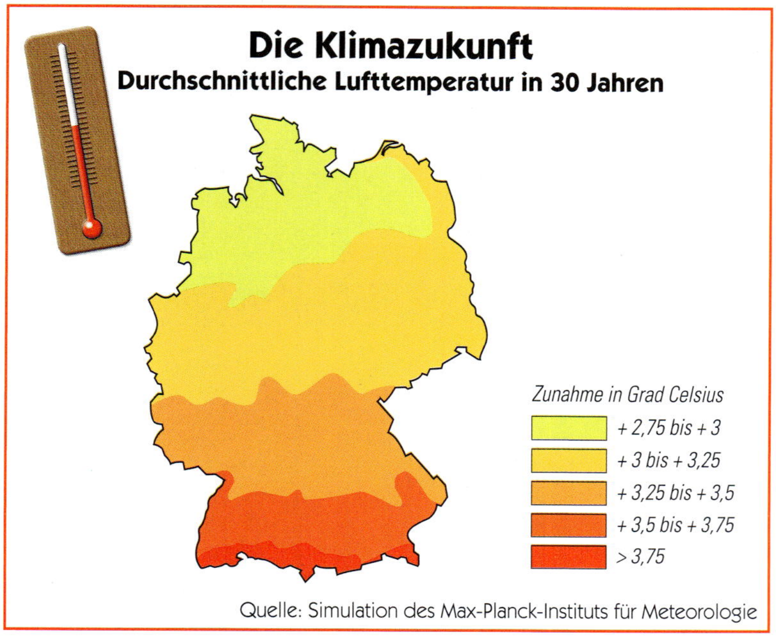

Vokabeln
- die Temperatur(en)
- der Grad Celsius
- um … steigen (ie, ie) ≠ sinken (a, u)
- der Durchschnitt(e), durchschnittlich
- kalt ≠ warm, heiß
- die Hitze
- die Wüste(n)

3 Deutschland in 30 Jahren?

Wie sieht Deutschland dann aus? Was wird vielleicht konkret geschehen, wenn das Klima sich ändert? Stellen Sie mit Hilfe der Bilder Hypothesen auf.

In Bremen

November an der Nordsee

In Düsseldorf

In Erfurt

Winter in den Alpen

Vokabeln
- Ski fahren (u, a, ä)
- Melonen anbauen
- baden
- unter Wasser stehen (a, a)
- der Meeresspiegel

4 Interview mit einem Klimaspezialisten

Schüler CD Piste 29

a. Hören Sie sich folgendes Interview mit einem Klimaspezialisten ein erstes Mal an.
– Welche Städte oder Regionen werden zitiert?
– Notieren Sie sich die Prognosen des Spezialisten. Waren Ihre Hypothesen richtig?

b. Hören Sie sich das Interview noch einmal an.
– Notieren Sie sich Informationen über weitere Folgen des Klimawandels.
– Welche Konsequenzen sind für Deutschland positiv? Welche negativ?

Aktion! Ein Referat halten

Halten Sie ein kurzes Referat über die möglichen Folgen des Klimawandels in Deutschland. Benutzen Sie dabei eventuell Materialien (Karten, Bilder …).
→ *Wir wissen es alle: Das Klima wandelt sich, auch in Deutschland …*
2 Minuten
Infos unter: www.bmu-kids.de
www.umwelt.zdf.de

Baukasten
- Experten erwarten …
- Das wird natürlich Folgen haben…
- Aber wir können auch etwas gegen den Klimawandel tun …

➔ Sprachtraining S. 106
• Les degrés de l'adjectif, de l'adverbe
➔ Arbeitsheft S. 46

Ferien in der Sonne!

Klassen-CD

Andreas Schlüter

Andreas Schlüter, geboren 1958, ist auf Computer-Krimis spezialisiert. Er lebt heute in Hamburg und auf Mallorca.

In einer Woche beginnen die Sommerferien und es regnet seit 14 Tagen! Miriam, Jennifer und ihre Freunde Frank und Ben machen Pläne ...

Jennifer lag auf Miriams Bett, hatte die Nase in eine Broschüre gesteckt und las laut vor:
In Deutschland war das letzte Jahrzehnt das wärmste in diesem Jahrhundert – 1989, 1990 und 1994 waren die wärmsten Jahre. Die Erwärmung im letzten Jahrhundert war jeweils im Sommer bzw. im Herbst am größten; der Herbst ist dabei etwa knapp 1 °C wärmer als noch zu Beginn dieses Jahrhunderts ... Insgesamt wurden die Sommer trockener (...)
„Die Sommer wurden trockener?“, rief Miriam. „Wer schreibt denn so etwas? Haben die mal aus dem Fenster geguckt?“
„Wie wäre es mit einem Urlaub in der Sonne?“, fragte Ben in die Runde. (...)
„Macht es nicht so spannend“, verlangte Miriam. „Was meint ihr mit ‚Urlaub in der Sonne‘? Dafür habe ich keine Kohle[1]!“
„Gratis!“ sagte Ben.
„Und wo ist der Haken[2]?“, fragte Jennifer. Gratis-Urlaub in der Sonne gab es auf der ganzen Welt nicht. Es sei denn, man müsste etwas dafür tun.
Ben packte seinen Laptop aus (...), wählte sich ins Internet, öffnete eine Seite und rief:
„Tataaaaa!“ Dabei breitete er die Arme aus wie ein Zirkusdirektor, der eine sensationelle Artistennummer ankündigt.
Jennifer und Miriam sahen sich die Webseite an, die mit *Sunshine-Projekt* überschrieben war und eine strahlende Sonne als Logo hatte. Darunter waren unter anderem Worte zu lesen wie *gratis, Urlaub für die ganze Familie* und *Jetzt anmelden, Restplätze frei.* Jennifer entdeckte die Formulierung *völlig ungefährlich*[3] und wurde gleich stutzig[4]. (...) Sie wies die anderen darauf hin.
„Ach!“, winkte Ben ab. „Damit wollen die sich doch nur routinemäßig absichern[5]! „Miriam sprang ihm bei (...): „Die meinen sicher wegen der heißen Sonnenstrahlung. Immer schön eincremen und so. Vielleicht ist die Sonnencreme auch gratis.“ (...)
Ben hatte schon ein paar Seiten weitergeklickt und vor ihnen eröffnete sich das Paradies auf Erden: Strand, türkisgrünes Meer, Palmen, blauer Himmel, watteweiße Wölkchen. Gratis-Urlaub in der Karibik[6]!
„Die zahlen einem einen Urlaub in der Karibik? Einfach so?“ Jennifer wurde immer skeptischer.
„Na ja, nicht ganz!“, räumte Ben ein. „Aber so *ähnlich*[7]!“
Auch Miriam war mittlerweile leicht verwirrt. „Was ist so ähnlich wie die Karibik?“
„Mecklenburg!“, antwortete Ben prompt.

Aus: Andreas Schlüter, *Der Sunshine-Chip*

1. die Kohle *le charbon, (ici) le fric* **2.** der Haken *le hic* **3.** völlig ungefährlich *sans aucun danger* **4.** stutzig werden *avoir des soupçons* **5.** sich ... absichern *prendre les précautions d'usage pour être couvert en cas de problème* **6.** die Karibik *les Caraïbes* **7.** so ähnlich *qqch. comme ça*

1 Zum Einstieg

Lesen Sie die Einleitung und den Anfang des Textes bis Zeile 9.
Das Wetter spielt verrückt: Welche Textstellen zeigen es?

2 Indiziensuche

Lesen Sie nun den Text zu Ende und machen Sie sich Notizen zu Bens Vorschlag.

a. Wie heißt das Projekt? Wo befindet es sich?
b. Was ist daran verlockend? Was ist seltsam (siehe auch Umschlagklappe III)?

Fassen Sie nun die Hauptinformationen zusammen.

Vokabeln
- anbieten (o, o) / das Angebot
- Urlaub machen
- komisch, seltsam
- begeistert ≠ skeptisch
- (un)gefährlich
- das Klima manipulieren
- natürlich ≠ künstlich
- beschließen
- an einem Projekt teilnehmen (a, o, i)

3 Textinterpretation

a. Jennifer reagiert anders als ihre Freunde. Was denkt sie?
b. Lesen Sie nun weiter:

Ein weiterer Klick und auf dem Monitor wurde sichtbar, wo sich der Strand, die Palmen und das türkisgrüne Meer befanden.
„Unter einer Glaskuppel[1]!“, schrie Jennifer. „Seht mal: Der ganze Strand ist unter einer Glaskuppel!“

1. die Glaskuppel(n) *la coupole de verre*

c. Wie kann die Geschichte vielleicht weitergehen (siehe auch Buchcover oben)?

Aktion! Einen Klappentext schreiben

Verfassen Sie einen Klappentext zu diesem Buch.
→ *Seit Wochen regnet es …*
etwa 40 Wörter

Tipps
- Geben Sie kurze Informationen zur Geschichte.
- Wecken Sie das Interesse des potentiellen Käufers. Machen Sie ihm Lust, das Buch zu kaufen.

Schulkind

Video DVD

1 Schauen Sie sich das Foto an.

a. Wo wurde es wohl gemacht?
b. Warum gibt es hier vier Abfalleimer? Was macht also wohl der Ökoprofi?

Vokabeln
- den Abfall wegwerfen (a, o, i)
- den Abfall verwerten, reduzieren
- jdm etwas hinterlassen (ie, a, ä)
- den Müll trennen

2 Schauen Sie sich den ersten Teil des Kurzfilms an.

Beschreiben Sie kurz die Szene. Wann spielt sie?

3 Schauen Sie sich jetzt den zweiten Teil an.

a. Wie finden Sie das Ende des Films? Schockierend? Traurig? Amüsant? Überraschend? Warum?
b. Am Ende des Spots wird eine Frage gestellt. Schreiben Sie sie ab.
c. Was kann die Mutter im Film vielleicht darauf antworten?
d. Der Film ist eine Art Parabel:
→ *Die Mutter steht für … Das Mädchen steht für … Der Ranzen voller Abfälle steht für …*
e. Was ist wohl das Ziel des Kurzfilms? Was sollen die Leute denken oder machen, wenn sie den Film sehen?

Aktion! Einen Dialog spielen

Mutter und Kind diskutieren. Das Kind reagiert auf das Verhalten der Mutter. Die Mutter antwortet. Spielen Sie den Dialog.

→ *So kann es nicht weitergehen …*

Baukasten
- Denk doch mal nach!
- In 20 Jahren …
- Du übertreibst doch!
- Ja und? Man kann doch nichts dagegen machen!

Ein Plakat für einen Klima-Klub gestalten

Zusammen mit Ihrer Partner-Schule in Deutschland möchten Sie einen Klima-Klub gründen und Aktionstage organisieren.
Entwerfen Sie ein Plakat, um Ihr Projekt zu präsentieren.

a. Suchen Sie ein Foto / ein Bild, das auf Ihr Plakat aufmerksam macht.
b. Wecken Sie das Interesse des Publikums (durch einen Slogan, eine Frage usw.).
Sie können sich von dem Cover unten inspirieren lassen.
c. Machen Sie Ihren Mitschülern Lust, bei Ihrem Projekt mitzumachen.
d. Erklären Sie ganz konkret, wie Ihre Mitschüler mit Ihnen Kontakt aufnehmen können.

Sprachtraining

➔ Arbeitsheft S. 47-48

Le futur

➔ Précis grammatical pp. 149-154

Pour indiquer qu'un événement aura lieu, l'allemand utilise souvent :

● **Le présent de l'indicatif accompagné d'une indication temporelle.**

→ *Ich komme morgen.* (Je viendrai demain.)

Il faut donc être attentif à ces éléments lexicaux qui apportent une information précieuse, par exemple :

→ *bald* (bientôt) – *in drei Tagen* (dans trois jours) – *nächstes Jahr* (l'année prochaine) – *2100* (en 2100)

● **L'auxiliaire *werden* + infinitif** exprime également l'idée de futur, mais est moins courant que le futur français. Il marque un engagement, un changement net par rapport au présent.

→ *Das werde ich nie mehr tun.* (Je ne le ferai jamais plus.)

→ *Der Klimawandel wird unser ganzes Leben verändern.* (Le changement climatique va changer complètement notre vie.)

1 **Posez des questions en utilisant *werden* + infinitif pour marquer le futur.**

→ Folgen des Klimawandels, p. 100

→ *Wir / noch Schnee im Winter haben → Werden wir noch Schnee im Winter haben?*

a. Berlin / eines Tages am Meer liegen

b. Bremen / 2100 unter Wasser stehen

c. Millionen von Touristen / an die Nordseeküste kommen

d. Ich / eines Tages Palmen und Bananen in Hamburg sehen

e. Du / in 20 Jahren noch Fische aus der Nordsee essen können

Exprimer la finalité

➔ Précis grammatical p. 169

2 **Des propriétaires soucieux de l'environnement racontent… Associez logiquement une phrase de la colonne de gauche à une phrase de la colonne de droite et recopiez l'ensemble. Chaque phrase ne sera utilisée qu'une fois.**

→ Ein Wettbewerb, p. 98

A. Wir haben neue Fenster gekauft,

B. Wir müssen etwas für den Klimaschutz tun,

C. Wir haben eine Photovoltaikanlage installieren lassen,

D. In unserem Garten werden keine Pestizide benutzt,

E. Dreimal am Tag machen wir die Fenster weit auf,

a. um eigenen Strom zu produzieren.

b. damit die Luft zu Hause frisch bleibt.

c. damit unsere Kinder auch mal gesundes Obst essen.

d. um das Haus besser zu isolieren.

e. damit die nächsten Generationen in einer intakten Umwelt leben können.

Les degrés de l'adjectif, de l'adverbe

➔ Précis grammatical p. 158

3 **Complétez les phrases en utilisant les adjectifs de la liste ci-dessous, au comparatif ou au superlatif selon le sens.**

blau – billig – fein – gut – sauber – schön – trocken – viel (2x) – warm

→ Ferien in der Sonne, p. 102

Die vier Freunde verstehen die Welt nicht mehr: Seit zehn Jahren steigen die Temperaturen, die Sommer werden immer ■ und ■. Aber jetzt, im Juli, hat es seit vierzehn Tagen ■ geregnet als in den letzten sechs Monaten! Wohin also in den Sommerferien? In der Karibik ist das Wetter bestimmt viel ■, aber wer hat schon Geld dafür? Und da zeigt Ben seinen Freunden eine Werbung für den idealen Urlaub in Deutschland: ein Strand mit dem ■ Sand, dem ■ Wasser, dem ■ Himmel! Als die Freunde hören, wie viel es kostet, wundern sie sich noch ■: Es ist nicht nur der ■ Urlaub, den man sich vorstellen kann, sondern auch der ■. Er kostet nämlich gar nichts!

L'impératif

➔ Précis grammatical pp. 153-155

4 Complétez les phrases en utilisant un des verbes de la liste ci-dessous à l'impératif.

~~ausschalten~~ – werfen – ausmachen – Rad fahren – denken – nehmen – retten

→ *Ein Umweltquiz für Umweltschützer, p. 96*

→ *Schalte den Computer aus, wenn du fertig bist!*

~~a. ■ den Computer ■, wenn du fertig bist!~~

b. ■ das Licht ■, wenn du ein Zimmer verlässt!

c. ■ nicht immer den Bus, ■ öfter ■!

d. ■ die alten Batterien nicht in den Müll!

e. ■ an die nächsten Generationen, ■ das Klima!

Formulez à présent les mêmes injonctions en vous adressant à plusieurs camarades.

→ *Schaltet den Computer aus, wenn ihr fertig seid!*

Prosodie und Phonetik

Schüler CD Piste 30

Préverbes accentués ou non accentués ?

a. Écoutez les verbes suivants et notez ceux qui sont accentués sur la première syllabe.

1. überzeugen
2. teilnehmen
3. zudrehen
4. ausschalten
5. verbrauchen

b. Réécoutez ces verbes en contexte et repérez ce qui différencie également ceux accentués sur la première syllabe des autres.

c. Entraînez-vous à bien prononcer les phrases. Vous pouvez vous enregistrer.

Wortschatz

L'environnement

5 Déduire le sens d'un mot composé. Voici la traduction de quelques mots-clés :

die Umwelt: *l'environnement* – das Treibhaus: *la serre* – der Meister: *le champion*
schützen: *protéger* – sparen: *économiser* – verbrauchen: *consommer* – sich wandeln: *changer*

→ *Ein Umweltquiz für Umweltschützer, p. 96*

Que signifient les mots suivants en français ?

der Umweltschutz – der Umweltschützer – der Klimaschutz – der Klimawandel – der Mentalitätswandel – das Treibhausgas – der Treibhauseffekt – der Verbrauch – der Energieverbrauch – der Verbraucher – der Weltmeister – energiesparend – die Energiesparlampe – der Energiesparmeister

6 Déduire le sens d'un mot. La traduction d'un mot-clé vous est fournie.

→ *Ein Umweltquiz für Umweltschützer, p. 96*

freundlich: *aimable, bon* – feindlich: *hostile, mauvais* – neu: *nouveau* – warm: *chaud*

Dans les phrases suivantes, que signifient les mots soulignés en français ?

a. Recyceltes Papier ist <u>umweltfreundlich</u>. Plastik ist <u>umweltfeindlich</u>.

b. Die Sonne <u>erwärmt</u> die Erde. Man spricht heute von einer allgemeinen <u>Erderwärmung</u>.

c. Ich will mein Abonnement des Umweltmagazins „Natur" nächstes Jahr <u>erneuern</u>.
Manche Energiestoffe wie z.B. Erdgas wird es eines Tages nicht mehr geben: Sie sind nicht <u>erneuerbar</u>.

7 Déduire le sens à partir du préfixe d'un verbe (et du contexte) : que signifient en français les verbes soulignés ?

→ *Ein Umweltquiz für Umweltschützer, p. 96*

a. Wenn es dunkel wird, <u>schalte</u> ich die Lampe über meinem Arbeitstisch <u>an</u>. Wenn ich ins Bett gehe, <u>schalte</u> ich Lampen und Geräte <u>aus</u>.

b. Um zu lüften, <u>machen</u> wir auch im Winter die Fenster <u>auf</u>. Aber wenn es sehr kalt ist, <u>machen</u> wir sie schnell wieder <u>zu</u>.

c. Wenn ich baden will, <u>drehe</u> ich den Wasserhahn voll <u>auf</u>. Am Ende <u>drehe</u> ich ihn gut <u>zu</u>, damit er nicht tropft.

8 Dans chaque phrase, deux mots vous sont proposés : quel est celui qui correspond au contexte ?

→ *Folgen des Klimawandels, p. 100*

a. Mit diesen einfachen Tipps kannst du viel Energie sparen / gewinnen.

b. In den nächsten 100 Jahren werden die Temperaturen um 2 bis 3 Grad heizen / steigen.

c. Der Energieverbrauch / die Erderwärmung wird in manchen deutschen Regionen die Touristen anlocken.

d. Dort, wo es nicht viel regnet, ist es sehr trocken / sauber.

e. Wegen der Abfälle / Hitze sollen die älteren Menschen und die Kinder lieber zu Hause bleiben.

1 Leseverstehen

Bonn/Buchara (SF/rth) Das Klima ändert sich dramatisch! (...)

Dass man tatsächlich was tun kann, zeigt das Klimaschutz-Projekt SPICE zwischen der Bonner Emilie-Heyermann-Realschule und der Schule Nr. 4 aus Buchara (Usbekistan). Seit zwei Jahren arbeiten beide Schulen – finanziell gefördert durch die Europäische Union – gemeinsam[1] für den Klimaschutz. Im Rahmen von jeweils zwei Arbeitsbesuchen in (...) Buchara (...) und in Bonn untersuchten die Schülerinnen und Schüler beider Schulen die Ursachen und Folgen des Klimawandels in Mittelasien und Mitteleuropa. Die Jugendlichen setzten Möglichkeiten, Energie in der Schule und zu Hause einzusparen, um und informierten sich über umweltfreundliche, erneuerbare Energien.

Die Ergebnisse können sich sehen lassen. Niklas Gajewski, Schüler der EHS, berichtet: „1997 begannen wir an unserer Schule mit dem Energiesparen. Den Gasverbrauch konnten wir um ein Drittel senken, den Strombezug sogar um mehr als 60%. Der Umwelt blieben so 660 t des Treibhausgases CO_2 erspart.“ Auch Ali-Sher Achilov, Schüler aus Buchara, ist zufrieden:

„Seit 2005 verringerten wir den Energiebedarf unserer Schule um 20%. Wir machen mit Plakaten in Bussen und Taxen auf die Notwendigkeit, Energie zu sparen, aufmerksam. In der Schule haben wir die alten Glühbirnen dank der Hilfe unserer Freunde aus Bonn durch Energiesparlampen ersetzt und nun planen wir eine Photovoltaikanlage.“

Der zweite Besuch der usbekischen Schüler in Bonn im Rahmen des SPICE-Programms ging nun erfolgreich zu Ende. Diesmal gingen die Schüler unter dem Motto „Gemeinsam für den Klimaschutz“ in die Öffentlichkeit. 10 000 Flyer mit „heißen Tipps zur Energie-Nutzung“ wurden in der Bonner Innenstadt verteilt, 300 Klimaschutz-Plakate aufgehängt, eine große Ausstellung im Stadthaus-Foyer aufgebaut und das SPICE-Projekt im Bonner Ratsausschuss für Internationale Beziehungen und Lokale Agenda präsentiert. Andere, computer-begeisterte Schüler erstellten im Medienzentrum der Stadt Bonn eine CD-ROM über das Projekt, welche künftig anderen Schulen in Usbekistan und Deutschland zur Verfügung gestellt werden soll[2].

Alle bedauern[3], dass das SPICE-Projekt nun zu Ende geht. Dr. Michael Pacyna, Projektleiter an der EHS, weist allerdings darauf hin, dass die Zusammenarbeit damit nicht zu Ende ist: „Wir nehmen gemeinsam mit unserer Partnerschule aus Budapest, der Gador-Schule, an der nordrhein-westfälischen Kampagne ‚Agenda 21 in der Schule‘ teil.“

1. gemeinsam *ensemble* **2.** jdm etwas zur Verfügung stellen *mettre qqch. à la disposition de qqn* **3.** bedauern *regretter*

TEIL 1 (A2)

Schreiben Sie bei jeder Aufgabe die richtige Lösung ab. Begründen Sie Ihre Antwort durch ein Zitat.

1 Welcher Titel fasst das Thema des Textes am besten zusammen?
- Zwei Schulen arbeiten zusammen
- Schüler lernen die Sprache des Partners
- Usbekistan braucht Hilfe
- Ein Computerprojekt an der EHS

2 Worauf haben sich die Schüler spezialisiert?
- auf moderne Klimatechnik
- auf Energieverbrauch
- auf die Produktion von Windenergie
- auf den Kampf gegen Atomenergie

3 Das SPICE-Projekt
- hat einen Preis bekommen.
- wird in Buchara erst später konkrete Folgen haben.
- wurde in Bonn offiziell vorgestellt.
- dauert noch ein paar Jahre.

4 Die Emilie-Heyermann-Schule
- wird an einem anderen internationalen Projekt teilnehmen.
- möchte andere Partner in Usbekistan finden.
- sucht eine Partnerschule in Ungarn.
- will bald einen Meteorologie-Kurs anbieten.

TEIL 2 (B1)

Richtig oder falsch? Antworten Sie und belegen Sie Ihre Antwort durch ein Zitat.

a. Die usbekischen Partner konnten nur einmal nach Bonn fahren.
b. Andere Schulen werden von dem SPICE-Projekt profitieren.
c. In Buchara wollen die Schüler die Sonnenenergie nutzen.
d. Das SPICE-Projekt hat keine Subventionen bekommen.
e. Vor dem SPICE-Projekt hatten sich die Schüler der EHS nie für Klimaschutz interessiert.
f. In der Schule von Buchara gibt es immer noch die alten Glühbirnen.

2 Hörverstehen

Klassen CD

Hören Sie nun eine Aufnahme.

1 Worum handelt es sich? Um eine Werbung, eine Diskussion, eine Reportage?
2 Welche Informationen werden über den Wettbewerb und über die Schule gegeben?

Sie finden den Fragebogen zum Ausfüllen im ***Arbeitsheft S. 49-50***.

3 Mündliche Kommunikation

Der Klimawandel ist eine Katastrophe!

Ich habe keine Angst vor dem Klimawandel!

Diskutieren Sie zu zweit. Das Los entscheidet, welche These der eine und der andere Gesprächspartner vertreten.

4 Schriftliche Kommunikation

Ein Journalist hat in seinem Blog folgendes geschrieben:

„Die jungen Leute interessieren sich nicht für Umweltprobleme. Sie wollen toll aussehen, viel Geld haben, die neueste Playstation kaufen, das ist alles."

Sind Sie damit einverstanden? Warum (nicht)?

etwa 50 Wörter

Kapitel 7

Aufwärmen

1. Welche Wörter fallen Ihnen ein, um diese Menschen zu beschreiben?
2. Um welches Thema geht es vielleicht?

Vielfalt macht den Unterschied

Descripteurs du Cadre européen

Écouter

A2 Comprendre les points principaux d'une interview.

B1 Comprendre des informations techniques simples, les points principaux d'un extrait de film.

Lire

A2 Comprendre l'essentiel de courts textes simples.

B1 Comprendre l'essentiel d'un article de presse, d'un texte littéraire.

Parler en continu

A2 Se présenter brièvement.

B1 Argumenter.

Parler avec quelqu'un

B1 Interviewer, être interviewé.

Écrire

B1 Écrire une courte fiche.

B1 Écrire une lettre de candidature, raconter une histoire.

Micro-tâches

Tâche finale

Postuler pour un stage en Allemagne.

Infothek

➔ Sprachtraining S. 122-123
- L'interrogation
- Lexique : le monde du travail

➔ Arbeitsheft S. 51

Arbeit für alle?

1 Frau Lieske aus Düsseldorf

Schüler CD Piste 31

a. Hören Sie den ersten Teil eines Audio-Beitrags.

– Worum handelt es sich? Um ein privates Gespräch, ein Interview in einer Talkshow, eine Reportage? Nennen Sie Indizien.
– Was war Frau Lieskes Problem?
– Wie wird das Gespräch vielleicht weitergehen?
Stellen Sie Hypothesen auf.

b. Hören Sie nun den ganzen Beitrag.

– Was erfahren wir noch über Frau Lieske?
– Fassen Sie alle Informationen mit Hilfe Ihrer Notizen zusammen.

Tipps
- Notieren Sie die Wörter, die Sie wiedererkennen.
- Ordnen Sie Ihre Notizen (Problem, Grund, Konsequenzen).

2 fairhäuser

Lesen Sie jetzt den Text Seite 113.

a. Was sind „fairhäuser“: Fabriken? Geschäfte? Welche Indizien helfen Ihnen, es zu verstehen? Wo kann man „fairhäuser“ finden (siehe Karte, Umschlagklappe I)?
b. Ein Satz im zweiten Abschnitt erklärt, wodurch sich die „fairhäuser“ charakterisieren. Welcher?
c. Was bedeutet wohl „zu sehr günstigen Preisen“? Der Kontext kann Ihnen helfen.
d. Erklären Sie, warum „fairhäuser“ eine wichtige soziale Rolle spielen (siehe dritter Abschnitt).
➔ *Die Produkte, die man dort findet, … Aber die fairhäuser helfen auch …*

Vokabeln
- der Laden(¨), das Kaufhaus(¨er)
- eine Ware(n) anbieten (o, o)
- jdm erlauben, etwas zu tun
- jdn einstellen
- verkaufen
- behindert, der Behinderte(n, n)

http://www.fairhaus-duesseldorf.de

fairhaus

fairhaus – die „besonderen" Läden in Düsseldorf

Die etwas „anderen" Kaufhäuser befinden sich seit Februar 2000 an mehreren Standorten in Düsseldorf. Sie unterscheiden sich auf den ersten Blick nicht von den vielen anderen Kaufhäusern in der Einkaufsstadt Düsseldorf.
(…)
Hell eingerichtete Läden, freundliche MitarbeiterInnen und eine professionelle Warenpräsentation laden zum Stöbern[1] und Kaufen ein. Das „Besondere" aller fairhaus-Läden zeigt sich dem Käufer erst beim näheren Hinsehen: Das gesamte Sortiment[2] besteht aus gespendeten[3] und gebrauchten[4] Sachen. Von der guten Qualität der Waren kann sich jeder Kunde beim Stöbern ein Bild machen: Kleidung, Hausrat und Möbel zu sehr günstigen Preisen (…).
Die fairhaus-Läden ermöglichen Menschen ohne großes Portemonnaie eine gute Einkaufsqualität. Gleichzeitig unterstützen sie Menschen, die längere Zeit ohne Arbeit waren, beruflich wieder Fuß zu fassen[5]. Denn Arbeitslose in den ersten Arbeitsmarkt zu bringen, ist Aufgabe der renatec, Gesellschaft für Rehabilitation und Neue Arbeit GmbH.

1. stöbern *fouiller* **2.** das Sortiment *les marchandises proposées* **3.** gespendet → spenden *donner* **4.** gebraucht *d'occasion, de seconde main* **5.** wieder Fuß fassen *reprendre pied*

3 Frau Lieske erzählt weiter

Schüler CD – Piste 32

a. Was wird Frau Lieske jetzt wohl erzählen? Stellen Sie Hypothesen auf.
b. Hören Sie nun den letzten Teil des Audio-Beitrags. Hatten Sie richtig geraten? Erzählen Sie, was Sie verstanden haben.
c. Welche konkrete Hilfe geben also die „fairhäuser"? Was zeigt Frau Lieskes Beispiel?

Aktion! Ein Interview führen

Ein Journalist aus Österreich hat von den „fairhäusern" gehört. Er interviewt Herrn Wedel, Leiter eines „fairhauses". Führen Sie zu zweit das Interview durch und benutzen Sie die Informationen, die Sie auf diesen Seiten bekommen haben (wo, Waren, soziale Rolle, konkretes Beispiel?).

→ *Herr Wedel, Sie leiten ein „fairhaus". Können Sie uns mehr darüber sagen? …*

2 Minuten

Tipps
- Machen Sie sich Kurznotizen.
- Lesen Sie keinen fertigen Text vor.

➔ Sprachtraining S. 122-123
- Justifier une affirmation
- Lexique : le monde du travail

➔ Arbeitsheft S. 52

Freiwilliges Soziales Jahr

In Deutschland haben junge Leute zwischen 16 und 27 die Möglichkeit, ein Jahr für eine soziale Einrichtung zu arbeiten.

1 Drei junge Leute

Schüler CD Piste 33

a. Hören Sie drei junge Leute, die ein Freiwilliges Soziales Jahr machen wollen. Was ist ihr Profil?
b. Stellen Sie nun die drei jungen Leute vor.
→ *Jan ist … Er interessiert sich für … Er kann auch … Andererseits …*

VORNAME: Silke
ALTER: ?
MEINE STÄRKEN: zuverlässig[1] + ?
MEINE SCHWÄCHEN: ?
WARUM ICH EIN FSJ MACHEN MÖCHTE: ?
MEIN TRAUMBERUF: ?

VORNAME: Jan
ALTER: ?
MEINE STÄRKEN: ?
MEINE SCHWÄCHEN: ?
WARUM ICH EIN FSJ MACHEN MÖCHTE: ?
MEIN TRAUMBERUF: ?

VORNAME: ?
ALTER: ?
MEINE STÄRKEN: anpassungsfähig[2] + ?
MEINE SCHWÄCHEN: ?
WARUM ICH EIN FSJ MACHEN MÖCHTE: ?
MEIN TRAUMBERUF: ?

Tipps
- Konzentrieren Sie sich auf die gesuchten Informationen.
- Notieren Sie die Wörter, die Sie aus anderen Sprachen kennen.
- Welche Wörter werden betont?

1. zuverlässig *sur qui on peut compter*
2. anpassungsfähig *qui s'adapte facilement*

2 Stellenangebote

Lesen Sie folgende fünf Angebote für ein FSJ.

a. Was für Stellen werden hier angeboten (wo, welche Arbeit)?
b. Erklären Sie, welches Profil für jede Stelle erforderlich ist.
→ *Ich glaube, um ein FSJ bei einem Sportverband zu absolvieren, sollte man …*
c. Sagen Sie nun, welches Angebot zu Jan passt. Welches zu Jutta und Silke?
Begründen Sie Ihren Standpunkt. Ihre Mitschüler sagen, ob sie einverstanden sind oder nicht.
→ *Ich würde sagen, X sollte ein FSJ bei … / in … machen, denn …*
Ich bin mit dir (nicht) einverstanden. X interessiert sich nämlich für …

Sportverband

Als FSJler sollst du Kinder zwischen 8 und 10 betreuen und mit ihnen trainieren. Natürlich sollst du dafür selbst sportlich sein. Außerdem wirst du auch an der Organisation von Sportveranstaltungen teilnehmen. Für deine Tätigkeit bei uns erhältst du 300 € im Monat.

Kinder- und Jugendtheater

Ein Teil deiner Tätigkeit wirst du im Theater erledigen: bei der Regie helfen, die Premieren begleiten, bei der Ausstattung[1] mitarbeiten … Aber du wirst auch viele Kontakte zur Presse haben. In diesem FSJ kannst du alle Facetten des Theaterlebens kennen lernen. Taschengeld: 270 € pro Monat.

Wohnheim für Menschen mit Behinderung

Hier wirst du den Bewohnern beim Einkaufen, Kochen, Aufräumen, Wäsche waschen … helfen. Du wirst ihnen kreative und / oder unterhaltsame Aktivitäten anbieten. Wir bieten dir an: Taschengeld (200 € pro Monat), Unterkunft und Verpflegung[2].

Kinder- und Altenheim in Südamerika

Wenn du volljährig[3] bist, hast du die Möglichkeit, ein FSJ im Ausland zu absolvieren. Wir brauchen motivierte Menschen, die sich um Kinder und um ältere Menschen kümmern wollen. In diesem Heim leben alle zusammen. Die Aktivitäten, für die du zuständig sein kannst, sind vielfältig: beim Gärtnern helfen, Ausflüge begleiten und kleine Kinder betreuen. Fahrtkosten bezahlt, Unterkunft zur Verfügung gestellt. Taschengeld: 190 € pro Monat.

Lokales Fernsehen

Bei uns wird dir angeboten, im Team zu arbeiten. Wenn du zuverlässig bist, kannst du die Produktion von kleinen Fernsehbeiträgen selbst übernehmen. Es gehört auch zu deiner Aufgabe, die Aktualität im Bereich Kultur und Medien zu kennen. Dazu sollst du manchmal flexible Arbeitszeiten akzeptieren. Dein Taschengeld: 280 € pro Monat. Fahrtkostenzuschuss möglich.

1. die Ausstattung *le décor* **2.** Unterkunft und Verpflegung *le logement et les repas* **3.** volljährig *majeur*

Aktion! Sein Profil beschreiben

Und Sie? Was ist Ihr Profil? Verfassen Sie Ihren eigenen Steckbrief und stellen Sie sich kurz vor! Möchten Sie persönlich ein Freiwilliges Soziales Jahr machen? Warum?

→ *Ich möchte (k)ein FSJ machen, denn …*

2 Minuten

Baukasten

+	−
viele Leute kennen lernen	wenig verdienen
etwas Gutes tun	harte Arbeit machen
sich nützlich machen	ausgebeutet werden
das Berufsleben entdecken	viel Zeit verlieren

➔ Sprachtraining S. 122-123
- Exprimer un conseil
- Lexique : le monde du travail

➔ Arbeitsheft S. 53

Wie bewerbe ich mich richtig?

1 Eine Anzeige

Welche Interessen und Stärken werden wohl vom Praktikanten erwartet?

→ *Der Praktikant sollte …*

Fair-Junge-Mode bietet Praktikumsstelle im Design-Atelier

Informationen zum Unternehmen

Fair-Junge-Mode ist ein Unternehmen, das T-Shirts aus reiner Biobaumwolle[1] kreiert. Die in Kenia produzierten Artikel (unter humanen Bedingungen und garantiert ohne Kinderarbeit!) werden im deutschen Atelier mit originellen Motiven bedruckt.

Anschrift:
Fair-Junge-Mode
Postfach 20999
40001 Düsseldorf
Kontaktperson: Kathrin Lohmann

Informationen zum Praktikum

Aufgaben: Mitarbeit bei der Konzeption und Realisation von originellen Motiven, Mithilfe bei Büroarbeit
Dauer: 1 Monat
Arbeitsbeginn: 1.6. oder 1.7.
Arbeitszeit: Vollzeit
Mindestalter: 16 Jahre

© Düsseldorf-Kurier online (12.4.)

1. die Baumwolle *le coton*

Vokabeln
- sich für (+ A) interessieren
- für (+ A) begabt sein
- zeichnen

2 Maries Facebook-Seite

Schauen Sie sich diesen Auszug aus Maries Facebook-Seite an. Finden Sie, dass Marie für das Praktikum oben das richtige Profil hat? Geben Sie Argumente.

Marie Thüring

Pinnwand | Info | Fotos | +

Persönliches

Aktivitäten:	Fotografieren, Zeichnen, Entwerfen von Modellen mit Computerprogramm, Ausgehen, Robert-Pattinson-Fanclub
Interessen:	Freunde, neue Kontakte, Chat, neue Trends in der Mode, Luxusaccessoires (Schuhe! Handtaschen! Design-Schmuck!), das Leben der Filmstars
Lieblingsfernsehsendungen:	Deutschland sucht den Superstar, Germany's Next Topmodel

Ausbildung und Beruf

Schule:	Franz-Schubert-Gymnasium Düsseldorf

3 Ein Bewerbungsbrief

Lesen Sie den Brief, den Marie verfasst hat. Finden Sie, dass es ein guter Bewerbungsbrief ist? *Méthodologie S. 147*
Geben Sie Argumente.

Marie Thüring
Hans-Sachs-Straße 120
40237 Düsseldorf
Tel. 0211-349878

Düsseldorf, den 16.4.

Bewerbung für ein Praktikum

Hallo,
aus der online-Ausgabe des Düsseldorf-Kuriers vom 12.4. habe ich erfahren, dass Sie einen Praktikumsplatz in Ihrem Atelier anbieten.
Ich bin dafür sehr motiviert! Und ich bin 17.
Ich kann am 1.7. anfangen.
Ich würde mich freuen, wenn Sie mich zu einem Vorstellungsgespräch einladen könnten!

Mit lieben Grüßen *Marie Thüring*

Anlagen: Lebenslauf, Zeugnisse

4 Ratschläge eines Berufsberaters

Schüler CD Piste 34

Hören Sie nun die Ratschläge eines Berufsberaters.

a. Hören Sie sich die Aufnahme ein erstes Mal an. Wie viele Fehler hat Marie gemacht?
b. Hören Sie sich die Aufnahme noch einmal an. Was genau hat sie falsch gemacht?
c. Machen Sie Vorschläge zur Verbesserung von Maries Brief (mit Hilfe der Ratschläge und der Informationen aus 1. und 2.).
→ *Ich glaube, Marie sollte … An ihrer Stelle würde ich …*

Aktion! Einen Bewerbungsbrief schreiben

Sie wollen Marie helfen. Schreiben Sie ihren Brief neu. Benutzen Sie Ihre Notizen (siehe 4. c.).
→ *Sehr geehrte(r) …*
etwa 60 Wörter

Baukasten
- Ich interessiere mich sehr für …
- Ich glaube, ich bin talentiert …
- Ich hätte große Lust …

Literaturwerkstatt

➔ Sprachtraining S. 122-123
- L'interrogation
- Lexique : le monde du travail

➔ Arbeitsheft S. 54

Meine erste Chance

Yared Dibaba

Yared Dibaba ist als kleiner Junge mit seiner Familie aus Oromya (Äthiopien) nach Deutschland geflohen. Er wollte Schauspieler werden, aber seine Eltern waren dagegen. Er musste also eine andere Arbeit finden.

Wenn ich nicht Schauspieler werden sollte, dann würde ich Manager werden, dachte ich mit einundzwanzig Jahren. Ich stellte es mir toll vor, als Geschäftsmann durch die Welt zu reisen, sah mich im Flieger mit Anzug und Aktenkoffer. Immer träumte ich vom Reisen. Als ersten Schritt wollte ich eine Lehre machen, dann BWL[1] studieren.

So bewarb ich mich bei verschiedenen Firmen. Viele antworteten nicht. (...) Ich habe sie nicht gezählt, aber bestimmt habe ich weit mehr als hundert Bewerbungen geschickt und wurde zehn oder zwölf Mal zu Vorstellungsgesprächen eingeladen. Die meisten verliefen unerfreulich. Einige Chefs zeigten sich sogar offen rassistisch. „Sie sind ja Afrikaner, wie steht es bei Ihnen mit der Pünktlichkeit? Kann man sich auf Sie verlassen?", fragten sie und schauten mir dabei ungeniert ins Gesicht. Mir war klar, dass ich bei ihnen keine Chance hatte, und auch, dass ich mit solchen Chefs nicht arbeiten wollte.

Eines Tages kam ich mit wenig Hoffnung nach Bremen zu einem weiteren Gespräch (...): Der Chef war vom ersten Augenblick an total nett und offen. Ich war überrascht, dass er mir gleich einen Kaffee bringen ließ, dachte mir, oh, was ist denn hier los? (...) Er fragte mich zunächst nach meinen Zukunftsplänen, und ich erwähnte, dass ich später gern reisen würde. „Wenn du dich anstrengst und die Lehre gut abschließt, kannst du auch für uns ins Ausland gehen.", sagte er. (...) Gollücke & Rothfos ist ein großes Handelshaus für Rohkaffeeimport, eines der weltweit größten im Kaffeegeschäft. Der Chef erzählte mir einiges über das Haus und über die Aufgaben, die mich erwarteten. Am Ende fragte er mich, ob ich bei ihnen anfangen wollte. Ich sagte selbstverständlich sofort ja. „Meine Sekretärin setzt einen Vertrag[2] auf, du nimmst ihn mit nach Hause, schläfst eine Nacht darüber, dann rufst du mich morgen an."

Mit einem Vertrag in der Tasche ging ich heim. Ich fühlte mich großartig. Mich begleitete der Duft von Kaffee und die Aussicht[3], meinen Traum zu verwirklichen. In gewisser Weise war auch Oromya wieder ein Stück näher gerückt: In der Region Kaffa liegt der Ursprung des Kaffees, den man heute in der ganzen Welt trinken kann.

Aus: Yared Dibaba, *Der Heimatforscher. Wie ich Deutsche in aller Welt besuchte*

1. BWL = Betriebswirtschaftslehre *la gestion* **2.** der Vertrag(¨e) *le contrat*
3. die Aussicht(en) *la perspective*

„Mein Nachmittag", NDR Fernsehen, Moderatorenteam

1 Zum Einstieg

Lesen Sie die Kurzbiografie und den Titel.

Yared sucht eine Arbeit: Was wird er wohl machen? Was erzählt vielleicht der Text?

2 Indiziensuche

Lesen Sie den Text.

a. Der Text besteht aus vier Abschnitten. Ordnen Sie jedem Abschnitt die passende Überschrift zu. Begründen Sie dann kurz Ihre Wahl.

Schlechte Erfahrungen – Ein glücklicher Mensch – Ein netter Chef – Pläne

→ *Ich glaube, die Überschrift … passt zum … Abschnitt, denn im Text steht …*

b. Sammeln Sie nun Informationen zu folgenden Punkten und machen Sie sich Notizen.

Erster Abschnitt: Yareds Alter – sein Traumberuf – seine nächsten Pläne

Zweiter Abschnitt: Hier verwendet der Autor viele negative Ausdrücke. Welche zum Beispiel?

c. Ende des Textes: Welche Textstellen geben Auskunft über das Verhalten des Chefs – seine Firma – seine Entscheidung?

Ziehen Sie Bilanz mit Hilfe Ihrer Notizen.

→ *Yared träumte davon, … Er wollte … Er schrieb also … Aber … Und er traf auch … Aber eines Tages …*

Vokabeln

- über (+ A) enttäuscht sein
- sich über (+ A) ärgern
- das Vorurteil(e)
- freundlich empfangen (i, a, ä)
- jdm eine Stelle anbieten (o, o)
- jdn einstellen
- ins Ausland gehen (i, a)
- ehrgeizig, unternehmungslustig

3 Textinterpretation

Wie erklärt sich vielleicht das Verhalten des Chefs von Gollücke & Rothfos? Was denkt er wohl über Yared?

Aktion! Eine Szene aus einer anderen Perspektive erzählen

Beschreiben Sie die Szene bei Gollücke & Rothfos aus der Perspektive des Chefs.

→ *Eines Tages empfing ich in meinem Büro …*

etwa 50 Wörter

Baukasten

- Er erklärte, …
- Er machte einen guten Eindruck …
- Ich erklärte, … und fragte …
- Sofort …
- Ich denke, …

Die letzte Chance

Video DVD

1 Margarete Steiff war eine der ersten deutschen Managerinnen.

a. Lesen Sie im Folgenden einige Elemente aus ihrer Biografie:

1847 Apollonia Margarete Steiff wird in Giengen an der Brenz (Süddeutschland) geboren
1849 erkrankt an Kinderlähmung[1]
1864 schließt trotz ihres Handicaps eine Lehre als Schneiderin ab
1880 gründet eine Spielwaren-Manufaktur, beschäftigt mehrere Arbeiterinnen

1. die Kinderlähmung *la polyomiélite*

b. Was für eine Frau war Margarete Steiff? Was waren wohl ihre persönlichen Eigenschaften?

2 1902 gerät die Firma in finanzielle Schwierigkeiten. Die Spielwaren-Messe in Leipzig ist die letzte Chance. Dort wollen Margarete und ihr Bruder Friedrich eine Neuheit präsentieren.

a. Schauen Sie sich den ersten Teil der Szene an (bis: *Nein, du darfst ihn behalten*).
– Machen Sie sich Notizen zu folgenden Punkten: das neue Produkt (Vor- und Nachteile), die Reaktionen: Kunden, Margarete, Friedrich.
– Friedrich bringt ein Telegramm: Wer hat es geschickt? Welche Wörter erkennen Sie wieder?
– Sagen Sie nun mit Ihren eigenen Worten, was Margarete Steiff also erfährt.

b. Schauen Sie sich den zweiten Teil der Szene an (bis: *what they want for them*).
– Spielen Sie den Dolmetscher: Was möchte der Amerikaner wissen?
– Wie, glauben Sie, wird die Szene enden? Stellen Sie Hypothesen auf.

c. Schauen Sie sich das Ende der Szene an.
Hatten Sie richtig geraten? Was möchte der Amerikaner?

d. Schauen Sie sich die ganze Szene noch einmal an.
In welcher Reihenfolge empfindet Margarete folgende Gefühle? Warum?
Freude – Verzweiflung – Angst – Hoffnung – Besorgnis
→ *Zuerst empfindet sie …, denn … Etwas später …*

Aktion! Ein Szenario schreiben

Schreiben Sie das Szenario, auf dem diese Szene basiert (Handlung, Gefühle der Hauptpersonen).
→ *Zuerst sieht man Friedrich und Margarete, die …*
etwa 50 Wörter

Baukasten
- jdn bitten, etwas zu tun
- sich für (+ A) interessieren
- verschuldet sein
- jdm gehören
- bestellen

TICE

Sich für ein Praktikum in Deutschland bewerben

1 Sie möchten ein Praktikum in der Stadt Ihrer deutschen Partnerschule machen und haben im Internet folgende Anzeigen gefunden:

http://www.pratikumssuche.org

Praktikumsbörse

Suche | Finden

Suchergebnisse

2 Treffer

Anbieter	Spiellandschaft Stadt e.V. Ziel: Verbesserung der Spiel- und Lebenswelt für Kinder und Familien.
Stelle als	Praktikant
Aufgaben	Mitarbeit bei der Konzeption von innovativen Spielangeboten. Projektarbeit mit Kindern und Eltern auf Spielplätzen, in Schulen und Parks.
Gesuchtes Profil	Engagiert, kinderlieb, kreativ, kontaktfreudig, teamfähig
Beginn	1. Juli
Dauer	1 Monat

Anbieter	Film-Produktionsfirma Stella
Stelle als	Praktikant
Aufgaben	Diverse Assistenztätigkeiten am Set (Ton, Maske[1], Requisiten[2] ...)
Gesuchtes Profil	Interesse für Film und Fernsehen, große Flexibilität und Belastbarkeit, Teamfähigkeit, Selbstständigkeit
Beginn	1. Juli
Dauer	6 Wochen (= Drehzeit TV-Movie *Vorstadtkinder*)

1. die Maske *le maquillage*
2. die Requisiten *les accessoires*

2 Sie möchten sich per Video bewerben. Wählen Sie ein Praktikum und bereiten Sie sich zuerst mündlich vor:

a. Stellen Sie sich vor (Name, Adresse, Schule).
b. Was sind Ihre Stärken? Ihre Schwächen? Wofür interessieren Sie sich?
c. Was ist Ihre Motivation?

Sprachtraining

➔ Arbeitsheft S. 55-56

L'interrogation

➔ Précis grammatical p. 164

1 **Associez chaque question à sa réponse.**

→ *Arbeit für alle?*, p. 112

A. Warum sind Sie arbeitslos geworden?
B. Wie viele Bewerbungen haben Sie verschickt?
C. Was haben Sie heute erfahren?
D. Wer hat Ihnen am meisten geholfen?
E. Seit wann suchen Sie Arbeit?

a. Mein Mann. Er machte mir immer wieder Mut. Meine Kinder auch.
b. Seit 2 Jahren.
c. Ich wurde krank, konnte nicht mehr arbeiten.
d. Ich weiß nicht mehr. Hundert ungefähr.
e. Dass man mir eine Stelle in einem Kaufhaus anbietet!

2 **Transformez les phrases selon le modèle suivant :**

→ *Meine erste Chance*, p. 118

→ *„Wie lange suchen Sie schon einen Job?" → Ich möchte wissen, wie lange Sie schon einen Job suchen.*

a. „Warum interessieren Sie sich für diese Arbeit?"
b. „Haben Sie schon ein Praktikum gemacht?"
c. „Wie haben Sie von Gollücke & Rothfos gehört?"
d. „Was ist Ihr Traumberuf?"
e. „Haben Sie Zukunftspläne?"
f. „Wann haben Sie Abitur gemacht?"
g. „Haben Sie sich schon bei anderen Firmen beworben?"
h. „Wann können Sie bei uns anfangen?"

Justifier une affirmation

➔ Précis grammatical p. 169

3 **a. Associez une phrase de la colonne de gauche à une phrase de la colonne de droite en utilisant *denn* ou *nämlich*.**

→ *Freiwilliges Soziales Jahr*, p. 114

→ *Karin macht nach dem Abitur ein FSJ, denn sie will sich nützlich machen.*

→ *Karin macht nach dem Abitur ein FSJ, sie will sich nämlich nützlich machen.*

A. Jutta will ein FSJ im Ausland machen.
B. Silke bewirbt sich für ein FSJ beim Jugendtheater.
C. Jan möchte Filmtechniker werden.
D. ~~Karin macht nach dem Abitur ein FSJ.~~
E. Jens arbeitet gern im Büro des Roten Kreuzes.
F. Robert hat keine Antwort auf seinen Brief bekommen.
G. Das FSJ hat Birgit sehr geholfen.

a. Die Kollegen sind sehr freundlich.
b. ~~Sie will sich nützlich machen.~~
c. Er hatte vergessen, seine Adresse anzugeben.
d. Sie interessiert sich sehr für Literatur.
e. Sie weiß jetzt, was sie werden will.
f. Sie ist neugierig auf fremde Kulturen.
g. Er hat eine technische Begabung.

b. Après correction de l'exercice, entraînez-vous à lire les réponses à haute voix.

Exprimer un conseil

➔ Précis grammatical p. 168

4 **Ces candidats à un emploi commettent quelques erreurs. Aidez-les en leur donnant des conseils appropriés.**

→ *Wie bewerbe ich mich richtig?*, p. 116

→ *Für seinen Bewerbungsbrief hat Bernd sich mit seinem Handy aufgenommen.*
→ *Ich würde ihm raten, das Bewerbungsfoto von einem Profi machen zu lassen.*
→ *Er sollte das Bewerbungsfoto von einem Profi machen lassen.*

~~**A.** Für seinen Bewerbungsbrief hat Bernd sich mit seinem Handy aufgenommen.~~
B. Bernd schreibt seinen Bewerbungsbrief ganz allein.
C. Julia schreibt ihren Bewerbungsbrief in höchster Eile.
D. Julia beginnt ihren Bewerbungsbrief mit „Hallo".
E. Bernd schreibt nur: „Für dieses Praktikum bin ich der Richtige!"
F. Julia schreibt: „Ich bin motiviert."
G. Bernd schickt nur seinen Bewerbungsbrief.

a. Ein paar Ratschläge von Spezialisten einholen.
b. Alle Qualitäten und Stärken genau beschreiben.
~~**c.** Das Bewerbungsfoto von einem Profi machen lassen.~~
d. Die Motivation mit Argumenten begründen.
e. Den Text mehrmals durchlesen, eventuelle Fehler suchen.
f. Lebenslauf und Zeugnisse beilegen.
g. Die höfliche Anrede „Sehr geehrte Frau X" benutzen.

Prosodie und Phonetik

Schüler CD Piste 35

Les interrogatives

Vous allez entendre sept phrases. Notez les numéros de celles qui sont des interrogatives.

Wortschatz

Le monde du travail

5 **a. À partir de *(die) Arbeit(s)-* et des éléments ci-dessous, composez l'équivalent des termes français suivants. Vérifiez le genre et le pluriel des noms dans un dictionnaire.**

→ *Arbeit für alle?, p. 112*

-los / -nehmer / -platz/ -losigkeit / -geber / -markt / ~~-welt~~

→ le monde du travail : *die Arbeitswelt*

~~le monde du travail~~ – au chômage – l'employeur – le salarié – le marché du travail – le chômage – le poste, l'emploi

b. Relisez le texte page 113. Que signifie en français *der Mitarbeiter / die Mitarbeiterin* ?

6 **Auquel des adjectifs de la liste ci-dessous correspond chacune des phrases suivantes ?**

→ *Freiwilliges Soziales Jahr, p. 114*

~~neugierig~~ – kinderlieb – kontaktfreudig – teamfähig – körperlich fit – pünktlich – flexibel – geduldig – höflich – zuverlässig

→ ***a.*** = *neugierig*

a. ~~Veronika ist nicht blasiert, sie interessiert sich für alles, was neu ist.~~
b. Peter ist nie spät dran: Jeden Tag um Punkt 8 Uhr ist er im Büro, um 17.00 Uhr fährt er nach Hause.
c. Sandra arbeitet gern mit anderen Leuten zusammen.
d. Uwe akzeptiert, am Wochenende zu arbeiten, oder auch bis spät abends.
e. Jutta mag Kinder und kommt gut mit ihnen zurecht.
f. Theo lernt gern neue Leute kennen, spricht gern mit ihnen.
g. Anna joggt dreimal die Woche: Sie ist in bester Form!
h. Andreas bleibt immer ruhig und verliert nie die Nerven, auch wenn man ihn dreimal dasselbe fragt.
i. Mein Kollege begrüßt mich immer mit einem freundlichen „Guten Morgen“, nie habe ich etwas Aggressives von ihm gehört.
j. Auf diesen neuen Mitarbeiter kann man sich verlassen! Er macht seine Arbeit immer gut!

7 **Vous connaissez le sens des mots suivants. Retrouvez – grâce au contexte – leur synonyme dans les phrases ci-dessous.**

die Ausbildung – kompetent – der Chef – autonom – die Qualitäten

→ *Meine erste Chance, p. 118*

a. Mit fünfzehn Jahren machte ich eine Lehre bei einem Bäcker. Die Arbeit hat mir so gefallen, dass ich sofort wusste: Diesen Beruf wollte ich später ausüben!
b. Paul macht seine Arbeit sehr gut, er ist ein fähiger Jurist.
c. Kreativität, Kommunikationstalent: Das sind die Eigenschaften, die jede Firma heute von ihren Mitarbeitern erwartet.
d. Die neue Kollegin ist sehr selbstständig: Man braucht ihr nicht immer zu sagen, was sie zu tun hat.
e. Mein Arbeitgeber will, dass ich einen Englischkurs mache. Dazu habe ich keine Lust. Was kann ich tun?

8 **a. Associez logiquement un élément de la colonne de gauche à un élément de la colonne de droite pour obtenir des expressions cohérentes.**

→ *Wie bewerbe ich mich richtig?, p. 116*

A. eine Anzeige in der Zeitung	**a.** eine Lehre machen wollen
B. zu einem Vorstellungsgespräch	**b.** schreiben
C. die Stelle	**c.** lesen
D. einen Bewerbungsbrief	**d.** eingeladen werden
E. nach dem Abitur	**e.** erfolgreich abschließen
F. die Ausbildung	**f.** bekommen

b. Utilisez à présent ces expressions pour raconter l'histoire de Niklas (20) dans l'ordre chronologique.

→ *Nach dem Abitur wollte ich …*

1 Leseverstehen

Tanja Gurkas Berufsweg fing gut an: Nach dem Realschulabschluss absolvierte sie eine Ausbildung zur Malerin und Lackiererin und fand eine Anstellung. Die Arbeit machte ihr Spaß. Dann wurde 1995 eine schwere Erkrankung diagnostiziert: „Das war ganz schön knapp. Wenn die Krankheit ein paar Monate später entdeckt worden wäre, würde ich heute wohl nicht mehr leben", sagt Tanja Gurka. Ein halbes Jahr war sie krank. Danach war es nicht mehr möglich, in dem alten Beruf weiterzuarbeiten. Sie suchte nach Arbeit, aber das war schwierig – gesundheitlich gehandicapt und ohne geeignete Ausbildung.

Nach drei Jahren Arbeitslosigkeit, im Herbst 1998, erfuhr Tanja Gurka von dem damals ganz neuen Programm „Jugend in Arbeit": „Das hat mich interessiert. Ich musste nur ein Formular ausfüllen, und kurz danach meldete sich die INI bei mir." Die INI, das war die Initiative für Jugendhilfe, Bildung und Arbeit. Ende 1998 begann die Betreuung durch Karin Zeitschel. Ihre Beratung war für die junge Frau sehr hilfreich: „Wir haben zusammen versucht herauszufinden, welche Arbeit geeignet für mich ist, und dann gemeinsam nach Stellen gesucht." Tanja Gurka verschickte etliche Bewerbungen, leider erfolglos. Nach einigen Monaten vermittelte Karin Zeitschel einen Kontakt zur Firma Weigend. Tanja Gurka stellte sich dort vor, sah sich alles an – und blieb.

Die Firma Weigend produziert und vertreibt Marker. (…) Zur Zeit haben sie neun Angestellte[1]. (…) „Wir suchten gerade jemand und haben gedacht: Dann probieren wir es doch mal", erinnert sich Karin Weigend, „und wir haben es nicht bereut. Frau Gurka ist sehr selbstständig, sie denkt mit und braucht nicht für alles Anweisungen. Sie arbeitet präzise und schnell."

Tanja Gurka (…): „Ich arbeite wieder mit Farbe, jetzt auf eine andere Weise. Das war eine neue Herausforderung und hat mich gleich interessiert." Ganz am Anfang war die Verständigung gelegentlich ein bisschen schwierig, denn Tanja Gurka trägt ein Hörgerät. Aber das haben die Kolleginnen und Kollegen schnell begriffen und seitdem ist die Kommunikation – in jeglicher Hinsicht – kein Problem mehr.

Wenn man mit Tanja Gurka spricht, ist zu spüren, dass sie mit ihrer Situation sehr zufrieden ist. „Arbeit bedeutet Abwechslung. Nicht zu Hause rumsitzen und sich langweilen, sondern etwas tun und andere Leute treffen. Geld? Klar, das braucht man, aber das Wichtigste ist, dass ich arbeiten kann. Ich hoffe, dass ich bei Weigend bis zu meiner Rente gebraucht werde."

1. der Angestellte (n, n) *le salarié, l'employé*

TEIL 1 (A2)

1 Welcher Titel passt nicht zum Text? Schreiben Sie ihn ab.
- Arbeitslos und keine Perspektiven
- Eine kompetente Mitarbeiterin
- Arbeiten, auch mit Handicap
- Eine neue Chance
- Eine interessante Initiative

2 Richtig oder falsch? Antworten Sie und belegen Sie Ihre Antwort durch ein Zitat.

a. Tanja hat die Stelle in der Firma Weigend allein gefunden.
b. In der Firma Weigend ist man mit Tanjas Arbeit zufrieden.
c. Tanja hat keinen Beruf gelernt.
d. Geld verdienen ist für Tanja das Problem Nummer 1.
e. Tanja Gurka ist seit ihrer Geburt krank.

TEIL 2 (B1)

Folgende Zusammenfassung enthält fünf Fehler. Schreiben Sie die fünf falschen Textstellen ab und korrigieren Sie sie durch ein Zitat.

Die Initiative für Jugendhilfe, Bildung und Arbeit hilft jungen Arbeitslosen, auf dem Arbeitsmarkt wieder Fuß zu fassen. Ein gutes Beispiel dafür ist Tanja Gurkas Geschichte:

Die junge Frau suchte schon seit fünf Jahren eine Arbeit, als sie von dieser Initiative erfuhr. Mit der Hilfe einer Beraterin suchte sie nach einer Arbeit, die zu ihrem Profil passte. Schon auf die erste Bewerbung bekam sie eine positive Antwort. Die Firma Weigend – das größte Unternehmen in der Region – brauchte eigentlich keine neuen Mitarbeiter, aber sie stellte Tanja ein.

Tanja war am Anfang mit ihrer neuen Arbeit nicht sehr zufrieden. Sie hatte auch Kommunikationsprobleme mit ihren Kolleginnen und Kollegen, jetzt aber möchte sie in diesem Unternehmen bleiben.

2 Hörverstehen

Klassen CD

Hören Sie, was Ines über ihr erstes Praktikum (9. Klasse) und ihr zweites Praktikum (11. Klasse) berichtet und machen Sie sich Notizen zu folgenden Punkten:

1. Wem berichtet sie von ihrem Praktikum?
2. Wo hat sie das erste / das zweite Praktikum gemacht?
3. Welche Bilanz hat sie jedes Mal gezogen und warum?

Sie finden den Fragebogen zum Ausfüllen im ***Arbeitsheft S. 57-58***.

3 Mündliche Kommunikation

1. Wie interpretieren Sie diese Karikatur?
2. Und Sie? Was ist für Sie wichtig: Karriere? Geld? Nette Kollegen? Etwas Nützliches tun?

4 Schriftliche Kommunikation

Auf einem Diskussionsforum lesen Sie folgende Beiträge. Antworten Sie Superfan und Philosoph und geben Sie auch Ihre Meinung.

✎ etwa 50 Wörter

Superfan

Mein Klassenlehrer hat mir geraten, ein Freiwilliges Soziales Jahr zu machen. Aber ich weiß nicht: Kleine Kinder betreuen, in einem Heim arbeiten ... Das ist nicht mein Ding.

Philosoph

Hallo Superfan! Warum bist so kritisch? Ich habe keinen Plan, was ich nach der Schule machen soll. Ich denke, ein FSJ wäre vielleicht eine gute Idee.

Die Entdeckung der Currywurst

Uwe Timms Novelle *Die Entdeckung der Currywurst* erzählt die Geschichte von Lena Brücker, von der man sagt, dass sie das Rezept der Currywurst erfunden hat. Basierend auf der Novelle inszenierte Ulla Wagner 2007 einen Film. Auch die Comic-Zeichnerin Isabel Kreitz ließ sich von dieser Geschichte inspirieren.

1 Schauen Sie sich den Anfang des Films an. Achten Sie besonders auf das Verhalten der Personen, auf ihre Mimik und Gesten.

a. Was erfährt hier der Zuschauer über Lena Brücker (ihre Arbeit, wie das Geschäft läuft)?
b. Wie verhält sich Lena? Warum wohl?
→ *Am Anfang ... Plötzlich ... Vielleicht ...*
c. Die Szene spielt kurz <u>nach</u> dem Ende des Zweiten Weltkriegs. Womit bezahlen die Leute?

2 Lesen Sie nun den Anfang des Comics.

a. Wer ist der junge Mann? Wohin will er?
b. Diese Szene spielt einige Monate <u>vor</u> dem Ende des Zweiten Weltkriegs. Welche Indizien zeigen es?
c. Was für eine Atmosphäre herrscht auf diesen Bildern? Welche Mittel benutzt die Zeichnerin?
d. Ziehen Sie Bilanz: Wann beginnt der Comic? Vor oder nach der ersten Szene des Films?

Vokabeln
- die Imbissbude(n)
- der Kunde(n, n)
- überrascht, tief berührt
- jdn erblicken
- jdn anschauen
- jdm zulächeln
- die Rückblende(n)

1. in Dutt *(dialecte) en ruines* **2.** der Luftangriff(e) *le bombardement*

1. die Reeperbahn *rue dans le quartier du port à Hambourg*
2. die Lebensmittelbehörde *l'inspection de l'alimentation*

3 Lesen Sie den Comic weiter.

a. Wer sagt hier „ich"?
b. Wohin gehen Lena und der junge Mann? Viele andere Leute hatten dieselbe Idee: warum vielleicht?

4 Dieselbe Szene wird auch in der Novelle erzählt. Lesen Sie den Auszug.

a. Suchen Sie nach Ähnlichkeiten und nach Unterschieden zwischen Text und Comic.
b. Der Text enthält mehr Informationen über Bremer. Welche zum Beispiel?
c. Lesen Sie noch einmal den Text und schauen Sie auf die Bilder: Was bedeutet wohl *sich erkundigen* (Z. 2) und *die Schlange* (Z. 4)?

Hamburg, 29. April 1945: Der Soldat Hermann Bremer wird nach Hamburg abkommandiert. Die Stadt soll „bis zum letzten Mann" verteidigt[1] werden. Bremer soll am nächsten Tag an die Front.

Er kannte Hamburg von früheren Besuchen, konnte die Stadt aber nicht wiedererkennen (...). Bremer erkundigte sich nach einem Kino. Man schickte ihn zu *Knopf's Lichtspielhalle* auf der Reeperbahn (...). *Wunschkonzert* wurde in der Abendvorstellung gezeigt. Vor der Kasse stand eine lange Schlange. Man konnte sich ja sonst für sein Geld nichts mehr kaufen.
Tschuldigung, sagte er, weil er die Frau, die sich hinter ihm angestellt hatte, mit seinem Marschgepäck weggedrückt hatte[2].
Macht nichts, sagte Lena. Sie war gleich nach Feierabend aus der Lebensmittelbehörde nach Hause gegangen, hatte sich umgezogen und, da die Sonne hin und wieder zwischen den Wolken leuchtete, ihr Kostüm angezogen (...). Sie kam zu *Knopf's Lichtspielhalle*, außer Atem[3], sah die Schlange, dachte, hoffentlich kann ich noch rein, stellte sich hinter einem Marinesoldaten an, einem jungen Bootsmann.

Aus: Uwe Timm, *Die Entdeckung der Currywurst*

1. verteidigen *défendre* **2.** die er ... weggedrückt hatte *qu'il avait bousculée avec son paquetage*
3. außer Atem *hors d'haleine*

5 Fassen Sie zusammen: Wann, wie und wo haben sich Lena und der junge Mann kennen gelernt?

Vokabeln
- in Trümmern liegen (a, e)
- Spaß haben
- die Sorgen vergessen (a, e, i)
- Schlange stehen (a, a)
- der Marinesoldat(en, en)

Ein paar Tage später:

1. Schiss haben *avoir la trouille* **2.** jetzt ham sie mich *ça y est, ils m'ont trouvé*

6 **Lesen Sie nun den Comic weiter.**

a. Wo ist der junge Mann jetzt? Was empfindet er?

b. Was ist also inzwischen passiert? Wie lässt sich Bremers Verhalten erklären? Und was ist wohl Lenas Motivation?

So leben Bremer und Lena weiter. Aber am Abend des 26. Mai 1945 ...

Vokabeln

- verstecken
- Angst vor (+ D) haben
- fahnenflüchtig werden
- sich verlieben
- erleichtert
- sich betrogen fühlen
- sich schämen

7 Lesen Sie die Fortsetzung des Comics oben.

a. Wann findet die Szene statt?
b. Lena bringt eine Nachricht: welche? Schauen Sie sich ihr Gesicht an: Wie sieht sie dabei aus? Ist es also eine gute oder eine schlechte Nachricht?
c. Wann genau war der Zweite Weltkrieg zu Ende? Warum hat Lena wohl so lange gewartet?
d. Wie reagiert Bremer? Was empfindet er wohl in diesem Augenblick?
e. Beschreiben Sie anhand der Bilder Lenas Reaktion und interpretieren Sie sie.
f. Wie wird die Geschichte vielleicht weitergehen?

8 **Schauen Sie sich jetzt die Fortsetzung im Film an.**

a. Hatten Sie richtig geraten?
b. Wie verstehen Sie jetzt die erste Szene des Films (siehe Seite 126)?

Vokabeln
- sich trennen
- verlassen (ie, a, ä)
- sich an (+ A) erinnern
- ins normale Leben zurückkehren

9 **Rekonstruieren Sie mit Hilfe des Fotos oben das Ende der Geschichte von Lena und Hermann.**

Aktion! Eine Rezension schreiben

Schreiben Sie eine kurze Rezension.
Fassen Sie zuerst die Geschichte zusammen.
Hat sie Ihnen gefallen? Warum (nicht)?
Was fanden Sie bessser: den Film oder den Comic? Warum?

Baukasten
- Kurz vor dem Ende des Zweiten Weltkriegs ...
- Anstatt an die Front zu gehen ...
- Als der Krieg zu Ende geht ...
- Eines Tages ...

Kunstprojekt

Caspar David Friedrich
(1774-1840)

Max Beckmann
(1884-1950)

Carl Gustav Carus
(1789-1869)

Drei Maler – ein Motiv
Wie drei Maler eine Aussicht darstellen.
▶ Seite 134-135

Das Bauhaus
Diese fröhlichen Menschen haben die Kunst des 20. Jahrhunderts revolutioniert.
▶ Seite 136-137

Blick durchs Fenster

1 Drei Gemälde

Schauen Sie sich die drei Bilder an und lesen Sie die Aussagen links unten.
Welche Aussage passt zu dem Bild von Carus? Von Friedrich? Von Beckmann? Zu zwei Bildern? Zu allen drei Bildern? Begründen Sie Ihre Antwort.
→ *Die Aussage trifft auf (+ A) … zu: In der Tat … Das stimmt für (+ A) … Denn …*
Ihre Mitschüler können reagieren, wenn sie nicht einverstanden sind.
→ *Aber das trifft auch auf (+ A) … zu, denn … Da bin ich nicht einverstanden: Ich finde, …*

Carl Gustav Carus, *Balkon mit Blick auf das Meer bei Neapel*, 1829

Max Beckmann, *Blick aufs blaue Meer*, 1928

- Es gibt einen Kontrast zwischen Hell und Dunkel.
- Der Betrachter kann nicht frei durch das Fenster blicken.
- Im Hintergrund sind Schiffe zu sehen.
- Das Fenster öffnet sich zu einem Fluss hin.
- Das Bild stellt eine mediterrane Szene dar.
- Draußen ist ziemlich starker Wind.
- Es gibt starke Farbkontraste.
- Die Konstruktion des Bildes ist fast ganz symmetrisch.
- Die Darstellung der Details im Vordergrund ist nicht realistisch.
- Die Atmosphäre des Bildes: Ruhe, Heiterkeit.

Vokabeln
- der Fensterladen(¨)
- das Segel(-), das Segelschiff(e)
- der Mast(en)
- das Ufer(-)
- die Welle(n)

Sehnsucht[1]
Es schienen so golden die Sterne,
Am Fenster ich einsam stand
Und hörte aus weiter Ferne[2]
Ein Posthorn[3] im stillen Land.
Das Herz mir im Leib entbrennte[4],
Da hab' ich mir heimlich gedacht:
Ach, wer da mitreisen könnte
In der prächtigen[5] Sommernacht!

Joseph von Eichendorff (1788-1857)

1. die Sehnsucht(¨-e) *le désir, la nostalgie* **2.** aus weiter Ferne *au loin* **3.** das Posthorn *le cor du postillon* **4.** das Herz … entbrennte *mon cœur se consumait de désir* **5.** prächtig *somptueux, merveilleux*

Caspar David Friedrich,
***Die Frau am Fenster*, 1822**

2 Ein Gemälde – ein Gedicht

a. Schauen Sie sich das Gemälde von C.D. Friedrich noch einmal an.

Warum steht die Frau vielleicht am Fenster?
Was sind vielleicht ihre Gefühle?
→ *Sie wartet vielleicht auf …*
Sie empfindet vielleicht …, oder …

b. Lesen Sie nun das Gedicht oben.

Vergleichen Sie Gedicht und Gemälde und suchen Sie nach Ähnlichkeiten und Unterschieden. Behandeln Sie dabei folgende Punkte: die Personen, die Situation, die Tages- und Jahreszeit. Wodurch bekommen die Personen vielleicht Lust, das Haus zu verlassen?
→ *Beide, die junge Frau und der Dichter … Auf dem Gemälde … Im Gedicht dagegen …*

Vokabeln
- auf (+ A) warten
- sich nach (+ D) sehnen
- sich einsam fühlen
- Lust bekommen (a, o)

Aktion! Eine Geschichte erfinden

Versetzen Sie sich an die Stelle der jungen Frau und geben Sie ihre Gedanken wieder (= „innerer Monolog").
→ *Wo bleibt er nur? …*
2 Minuten

Erzählen Sie die Geschichte der jungen Frau am Fenster.
→ *Vielleicht steht diese junge Frau am Fenster, weil …*
40 Wörter

Baukasten
- Der Alltag ist so eintönig …
- Die Welt draußen ist so schön …
- Das Schiff fährt sicher in die weite Welt …

Bauhaus: Schöner wohnen – für alle!

1 Was ist das Bauhaus?

Lesen Sie folgenden Text und schauen Sie sich die Fotos an. Welche Textpassagen werden durch die Fotos dieser Seiten illustriert?

→ *Ich glaube, Foto A passt zu folgendem Satz: …*

1919 gründete Walter Gropius in Weimar das Bauhaus, eine Schule für Architekten, Künstler und Designer. Ziel des Bauhauses war, einen neuen Stil zu entwickeln, eine Synthese von Kunst und Technik. Diese avantgardistische Formensprache schockierte damals natürlich viele Leute, die an einen traditionelleren Dekorationsstil gewöhnt waren.

Die „Bauhäusler" interessierten sich für alle Aspekte des Alltags und kreierten Gegenstände[1] für die industrielle Massenproduktion: Auch die Arbeiter sollten in schönen und komfortablen Wohnungen leben.

1. der Gegenstand(¨e) *l'objet*

A

Buchcover, 1930

B

Wohnzimmer, Berlin 1905

C

Teekanne, Marianne Brandt, 1924

Arbeitszimmer
von Walter Gropius, 1924

Liege, Marcel Breuer, 1936-37

2 Zwei Zimmer

Schauen Sie sich die Fotos B und D genauer an.

a. Welche Ausdrücke passen Ihrer Meinung nach zu dem einen oder dem anderen Bild? Ihre Mitschüler können reagieren, wenn sie nicht einverstanden sind.

→ *Ich würde sagen, „helle Farben“ passt zum Foto ...*

helle Farben – dunkel – wenig Platz – altmodisch – modern – ein gelber Sessel – praktisch – ein großes Fenster – überladen – klare, gerade Linien, einfache Formen – viel Dekoration – ein bunter Wandteppich – eine stickige Atmosphäre – ein schwerer Lüster

b. Beschreiben Sie nun kurz die beiden Fotos.

→ *Das Foto B stellt ... dar, das Foto D ...*

c. Ziehen Sie Bilanz: Was wollten die Künstler des Bauhauses? Was lehnten sie ab?

d. Welche der folgenden Devisen passen nicht zu den Ideen des Bauhauses? Begründen Sie Ihre Wahl.

TECHNIK ÜBER ALLES!
WENIGER IST MEHR!
MEHR DEKORATION!
TRENNUNG VON KUNST UND LEBEN!
NUR DAS PRAKTISCHE ZÄHLT!
ZURÜCK ZUR NATUR!

Aktion! Einen Flyer für das Bauhaus verfassen

Gestalten Sie einen Flyer mit dem Programm des Bauhauses. Sie können auch Bilder einfügen.

→ *Das Bauhaus setzt sich zum Ziel, ...*

etwa 40 Wörter

Baukasten
- Wir wollen ...
- Wir werden ...
- In Zukunft ...

1 Apprendre à écouter un enregistrement

➔ Arbeitsheft S. 59

1. Se préparer à l'écoute

■ Servez-vous des informations dont vous disposez, mobilisez vos connaissances :
→ À partir de l'illustration qui accompagne ici l'enregistrement, imaginez quelle est la situation, qui sont les personnes, sur quel ton elles peuvent parler.
→ Quels mots, quelles expressions allez-vous peut-être entendre ?

Schüler CD Piste 36

2. Se concentrer sur les points essentiels

■ Écoutez plusieurs fois l'enregistrement.
→ De quel type de document s'agit-il : interview en studio, reportage, conversation privée, discours officiel, exposé, publicité… ?

■ Soyez attentifs aux indices :
- Combien de voix entend-on ?
- Le message est-il souligné par de la musique ?
- Y a-t-il un bruit de fond (applaudissements, circulation…) ?

→ Wer? Qui sont les personnes qu'on entend ? Se tutoient-elles ou se vouvoient-elles ?
→ Wie? Sur quel ton se parlent-elles : irrité, neutre, enthousiaste… ?
→ Was? De quoi est-il question ? Les personnes sont-elles d'accord ?

3. Entrer dans les détails

■ Pour comprendre plus finement le document, soyez tout particulièrement attentif :
- aux répétitions, aux mots transparents, empruntés à d'autres langues ;
- aux mots accentués.

Voici par exemple le script d'une des plus longues répliques :

> Ja, schon, aber ich habe in letzter Zeit viel nachgedacht. Also, das ist wirklich, was ich machen will. Du weißt doch, dass ich schon auf der Schule viel Theater gespielt habe. Und ich glaube auch, dass ich Talent habe.
> Jedenfalls habe ich immer nur Komplimente gehört, von meinen Schulkameraden, von den Lehrern, sogar von echten Schauspielern!

D'après vous, quels sont les mots les plus importants ? Réécoutez ce passage : quels sont les mots accentués ?

■ Réécoutez à présent l'enregistrement, à la recherche de précisions sur :
→ les arguments avancés ;
→ la conclusion de l'échange.
N'essayez pas de tout comprendre. Concentrez-vous sur les informations demandées.
Prenez des notes brèves, sous forme de mots-clés, à compléter au fil des écoutes.
Pour finir, classez vos notes (que dit l'un ? que dit l'autre ?).

4. Reformuler le message à partir de ses notes

Par exemple, en écoutant le début de l'enregistrement, quelqu'un a noté :

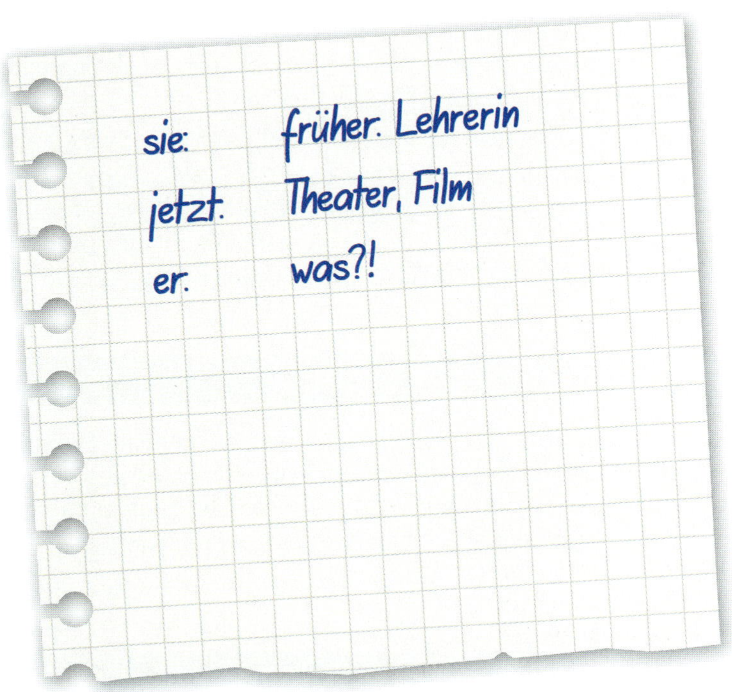

■ Aidez-vous de ces notes pour rendre compte des premières répliques. Continuez ensuite avec vos propres notes.

2 Apprendre à lire un texte

➔ Arbeitsheft S. 60

1. Préparer la lecture

■ Servez-vous tout d'abord des indices « autour du texte » : lisez page 141 le titre, l'introduction, cherchez la source (journal, roman, autobiographie…), regardez l'illustration.
→ De quel type de texte s'agit-il (récit, article, publicité…) ?
→ Essayez à présent d'imaginer ce que peut raconter ce texte.

2. Bien entrer dans le texte

■ Lisez le premier paragraphe (jusqu'à la ligne 11).
→ Vos hypothèses étaient-elles exactes ?
→ Quels sont les mots qui vous aident ici à comprendre la situation ?
→ Essayez d'anticiper. Quels sentiments éprouve sans doute Moni ? Que peut-il se passer ? Quels mots allez-vous peut-être rencontrer ?

3. Rechercher les informations essentielles

■ Lisez à nouveau l'introduction, puis tout le texte, sans vous laisser arrêter par ce que vous ne comprenez pas. N'oubliez pas de lire aussi les notes en bas de page.
→ Quand se passe l'histoire ? (Wann?)
→ Où précisément se passe l'action ? (Wo?)
→ Que fait Moni dans ce lieu ? (Was?)
→ Moni est le personnage principal. Qui sont les autres personnages ? Avons-nous des informations à leur sujet ? (Wer?)

■ Faites la synthèse de ces informations. Comprenez-vous à présent mieux le titre ?

Si vous ne comprenez pas un mot qui vous semble essentiel, essayez d'en déduire le sens
→ par sa composition : Eingangstür (l. 6) = Eingang(s) + Tür. De quelle porte s'agit-il ?
→ par le contexte : besetzt (l. 19) : à mettre en relation avec deux informations :
Aber hier ist kein Platz mehr (l. 17) et zur ersten Reihe, in der sind noch zwei Stühle frei (l. 21).

4. Comprendre les détails

■ Relisez une nouvelle fois tout le texte, à la recherche de précisions sur :
• Moni : plusieurs passages indiquent que Moni est encore petite : lesquels ? Plusieurs passages nous informent sur ce que pense Moni : lesquels ?
• les autres personnages : la fin du texte est un dialogue. Que dit Moni ? Que dit l'autre personnage ?

5. Interpréter le texte, comprendre « entre les lignes »

→ Qu'apprend ici le lecteur sur le caractère de Moni ? Comment interprétez-vous des phrases comme : Ich heiße Monika, und ich habe keine Angst. (l. 16) et Ich bin genauso schlau wie die anderen. (l. 21-22)
→ Quelle peut être la suite de l'histoire ?

Ein neues Leben?

Hamburg, 1955. Monika (Moni) wohnt mit ihrer Mutter in einer kleinen Wohnung. Sie ist eine der besten Schülerinnen ihrer Klasse. Heute ist ein großer Tag für sie.

Die Schule sieht aus, wie alle Schulen aussehen, groß und dunkel und ein bisschen bedrohlich. Man muss draußen eine Treppe hochsteigen, bevor man zur Eingangstür kommt, das ist bei allen Schulen so, und die Eingangstür ist so schwer, dass Moni sie gar nicht richtig aufdrücken kann. Aber das ist ja hier auch eine Schule für die Großen, denkt Moni. Die stärker sind als ich. Die sind ja schon alle älter, manche sind sogar schon fast zwanzig. (…)

Auf einer Tafel im Eingang steht, wohin man gehen muss, wenn man die Aufnahmeprüfung[1] machen will. Vielleicht wäre es doch nicht so schlecht, wenn Mutti (…) mitgekommen wäre und Moni jetzt an die Hand nehmen könnte und mit ihr zu dem Klassenraum gehen, in dem schon bestimmt vierzig Mädchen in ihren Sonntagssachen sitzen. (…) Ich heiße Monika Schleier und gehöre hierher. Ich heiße Monika, und ich habe keine Angst.

„Moni!", ruft Gila von ganz hinten. „Huhu! Hier sind wir! (…) Aber hier ist kein Platz mehr", sagt Gila bedauernd. „Siehst du ja. Wir dachten schon, du kommst gar nicht mehr."

Moni nickt. (…) Sie sieht, dass die hintere Reihe[2] besetzt ist und die Reihen davor. Warum hat sie das nicht gleich gemerkt. Jetzt muss sie ganz alleine durch den Gang nach vorne gehen bis zur ersten Reihe, in der sind noch zwei Stühle frei. Und alle gucken sie an. Ich bin genauso schlau[3] wie die anderen, denkt Moni. Und wenn das hier nicht klappt, gehe ich auf die Mittelschule. Das ist auch was Feines.

„Puuuh!", sagt eine Stimme neben ihr. Dann lässt sich ein Mädchen auf den allerletzten Platz plumpsen. „Das wäre jetzt was gewesen, was? Zu spät gleich am ersten Tag! (…) Ich heiße Heike", sagt das Mädchen und legt seine Federtasche[4] auf den Tisch. „Na, bitte sehr. Jetzt können sie anfangen".

„Ich heiße Monika", sagt Moni.

„Hast du auch Schiss[5]?", fragt Heike (…). „Ich konnte gar nicht einschlafen gestern. Meine Mutter hat mir Zuckerwasser gemacht."

Moni nickt. „Doch", sagt sie.

Aber schlafen konnte sie gut in der letzten Nacht. Schlafen kann Moni eigentlich immer.

Aus: Kirsten Boie, *Monis Jahr*

1. die Aufnahmeprüfung(en) *l'examen d'entrée* **2.** die Reihe(n) *le rang* **3.** schlau *intelligent* **4.** die Federtasche(n) *la trousse* **5.** Schiss haben *(fam.) avoir la trouille*

3 Apprendre à s'exprimer en continu

➔ *Arbeitsheft S. 61*

1. Faire un plan

– Précisez en introduction quel sujet vous allez traiter.
– Structurez votre intervention.
– Prévoyez une conclusion.

COMPTE RENDU (BERICHT)

- Das letzte Mal haben wir
  - einen literarischen Text / einen Presseartikel gelesen.
  - eine Reportage / ein Interview gehört.
  - einen Werbespot / einen Auszug aus einem Film / aus einer Fernsehreportage gesehen.
- In diesem Text / Artikel / Film / Interview / in dieser Reportage handelt es sich um …
- Am Anfang … Dann … Am Ende / Schließlich …
- Der Text hat mir gefallen, denn …
- Ich fand den Artikel interessant, denn …

EXPOSÉ (REFERAT)

- Ich möchte heute über … sprechen.
- Zuerst werde ich kurz den historischen Kontext schildern.
- In einem zweiten Teil möchte ich … beschreiben / darlegen.
- Schließlich werde ich auf … eingehen.
- Zum Schluss möchte ich die wichtigsten Punkte meines Referats zusammenfassen …

2. Se préparer

– Rédigez entièrement l'introduction et la conclusion. Vous pouvez les apprendre par cœur, pour vous rassurer.
– Rédigez également les transitions. Pour le reste de votre intervention, prenez des notes très brèves (mots-clés, expressions) que vous insérerez dans votre plan.
– Entraînez-vous à vous exprimer en ne regardant vos notes que par moments. Vous pouvez vous enregistrer.

3. S'exprimer de façon convaincante

– Parlez à haute et intelligible voix, évitez un débit rapide. Regardez votre public.
– Employez le moins possible de mots rares ou d'expressions trouvées dans un dictionnaire : vos camarades risquent de ne pas les comprendre. Si vous ne pouvez pas les éviter, attendez-vous à devoir les expliquer, les reformuler ou à utiliser le tableau pour clarifier vos explications.
– N'hésitez pas à répéter les points importants en employant des formulations différentes.
– Évitez les longues phrases complexes et difficiles à suivre.
– Si vous faites un exposé, préparez des documents visuels (dessins, graphiques, photos, présentation PowerPoint…) que vous pourrez vidéoprojeter.
– Prévoyez de répondre aux questions de vos camarades, notamment à la fin d'un exposé.

4 Apprendre à s'exprimer en interaction

➔ *Arbeitsheft S. 62*

1. Anticiper le contenu de l'échange

INTERVIEW, DIALOGUE (INTERVIEW, DIALOG)

Mettez-vous d'accord (en binôme, en groupe) sur un plan : sur quoi porteront les questions ? Dans quel ordre seront-elles posées?

DÉBAT (DEBATTE)

Quel point de vue allez-vous défendre ? Avec quels arguments ?

2. Se préparer

– Vous pouvez rédiger quelques phrases importantes : début et fin de l'interview, formulation de quelques arguments pour un débat.
– Comme vous ne pouvez pas exactement prévoir en détail le déroulement de l'échange, notez simplement les mots et expressions qui pourront vous être utiles. Classez ces notes.
– Entraînez-vous à construire des phrases complètes en ne regardant vos notes que par moments. Vous pouvez vous enregistrer.

3. Respecter les règles de ce type d'échange

– Regardez votre interlocuteur, soyez attentif à ses propos. Dans une interview, veillez à ce que les questions et les réponses s'enchaînent logiquement. Au cours d'un débat, vous pouvez prendre quelques notes, pour être en mesure de répondre avec précision aux arguments avancés.
– Vous pouvez avoir besoin d'un moyen d'expression que vous ne connaissez pas ou que vous avez oublié. Essayez de formuler différemment la même idée (voir p. 144).
– Si vous voulez gagner du temps ou masquer une hésitation, utilisez des expressions comme : Was mich betrifft, so denke ich … (En ce qui me concerne, je pense…) Eins möchte ich betonen … (Il y a une chose que je voudrais souligner…). Pour résumer ou redire en d'autres termes, pensez à : kurz und gut (bref), mit anderen Worten (en d'autres termes).
– N'oubliez pas que l'intonation est importante. Elle permet notamment de bien distinguer une affirmation d'une interrogation ou d'une exclamation. Entraînez-vous à lire à haute voix les expressions suivantes :

- pour demander son avis à votre interlocuteur :
  Was meinst du / meinen Sie?
  Was sagst du / sagen Sie dazu?
- pour lui demander de préciser sa pensée :
  Was meinst du / meinen Sie damit?
  Was willst du / wollen Sie damit sagen?
- pour répondre à un argument :
  Kann sein, aber …
  Mag sein, aber …
  Ja schon, aber …
- pour dire qu'on est d'accord :
  Das denke ich auch. Das stimmt. Richtig!
  Genau!
  Du hast / Sie haben Recht.
- pour exprimer son désaccord :
  Damit bin ich gar nicht einverstanden.
  Das ist nicht wahr. Das stimmt nicht!
  So ein Unsinn!
- pour demander de répéter :
  Kannst du / Können Sie bitte wiederholen?
- pour dire qu'on n'a pas compris :
  Ich habe das nicht verstanden.
- pour s'assurer qu'on est bien compris :
  Verstehst du / Verstehen Sie, was ich meine?

5 Apprendre à écrire

➔ Arbeitsheft S. 63

UN RÉCIT (EINE ERZÄHLUNG)

Vous devez raconter un événement, résumer une histoire, inventer une suite…

1. Faire un plan

– Précisez le contexte (quand ? où ?).
– Décrivez l'événement / la scène.
– Prévoyez une conclusion / une chute (Pourquoi cet événement est-il important ? / Quelles en ont été les conséquences ? / Comment s'est terminée l'histoire ? ...).

2. Mobiliser ses connaissances lexicales

■ N'essayez pas de traduire des phrases pensées en français ou de dire tout ce que vous souhaiteriez exprimer. Faites l'inverse :
– listez les mots et expressions que vous connaissez et qui sont en rapport avec le sujet ;
– adaptez le contenu à vos possibilités d'expression.

■ Si vous avez oublié un mot ou si vous ne le connaissez pas, habituez-vous à formuler différemment la même idée.
Ex. : vous avez oublié comment on dit « les spectateurs ». Dites : les gens qui étaient là. Die Leute, die da waren.
Ex. : vous avez oublié le terme qui correspond à « ennuyeux ». Dites le contraire : « pas intéressant ».

3. Structurer le récit

Un récit écrit n'est pas seulement une suite de phrases sans lien.
→ Comment allez-vous exprimer la cause ?
→ Comment justifierez-vous une affirmation ? (➔ ***Précis grammatical p. 168***)

Ex. : Ich habe keine Karten gekauft; sie waren zu teuer.
Ich habe keine Karten gekauft, weil sie zu teuer waren.
Ex. : Wir sind nicht spazieren gegangen; es war zu kalt.
Wir sind nicht spazieren gegangen, denn es war zu kalt.

Si vous racontez une histoire passée.
→ Quel temps allez-vous employer ? (voir p. 26)
→ Utiliserez-vous als ou wenn pour dater les événements ? De quels autres éléments aurez-vous besoin pour le datage ou la chronologie ? (➔ ***Précis grammatical p. 166***)

4. Se relire

Vérifiez :
→ la forme et la place des verbes conjugués.
→ les marques des groupes nominaux.
→ si vous avez mis une majuscule aux noms communs. Vérifiez leur genre et leur pluriel dans un dictionnaire.
→ si les propositions sont séparées par une virgule.

UN CONTE (EIN MÄRCHEN)

Respectez les caractéristiques de ce genre.
– On trouve toujours les mêmes formules au début et à la fin du récit.
Es war einmal …
Und wenn sie nicht gestorben sind, dann leben sie noch heute.

– On ne donne pas de précisions sur le temps et le lieu :
Vor langer Zeit … (il y a longtemps)
In einer fernen Gegend … (dans une contrée éloignée)

– Le héros / l'héroïne doit surmonter une épreuve :
Eines Tages … (un jour)
Der Prinz / der König / der Riese … beschloss, … (le prince / le roi / le géant décida…)

– L'histoire se termine bien.

– Les phrases sont courtes, il y a souvent des répétitions.

UN CV, UNE BIOGRAPHIE

■ Un CV (ein Lebenslauf) se présente généralement sous forme de tableau :

Name:	Weidner
Vorname(n):	Boris
Geburtsdatum/-ort:	3. Mai 1991 in Leipzig
Anschrift:	Schwalbenweg 5
	04105 Leipzig
Familienstand:	ledig
Kinder:	keine
Staatsangehörigkeit:	deutsch
Schulbildung:	2009 Abitur
	Seit 2009: Studium der Informatik
Auslandserfahrung:	2007: Schüleraustausch in Dublin (Irland)
Beruf/Berufserfahrung:	August 2010 Praktikum bei IBM
Sprachen:	Englisch: fließend
	Französisch: gut
Hobbys:	Musik, Sport (Eishockey)

■ Une biographie (eine Biografie) peut également se présenter sous cette forme (cf. ci-dessous) ou être entièrement rédigée.

Willy Brandt, Bundeskanzler von 1969 bis 1974

1913: am 18. Dezember in Lübeck geboren
1933: Emigration nach Norwegen, dort als Journalist tätig
1947: bekommt die deutsche Staatsangehörigkeit wieder
1949: in den Bundestag gewählt
1957: Bürgermeister von Berlin (bis 1966)
1966: Bundesminister des Auswärtigen
1969: Bundeskanzler der BRD
1971: Friedensnobelpreis
1972: Wiederwahl zum Bundeskanzler
1974: Rücktritt vom Amt des Bundeskanzlers
1992: am 8. Oktober gestorben

Méthodologie

■ **Moyens d'expression utiles :**

- geboren werden être né → Er wurde am 18. Dezember 1913 in Lübeck geboren.
- aufwachsen (u, a, ä) grandir → Mein Vater wuchs in Baden-Württemberg auf.
- ledig célibataire / verheiratet marié(e) / verwitwet veuf / veuve / geschieden divorcé(e)
- heiraten se marier → Er heiratete 1947.
- Mit 19 Jahren ... Im Alter von 19 Jahren ... Als er 19 war ... À 19 ans…
- Abitur machen passer son bac
- das Studium les études supérieures
- studieren faire des études → Von 1982 bis 1985 studierte sie Mathematik an der Uni Regensburg.
- ein Praktikum / eine Lehre / einen Kurs machen faire un stage / un apprentissage / suivre un cours
- Auslandserfahrung haben avoir vécu à l'étranger
- als ... tätig sein travailler comme → Sie war als Ärztin tätig.
- Bürgermeister / Bürgermeisterin, Kanzler / Kanzlerin werden devenir maire, chancelier / chancelière

UNE LETTRE (EIN BRIEF)

■ An einen Freund / eine Freundin

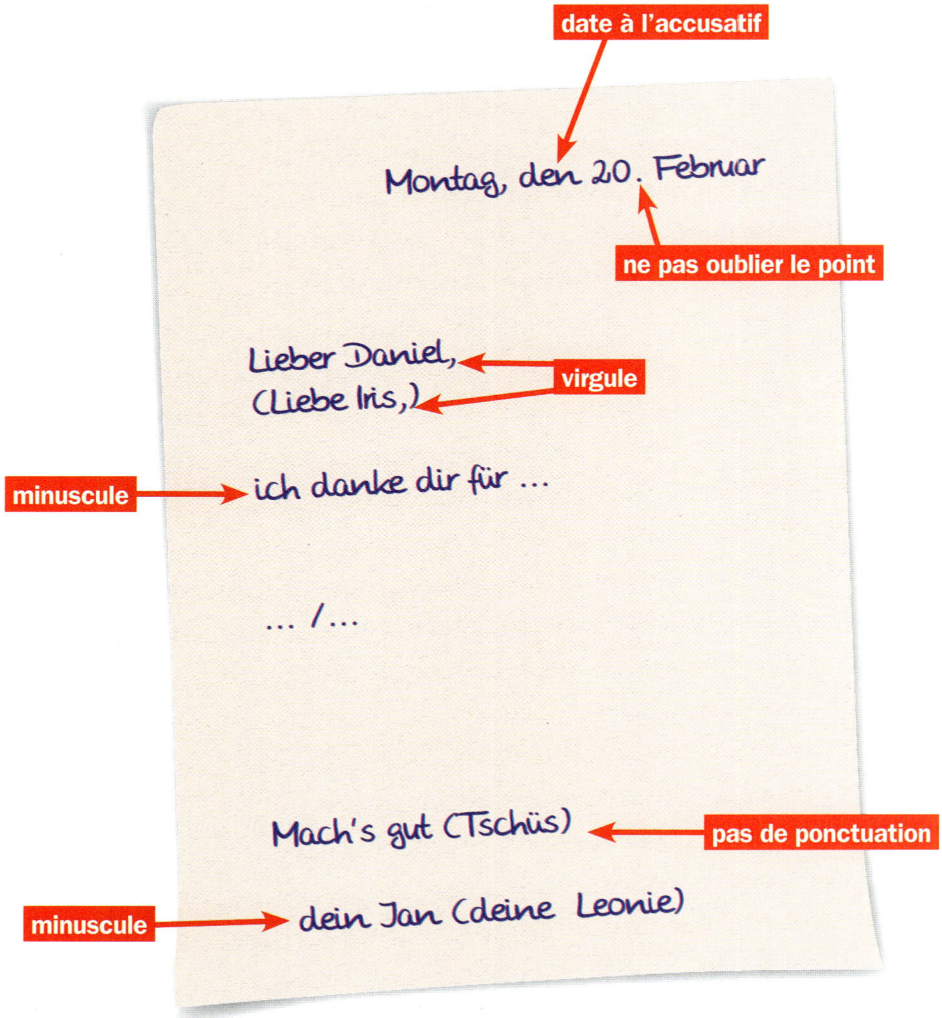

■ Offizieller Brief

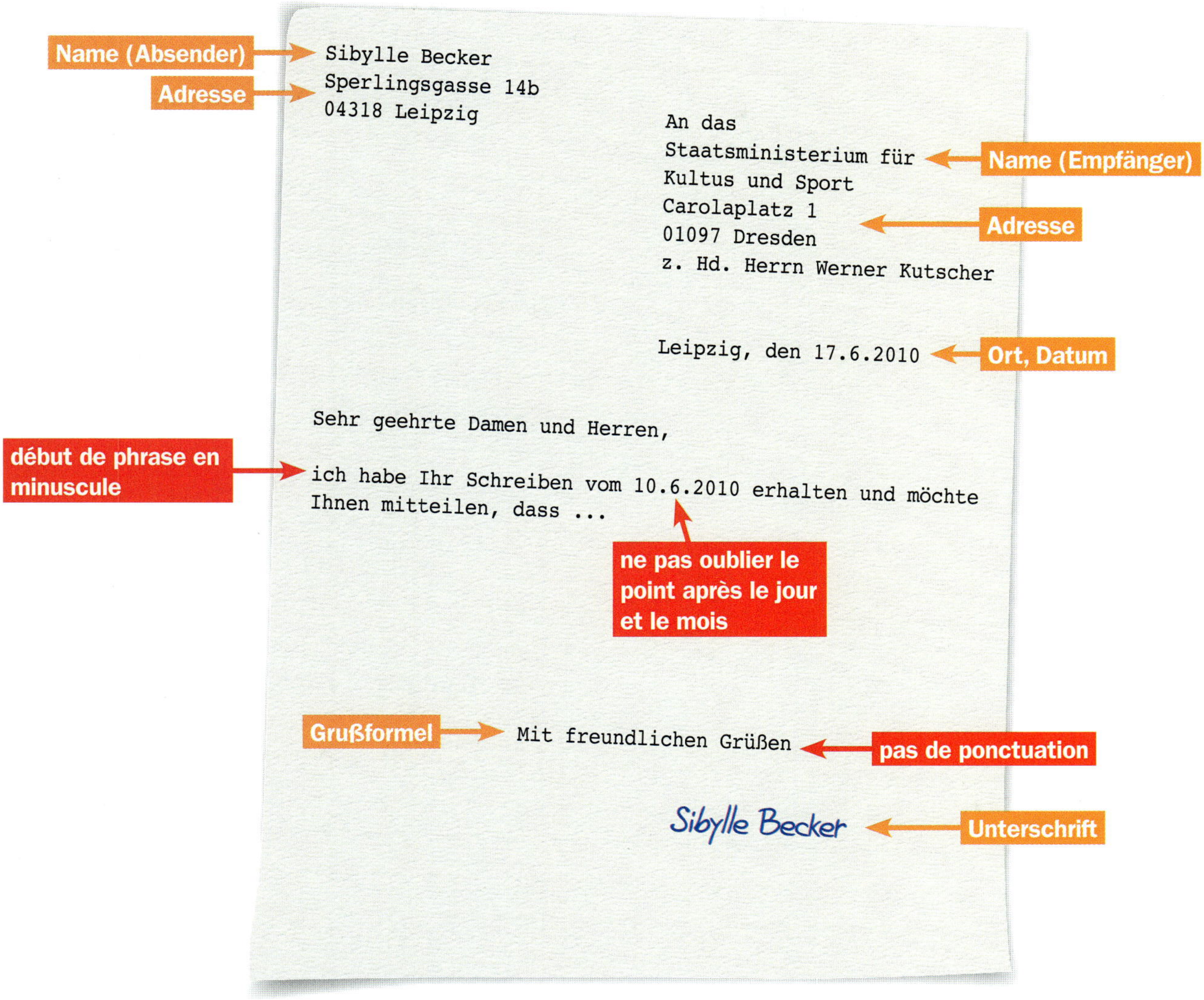
Sibylle Becker
Sperlingsgasse 14b
04318 Leipzig

An das
Staatsministerium für
Kultus und Sport
Carolaplatz 1
01097 Dresden
z. Hd. Herrn Werner Kutscher

Leipzig, den 17.6.2010

Sehr geehrte Damen und Herren,

ich habe Ihr Schreiben vom 10.6.2010 erhalten und möchte Ihnen mitteilen, dass ...

Mit freundlichen Grüßen

Sibylle Becker

UN MAIL (EINE MAIL)

Selon la personne à qui l'on écrit, le mail reprendra les formulations propres à la lettre personnelle ou officielle. On peut aussi trouver des formules plus familières.

Précis grammatical

Sommaire

I. Le verbe

1 Les auxiliaires

Indicatif

	sein	haben	werden
Présent	ich bin du bist er / es / sie ist wir sind ihr seid sie sind Sie sind	ich habe du hast er / es / sie hat wir haben ihr habt sie haben Sie haben	ich werde du wirst er / es / sie wird wir werden ihr werdet sie werden Sie werden
Prétérit	ich war du warst er / es / sie war wir waren ihr wart sie waren Sie waren	ich hatte du hattest er / es / sie hatte wir hatten ihr hattet sie hatten Sie hatten	ich wurde du wurdest er / es / sie wurde wir wurden ihr wurdet sie wurden Sie wurden
Parfait	ich bin gewesen	ich habe gehabt	ich bin geworden
Plus-que-parfait	ich war gewesen	ich hatte gehabt	ich war geworden
Futur	ich werde sein	ich werde haben	ich werde werden

Subjonctif I*

	sein	haben	werden
Présent	ich sei du sei(e)st er / es / sie sei wir seien ihr seiet sie seien Sie seien	ich habe du habest er / es / sie habe wir haben ihr habet sie haben Sie haben	ich werde du werdest er / es / sie werde wir werden ihr werdet sie werden Sie werden
Passé	ich sei gewesen	ich habe gehabt	ich werde werden

*Les formes en vert sont identiques aux formes correspondantes de l'indicatif.

Subjonctif II

	sein	haben	werden
Présent	ich wäre du wärest er / es / sie wäre wir wären ihr wäret sie wären Sie wären	ich hätte du hättest er / es / sie hätte wir hätten ihr hättet sie hätten Sie hätten	ich würde du würdest er / es / sie würde wir würden ihr würdet sie würden Sie würden
Passé	ich wäre gewesen	ich hätte gehabt	ich würde werden

2 Les verbes de modalité

Indicatif

	können	dürfen	wollen
Présent	ich kann du kannst er / es / sie kann wir können ihr könnt sie können Sie können	ich darf du darfst er / es / sie darf wir dürfen ihr dürft sie dürfen Sie dürfen	ich will du willst er / es / sie will wir wollen ihr wollt sie wollen Sie wollen
	mögen	**müssen**	**sollen**
	ich mag du magst er / es / sie mag wir mögen ihr mögt sie mögen Sie mögen	ich muss du musst er / es / sie muss wir müssen ihr müsst sie müssen Sie müssen	ich soll du sollst er / es / sie soll wir sollen ihr sollt sie sollen Sie sollen
	können	**dürfen**	**wollen**
Prétérit	ich konnte du konntest er / es / sie konnte wir konnten ihr konntet sie konnten Sie konnten	ich durfte du durftest er / es / sie durfte wir durften ihr durftet sie durften Sie durften	ich wollte du wolltest er / es / sie wollte wir wollten ihr wolltet sie wollten Sie wollten
	mögen	**müssen**	**sollen**
	ich mochte du mochtest er / es / sie mochte wir mochten ihr mochtet sie mochten Sie mochten	ich musste du musstest er / es / sie musste wir mussten ihr musstet sie mussten Sie mussten	ich sollte du solltest er / es / sie sollte wir sollten ihr solltet sie sollten Sie sollten
Parfait	ich habe gekonnt / gedurft / gewollt / gemocht / gemusst / gesollt**		
Plus-que-parfait	ich hatte gekonnt / gedurft / gewollt / gemocht / gemusst / gesollt**		
Futur	ich werde können / dürfen / wollen / mögen / müssen / sollen		

**Après un infinitif, le participe II des verbes de modalité est : können / dürfen / wollen / mögen / müssen / sollen (forme identique à celle de l'infinitif).

Ex. : Ich habe den ganzen Tag arbeiten müssen.

C'est aussi le cas des quatre verbes suivants : lassen, brauchen, sehen, hören.

Subjonctif I*

	können	dürfen	wollen
Présent	ich könne du könnest er / es / sie könne wir können ihr könnet sie können Sie können	ich dürfe du dürfest er / es / sie dürfe wir dürfen ihr dürfet sie dürfen Sie dürfen	ich wolle du wollest er / es / sie wolle wir wollen ihr wollet sie wollen Sie wollen
	mögen	**müssen**	**sollen**
Présent	ich möge du mögest er / es / sie möge wir mögen ihr möget sie mögen Sie mögen	ich müsse du müssest er / es / sie müsse wir müssen ihr müsset sie müssen Sie müssen	ich solle du sollest er / es / sie solle wir sollen ihr sollet sie sollen Sie sollen
Passé	ich habe gekonnt / gedurft / gewollt / gemocht / gemusst / gesollt**		

*Les formes en vert sont identiques aux formes correspondantes de l'indicatif.

Subjonctif II

	können	dürfen	wollen
Présent	ich könnte du könntest er / es / sie könnte wir könnten ihr könntet sie könnten Sie könnten	ich dürfte du dürftest er / es / sie dürfte wir dürften ihr dürftet sie dürften Sie dürften	ich wollte du wolltest er / es / sie wollte wir wollten ihr wolltet sie wollten Sie wollten
	mögen	**müssen**	**sollen**
Présent	ich möchte du möchtest er / es / sie möchte wir möchten ihr möchtet sie möchten Sie möchten	ich müsste du müsstest er / es / sie müsste wir müssten ihr müsstet sie müssten Sie müssten	ich sollte du solltest er / es / sie sollte wir sollten ihr solltet sie sollten Sie sollten
Passé	ich hätte gekonnt / gedurft / gewollt / gemocht / gemusst / gesollt**		

**Après un infinitif, le participe II des verbes de modalité est :
können / dürfen / wollen / mögen / müssen / sollen (forme identique à celle de l'infinitif).

Ex. : (Er sagte), er habe zu Hause bleiben müssen.
Ich hätte kommen können.

→ Emploi et sens des verbes de modalité :

• L'autorisation / l'interdiction de faire qqch. (p. 171) • Pouvoir / savoir : Ich kann dich verstehen. / Sie kann Deutsch. • Aimer : Ich mag Schokolade. • Vouloir / ne pas vouloir faire qqch. (p. 172) • Avoir l'obligation / ne pas être obligé de faire qqch. (p. 171) • Le degré de certitude, la modalisation (p. 172)

3 Le verbe *wissen*

	Indicatif	**Subjonctif I***	**Subjonctif II**
Présent	ich weiß du weißt er / es / sie weiß wir wissen ihr wisst sie wissen Sie wissen	ich wisse du wissest er wisse wir wissen ihr wisset sie wissen Sie wissen	ich wüsste du wüsstest er / es / sie wüsste wir wüssten ihr wüsstet sie wüssten Sie wüssten
Prétérit	ich wusste du wusstest er / es / sie wusste wir wussten ihr wusstet sie wussten Sie wussten	Passé ich habe gewusst	Passé ich hätte gewusst
Parfait	ich habe gewusst		
Plus-que-parfait	ich hatte gewusst		
Futur	ich werde wissen		

* Les formes en vert sont identiques aux formes correspondantes de l'indicatif.

4 Les verbes faibles

Le radical d'un verbe faible ne change pas.

Ex. : lernen → radical lern-
arbeiten → radical arbeit-
(Les verbes dont le radical se termine par -t, -d, -tm et -chn prennent un e intercalaire à certaines formes.)

Indicatif

	lernen	**arbeiten**
Présent	ich lerne du lernst er / es / sie lernt wir lernen ihr lernt sie lernen Sie lernen	ich arbeite du arbeitest er / es / sie arbeitet wir arbeiten ihr arbeitet sie arbeiten Sie arbeiten
Prétérit	ich lernte du lerntest er / es / sie lernte wir lernten ihr lerntet sie lernten Sie lernten	ich arbeitete du arbeitetest er / es / sie arbeitete wir arbeiteten ihr arbeitetet sie arbeiteten Sie arbeiteten
Parfait	ich habe gelernt**	ich habe gearbeitet**
Plus-que-parfait	ich hatte gelernt**	ich hatte gearbeitet**
Futur	ich werde lernen	ich werde arbeiten

** Voir p. 153

Subjonctif I*

Présent	ich lerne du lernest er / es / sie lerne wir lernen ihr lernet sie lernen Sie lernen	ich arbeite du arbeitest er / es / sie arbeite wir arbeiten ihr arbeitet sie arbeiten Sie arbeiten
Passé	ich habe gelernt**	ich habe gearbeitet**

*Les formes en vert sont identiques aux formes correspondantes de l'indicatif.

Subjonctif II***

Présent *peu utilisé*	ich lernte du lerntest er / es / sie lernte wir lernten ihr lerntet sie lernten Sie lernten	ich arbeitete du arbeitetest er / es / sie arbeitete wir arbeiteten ihr arbeitetet sie arbeiteten Sie arbeiteten
Passé	ich hätte gelernt**	ich hätte gearbeitet**

***Il existe aussi une forme composée : würde + infinitif, qu'on emploie la plupart du temps pour les verbes faibles.

Impératif

	On s'adresse à une personne	**On s'adresse à deux personnes ou plus**
qu'on tutoie	Lerne!	Lernt!
qu'on vouvoie	Lernen Sie!	

**Choix de l'auxiliaire au parfait et au plus-que-parfait

Les verbes intransitifs exprimant un déplacement dans l'espace ou un changement forment leurs temps composés du passé à l'aide de l'auxiliaire sein.

Ex. : erwachen → Er ist erwacht.
reisen → Er ist gereist.

Formation du participe II : *ge-* + radical + *-t*

Certains verbes ne prennent pas de ge- au participe II :

- les verbes qui ne sont pas accentués sur la première syllabe :
  Ex. : übersetzen (traduire), überlegen (réfléchir)
- les verbes commençant par un préverbe inséparable et notamment be-, emp-, ent-, er-, ge-, miss-, ver-, zer-
  Ex. : beobachten → beobachtet
- les verbes d'origine étrangère se terminant par -ieren :
  Ex. : präsentieren → präsentiert

5 Les verbes forts

Le radical d'un verbe fort n'est pas stable. Il peut prendre un *Umlaut* à la 2e et à la 3e personne du présent de l'indicatif ou bien la voyelle du radical peut changer.

Ex. : schlafen, er schläft, er schlief, er hat geschlafen.

kommen	Indicatif	Subjonctif I*	Subjonctif II***
Présent	ich komme du kommst er / es / sie kommt wir kommen ihr kommt sie kommen Sie kommen	ich komme du kommest er / es / sie komme wir kommen ihr kommet sie kommen Sie kommen	ich käme du kämest er / es / sie käme wir kämen ihr kämet sie kämen Sie kämen
Prétérit	ich kam du kamst er / es / sie kam wir kamen ihr kamt sie kamen Sie kamen	Passé ich sei gekommen**	Passé ich wäre gekommen**
Parfait	ich bin gekommen**		
Plus-que-parfait	ich war gekommen**	*Les formes en vert sont identiques aux formes correspondantes de l'indicatif.	
Futur	ich werde kommen		

**Choix de l'auxiliaire au parfait et au plus-que-parfait

Les verbes intransitifs exprimant un déplacement dans l'espace ou un changement ainsi que bleiben forment leurs temps composés du passé à l'aide de l'auxiliaire sein.

Ex. : laufen → ich bin gelaufen.

Formation du participe II : *ge-* + forme de radical + *-en*

Certains verbes ne prennent pas de ge- au participe II :

- les verbes qui ne sont pas accentués sur la première syllabe :

  Ex. : widersprechen (contredire) → widersprochen

- les verbes commençant par un préverbe inséparable et notamment be-, emp-, ent-, er-, ge-, miss-, ver-, zer-.

  Ex. : verstehen → verstanden

***Subjonctif II présent

Il est formé sur le radical du prétérit. Si la voyelle du radical est -a, -o ou -u, elle prend un *Umlaut* :

Ex. : geben → ich gäbe

L'emploi du subjonctif II présent est limité aujourd'hui à quelques verbes courants comme bleiben (→ ich bliebe), geben (→ ich gäbe), gehen (→ ich ginge), kommen (→ ich käme), laufen (→ ich liefe), sehen (→ ich sähe), tun (→ ich täte) ...

Pour les autres verbes, il est remplacé par une forme composé : würde + inf.

Impératif

	On s'adresse à une personne	On s'adresse à deux personnes ou plus
qu'on tutoie	Komm!	Kommt!
qu'on vouvoie	Kommen Sie!	

Les verbes qui transforment leur radical en -i ou en -ie à la 2e personne du singulier (indicatif présent) se conjuguent de la manière suivante :

		On s'adresse à une personne	On s'adresse à deux personnes
qu'on tutoie	nehmen	Nimm!	Nehmt!
	sehen	Sieh!	Seht!
qu'on vouvoie	nehmen	Nehmen Sie!	
	sehen	Sehen Sie!	

Les verbes qui transforment leur radical en ä à la 2e personne du singulier (indicatif présent) forment l'impératif sur le radical de l'infinitif → Lauf! / Lauft! / Laufen Sie!

6 Les verbes mixtes

Leur radical change, mais ils prennent -te au prétérit et leur participe II se termine par -t.

Infinitif	Prétérit	Participe II	
brennen	brannte	gebrannt	(brûler)
kennen	kannte	gekannt	(connaître)
nennen	nannte	genannt	(nommer)
rennen	rannte	gerannt	(courir)
senden	sandte	gesandt	(envoyer)
wenden	wandte	gewandt	(tourner)
bringen	brachte	gebracht	(apporter)
denken	dachte	gedacht	(penser)

7 Le passif

	Indicatif
Présent	ich werde ... participe II
Prétérit	ich wurde ... participe II
Parfait	ich bin ... participe II worden
Plus-que-parfait	ich war ... participe II worden
Futur	ich werde ... participe II werden

	Subjonctif I	Subjonctif II
Présent	ich werde ... participe II	ich würde ... participe II
Passé	ich sei ... participe II worden	ich wäre ... participe II worden

L'agent

Il n'est pas nécessaire de préciser qui réalise l'action :

Ex. : Heute wurde ein Bild von Picasso gestohlen.
→ On a volé aujourd'hui un tableau de Picasso. (On ne sait pas qui est le voleur.)
Der Präsident wurde gestern interviewt. → Le Président a été interviewé hier.
(Il est évident qu'il a été interviewé par des journalistes.)

Si l'on veut préciser l'agent, le complément d'agent est introduit par :

- von + D (l'agent est directement à l'origine de l'action)

Ex. : Die Kanzlerin wird von der Opposition scharf kritisiert.
→ La chancelière est vivement critiquée par l'opposition.

- durch + A (l'agent est le moyen ou l'intermédiaire)

Ex. : Das Haus wurde durch den Krieg zerstört.
→ La maison a été détruite par la guerre.

Utilisation particulière des formes du passif à la 3e personne

Au présent uniquement, pour donner un ordre :

– Nun wird gearbeitet! → Au travail, maintenant !

II. Le nom et le groupe nominal

1 Le système des marques

Un groupe nominal (introduit ou pas par un déterminatif) comporte un certain nombre d'indices (marques) qui peuvent fournir des informations sur le nombre, le genre, le cas.

Ex. : der Mann, das Kind, die Frau
die Männer, die Kinder, die Frauen

2 Les déterminatifs

Ils sont de natures diverses :

- **articles définis :** der, das, die, die (pl.)
- **articles indéfinis :** ein, ein, eine
  kein, kein, keine, keine (pl.)
- **possessifs :**
  1re pers. sg. — mein, mein, meine, meine (pl.)
  2e pers. sg. — dein, dein, deine, deine (pl.)
  3e pers. sg. — sein, sein, seine, seine (pl.) → « possesseur » masculin ou neutre
  ihr, ihr, ihre, ihre (pl.) → « possesseur » féminin
  1re pers. pl. — unser, unser, unsere, unsere (pl.)
  2e pers. pl. — euer, euer, eure, eure (pl.)
  3e pers. pl. — ihr, ihr, ihre, ihre (pl.)
  forme de politesse — Ihr, Ihr, Ihre, Ihre (pl.)
- **démonstratifs :** dieser, dieses, diese, diese (pl.)
  jener, jenes, jene, jene (pl.)
- **interrogatifs :** welcher, welches, welche, welche (pl.)?
  was für ein, was für ein, was für eine, was für (pl.)?

Les déterminatifs imprimés en rouge portent une marque à tous les cas.

3 La déclinaison du groupe nominal

Masculin singulier

		Masculin fort	Masculin faible*
Nominatif	der / (k)ein	Vater	Junge
Accusatif	den / (k)einen	Vater	Jungen
Datif	dem / (k)einem	Vater	Jungen
Génitif	des / (k)eines	Vaters	Jungen

*Les noms masculins faibles comme der Herr, der Bauer, der Nachbar, der Riese prennent -n aux autres cas que le nominatif.

Neutre singulier

			Cas particulier
Nominatif	das / (k)ein	Büro	Herz
Accusatif	das / (k)ein	Büro	Herz
Datif	dem / (k)einem	Büro	Herzen
Génitif	des / (k)eines	Büros	Herzens

Féminin singulier

Nominatif	die / (k)eine	Gruppe
Accusatif	die / (k)eine	Gruppe
Datif	der / (k)einer	Gruppe
Génitif	der / (k)einer	Gruppe

Formation du pluriel

La majorité des noms peuvent être mis au pluriel. On peut distinguer plusieurs « types » de pluriels. Il faut néanmoins apprendre systématiquement la forme du pluriel des noms.

	Masculin	Neutre	Féminin
–	der Arbeiter → die Arbeiter	das Fenster → die Fenster	
¨	der Garten → die Gärten		die Tochter → die Töchter
-e	der Tag → die Tage	das Heft → die Hefte	
¨e	der Fuß → die Füße		die Kunst → die Künste
-er	der Geist → die Geister	das Kind → die Kinder	
¨er	der Gott → die Götter	das Buch → die Bücher	
-(e)n	masculins faibles	das Herz → die Herzen	die Frau → die Frauen
-nen			die Arbeiterin → die Arbeiterinnen

Certains noms d'origine étrangère ont un pluriel particulier en :
-s : der Pulli → die Pullis, das Handy → die Handys, die Band → die Bands etc.
-en : das Album → die Alben, die Firma → die Firmen, das Museum → die Museen etc.

Déclinaison des noms au pluriel

			Pluriels en -n	Pluriels en -s
Nominatif	die / keine	Bücher	Frauen	Büros
Accusatif	die / keine	Bücher	Frauen	Büros
Datif	den / keinen	Büchern	Frauen	Büros
Génitif	der / keiner	Bücher	Frauen	Büros

4 Le groupe nominal complexe : expansion avant le nom → l'adjectif épithète

Première possibilité : un élément avant l'adjectif porte la marque indiquant le cas.

	Masculin	Neutre	Féminin	Pluriel
Nominatif	der junge Mann	das junge Mädchen	die junge Frau	die jungen Leute
Accusatif	den jungen Mann	das junge Mädchen	die junge Frau	die jungen Leute
Datif	dem jungen Mann	dem jungen Mädchen	der jungen Frau	den jungen Leuten
Génitif	des jungen Mannes	des jungen Mädchens	der jungen Frau	der jungen Leute

Deuxième possibilité : la marque n'est pas portée par un élément avant l'adjectif : l'adjectif porte alors la marque (sauf au génitif masculin et neutre où la marque est portée par le nom).

	Masculin	neutre	Féminin	Pluriel
Nominatif	frischer Fisch	leckeres Gebäck	frische Milch	frische Brötchen
Accusatif	frischen Fisch	leckeres Gebäck	frische Milch	frische Brötchen
Datif	frischem Fisch	leckerem Gebäck	frischer Milch	frischen Brötchen
Génitif	frischen Fisches	leckeren Gebäcks	frischer Milch	frischer Brötchen

Un adjectif substantivé (employé comme nom) continue à se décliner.
Ex. : ein Deutscher, der Deutsche, die Deutschen

5 Le groupe nominal complexe : expansion après le nom → le groupe relatif

Déclinaison du pronom relatif

	Masculin	Neutre	Féminin	Pluriel
Nominatif	der	das	die	die
Accusatif	den	das	die	die
Datif	dem	dem	der	denen
Génitif	dessen	dessen	deren	deren

Forme du pronom relatif

Elle dépend :
- de l'antécédent pour le nombre et le genre,
- de sa fonction dans le groupe relatif pour le cas.

Ex. : Der Deutschlehrer, den ich letztes Jahr hatte, …
→ Le professeur d'allemand que j'avais l'an dernier...

der Deutschlehrer : antécédent → singulier, masculin
Le relatif est à l'accusatif, puisqu'il est complément d'objet direct du verbe hatte.

Attention : Après un pronom relatif au génitif, l'article disparaît.

Ex. : Der Komponist, dessen Werke heute in der ganzen Welt gespielt werden, …
→ Le compositeur dont les œuvres sont jouées aujourd'hui dans le monde entier...

Autres pronoms relatifs

- welcher, -es, -e (emploi plus rare et surtout à l'écrit)
- was notamment lorsque l'antécédent est un élément neutre et indéfini.

Ex. : Alles, was du brauchst, … → Tout ce dont tu as besoin...
Das Schönste, was ich je gesehen habe … → La plus belle chose que j'aie jamais vue...

6 Les degrés de l'adjectif

On distingue :
- **le degré Ø** → eine schöne Frau
- **le degré 1** (appelé aussi comparatif) → eine schönere Frau
- **le degré 2** (appelé aussi superlatif) → die schönste Frau

Ces degrés concernent l'adjectif (Ex. ci-dessus) comme l'adverbe (Ex. ci-dessous).

Ex. : Er arbeitet viel. → Er arbeitet mehr. → Er arbeitet am meisten.
Er arbeitet schnell. → Er arbeitet schneller. → Er arbeitet am schnellsten.

Formation des degrés 1 et 2

Degré 1 : -er	Degré 2 : -st
Ex. : ein billigeres Auto	das billigste Auto
Das rote Auto ist billiger.	
Er fährt schneller.	Sie fährt am schnellsten.

Un certain nombre d'adjectifs usuels prennent l'inflexion aux degrés 1 et 2.

alt → älter → der älteste
arm → ärmer → der ärmste
dumm → dümmer → der dümmste
groß → größer → der größte
hart → härter → der härteste

jung	→ jünger	→ der jüngste
kalt	→ kälter	→ der kälteste
klug	→ klüger	→ der klügste
krank	→ kränker	→ der kränkste
kurz	→ kürzer	→ der kürzeste
lang	→ länger	→ der längste
scharf	→ schärfer	→ der schärfste
schwach	→ schwächer	→ der schwächste
schwarz	→ schwärzer	→ der schwärzeste
stark	→ stärker	→ der stärkste
warm	→ wärmer	→ der wärmste

Formations irrégulières

gern	→ lieber	→ am liebsten
gut	→ besser	→ der beste / am besten
hoch	→ höher	→ der höchste / am höchsten
nah	→ näher	→ der nächste / am nächsten
viel	→ mehr	→ am meisten

Le complément du degré 1 est introduit par als.

Ex. : Er ist größer als ich. → Il est plus grand que moi.

L'égalité

L'égalité est exprimée par la structure so ... wie.

Ex. : Er ist so groß wie ich. → Il est aussi grand que moi.

L'égalité peut être niée ou relativisée :

Ex. : Er ist nicht so groß wie ich. → Il est moins grand que moi.
Er ist fast so groß wie ich. → Il est presque aussi grand que moi.

Autres moyens d'exprimer la graduation

Graduation absolue :

- sehr (très), ganz (tout à fait), total (totalement), absolut (absolument), etc.

  Ex. : Er ist sehr nett. (Il est très sympa.)
  Das ist extrem spannend! (C'est extrêmement passionnant !)

Graduation relative :

- ziemlich (assez, moyennement)

  Ex. : Er ist ziemlich reich. (Il est relativement / assez riche.)

- wenig (peu), kaum (à peine), leicht (légèrement), ein wenig (ein bisschen) (un peu), etc.

  Ex. : Es war ein bisschen langweilig. (C'était un peu ennuyeux.)

- zu (trop)

  Ex. : Ich bin zu müde. (Je suis trop fatigué.)

- genug* (assez, suffisamment)

  Ex. : Er ist groß genug. (Il est suffisamment grand.)

*genug se place après l'adjectif.

Certains adjectifs composés permettent d'exprimer une graduation absolue :

Ex. : Es ist eiskalt draußen. → Il fait très froid dehors.
Er war schon schwerkrank. → Il était déjà très malade.

III. Les pronoms

1 Les pronoms personnels du dialogue

Ce sont les pronoms de la 1re et de la 2e personne (singulier et pluriel), ainsi que la forme de politesse.

Nominatif	ich	du	wir	ihr	Sie (forme de politesse)
Accusatif	mich	dich	uns	euch	Sie
Datif	mir	dir	uns	euch	Ihnen

2 Les pronoms personnels de la 3e personne

	Masculin	Neutre	Féminin	Pluriel
Nominatif	er	es	sie	sie
Accusatif	ihn	es	sie	sie
Datif	ihm	ihm	ihr	ihnen

3 Les pronoms possessifs du dialogue

	Représentant un nom masculin	Représentant un nom neutre	Représentant un nom féminin	Représentant un nom pluriel
1re pers. sg.	meiner	meines	meine	meine
2e pers. sg.	deiner	deines	deine	deine
1re pers. pl.	unserer	unseres	unsere	unsere
2e pers. pl.	eurer	eures	eure	eure
forme de politesse	Ihrer	Ihres	Ihre	Ihre

4 Les pronoms possessifs de la 3e personne

	Représentant un nom masculin	Représentant un nom neutre	Représentant un nom féminin	Représentant un nom pluriel
« Possesseur » masculin	seiner	seines	seine	seine
« Possesseur » neutre	seiner	seines	seine	seine
« Possesseur » féminin	ihrer	ihres	ihre	ihre
« Possesseur » pluriel	ihrer	ihres	ihre	ihre

5 Les pronoms personnels réfléchis

	1re pers. sg.	2e pers. sg.	3e pers. sg.	1re pers. pl.	2e pers. pl.	3e pers. pl.	Politesse
Accusatif	mich	dich	sich	uns	euch	sich	sich
Datif	mir	dir	sich	uns	euch	sich	sich

6 Les pronoms interrogatifs

Nominatif	Accusatif	Datif	Génitif
wer	wen	wem	wessen
was	was	–	–

IV. Les prépositions

1 Prépositions entraînant l'accusatif

bis	jusqu'à	ohne	sans
durch	à travers	(ohne … zu + inf. : ohne auf seine Antwort zu hören)	
für	pour	um	autour de
gegen	contre	wider	à l'encontre de

2 Prépositions entraînant le datif

aus	hors de (origine)	seit	depuis
bei	près de, chez*	von	venant de, à partir de
mit	avec	zu	vers, en direction de, chez
nach	vers, après		

*voir 5 ci-dessous (loc. / dir.)

3 Prépositions entraînant le génitif

*anstatt	au lieu de	*trotz	malgré
aufgrund	en raison de	*während	pendant
*dank	grâce à	*wegen	à cause de

*Ces prépositions peuvent aussi être suivies du datif.

4 Prépositions mixtes entraînant l'accusatif ou le datif

Sur les notions de locatif / directif voir ci-dessous 5.

an	contre (contact) / au bord de	neben	à côté de
auf	sur (contact)	über	au dessus de, en passant par
hinter	derrière	unter	sous
in	dans	zwischen	entre
vor	devant		

5 L'opposition locatif (lieu où l'on est) / directif (lieu où l'on va)

L'opposition locatif (question wo?) / directif (question wohin?) s'exprime

- essentiellement par l'opposition datif / accusatif à l'aide des prépositions mixtes (voir ci-dessus 4),
- souvent aussi par le choix du verbe.

Ex. : Er macht ein Praktikum in einem Reisebüro. → Il fait un stage dans une agence de voyage.
Ich muss noch ins Reisebüro (gehen). → Il faut encore que j'aille à l'agence de voyage.

Lorsqu'on ne peut marquer l'opposition datif / accusatif, parce qu'il n'y a pas d'article, ce qui est le cas pour la majorité des noms de pays et de ville, c'est le choix de la préposition qui indique s'il s'agit d'un locatif ou d'un directif.

	Locatif	**Directif**
in / nach	Mein Freund wohnt <u>in</u> Österreich.	Nächstes Jahr fahre ich <u>nach</u> Österreich.

Pour les noms de pays avec article, on a recours à l'opposition datif / accusatif. C'est le cas, par exemple, de die Schweiz, die Türkei, der Iran, der Irak, das Elsass et des pays désignés par des sigles : die USA (pl.), die BRD…

Ex. : Sie wurde in der DDR geboren. Damals durfte sie nicht in die BRD fahren.

Lorsqu'il s'agit de personnes, l'opposition est indiquée par :

	Locatif	**Directif**
bei / zu	Ich wohne <u>bei</u> einer Freundin.	Morgen fahre ich <u>zu</u> meinem Freund.

Problèmes particuliers
Traduction du français « à la maison » :
Locatif : Ich bin den ganzen Tag zu Hause. → Je suis toute la journée à la maison.
Directif : Ich bin jetzt müde: Ich gehe nach Hause. → Maintenant je suis fatigué : je rentre à la maison.

Opposition locatif / directif avec certains éléments lexicaux :

Locatif	Directif
wo? da, dort links, rechts, vorn, hinten, etc.	wohin? / wo ... hin? dahin, dorthin nach links, nach rechts, nach vorn, nach hinten, etc.

V. Rection des verbes et des adjectifs

Un certain nombre de verbes ou d'adjectifs sont suivis d'un groupe nominal introduit par une préposition.

Attention :
Er denkt an dich. (Il pense à toi.) An wen denkt er? (À qui pense-t-il ?)
Er denkt daran. (Il y pense.) Woran denkt er? (À quoi pense-t-il ?)
Vous trouverez ci-dessous les plus usuels.

	Verbes	Adjectifs
an + A	denken: penser à (sich) erinnern: se souvenir de (sich) gewöhnen: s'habituer à glauben: croire à (sich) wenden: s'adresser à	gewöhnt: habitué
an + D	(sich) beteiligen: participer à leiden: souffrir de (physiquement) mangeln: manquer de (sich) rächen: se venger de teilnehmen: participer à zweifeln: douter de	arm: pauvre en reich: riche en schuld: responsable de
auf + A	achten: prêter attention à antworten: répondre à aufpassen: faire attention à aufmerksam machen: attirer l'attention (sich) beziehen: se rapporter à (sich) freuen: se réjouir à l'avance hinweisen: attirer l'attention sur reagieren: réagir à Rücksicht nehmen: tenir compte de, avoir des égards pour schießen: tirer (avec une arme) verzichten: renoncer à (sich) vorbereiten: se préparer à warten: attendre Wert legen: attacher de l'importance à zählen: compter sur	böse: en colère contre eifersüchtig: jaloux de gespannt: impatient de, curieux de neidisch: jaloux de stolz: fier de wütend: furieux contre zornig: furieux contre
aus + D	bestehen: se composer de	
durch + A	(sich) unterscheiden: se différencier de	

für + A	(sich) begeistern: s'enthousiasmer pour danken: remercier pour (sich) einsetzen: s'engager (sich) entscheiden: se décider pour (sich) interessieren: s'intéresser à sorgen: s'occuper de	dankbar: reconnaissant verantwortlich: responsable
in + A	übersetzen: traduire en (sich) verlieben: tomber amoureux de (sich) verwandeln: se transformer en	
mit + D	anfangen: commencer par beginnen: commencer par (ich bin) fertig: j'en ai terminé avec vergleichen: comparer à	einverstanden: d'accord avec zufrieden: satisfait de
nach + D	fragen: réclamer, demander	
über + A	(sich) ärgern: être fâché de (sich) beklagen: se plaindre de berichten: faire un reportage, informer denken: penser de diskutieren: discuter avec (sich) freuen: se réjouir de (sich) lustig machen: se moquer de lachen: se moquer de spotten: se moquer de sprechen: parler de (sich) wundern: s'étonner de	begeistert: enthousiaste entsetzt: épouvanté, choqué enttäuscht: déçu de erstaunt: étonné de glücklich: heureux froh: content de traurig: triste de verzweifelt: désespéré
um + A	bitten: demander (sich) kümmern: se soucier de, s'occuper de es handelt sich: il s'agit de (sich) Sorgen machen: se faire du souci pour	Angst haben: avoir peur pour
unter + D	leiden: souffrir de (moralement)	
von + D	abhängen: dépendre de erzählen: raconter, parler de halten: penser de träumen: rêver de (sich) trennen: se séparer de	abhängig: dépendant de enttäuscht: déçu de weit: loin de
vor + D	Angst haben / (sich) fürchten: avoir peur de Respekt haben: respecter schützen: protéger warnen: mettre en garde contre fliehen: fuire devant	
zu + D	gehören: faire partie de gratulieren: féliciter à l'occasion de passen: convenir à überreden: convaincre	bereit: prêt à freundlich: aimable envers

Certains verbes ont un complément d'objet direct au datif, par exemple :

danken: remercier qqn
folgen: suivre
glauben: croire qqn
gratulieren: féliciter qqn
helfen: aider

schmeicheln: flatter
vertrauen / misstrauen: faire confiance à / se méfier de
widersprechen: contredire
zuhören: écouter
zusehen: regarder

Attention : Ich frage dich. → Je te demande (te pose la question).
Ich bitte dich. → Je te prie (de faire qqch.).

VI. La phrase

La place du verbe conjugué

Le verbe conjugué occupe la première place :

- dans une interrogative globale (voir ci-dessous VII).

  Ex. : Kommst du bald? → Viens-tu bientôt ?

- dans une phrase injonctive (exprimant un ordre).

  Ex. : Mach schnell! → Dépêche-toi !

- dans une exclamative.

  Ex. : Ist das schön! → Qu'est-ce que c'est beau !

Le verbe conjugué occupe la deuxième place dans une déclarative.

Ex. : Er sitzt stundenlang vor seinem Computer. → Il reste des heures devant son ordinateur.
Gestern bin ich ins Kino gegangen. → Hier je suis allé au cinéma.
Nach der Schule geht er sofort nach Hause. → Après l'école, il rentre tout de suite à la maison.
Wenn das Wetter schön ist, gehe ich Tennis spielen. → Quand il fait beau, je vais jouer au tennis.

À l'oral, l'intonation apporte aussi une information sur le type d'énoncé.
À l'écrit, cette information est donnée par la ponctuation (., ?, !).

Ex. : Du kommst nächste Woche? → Tu viens la semaine prochaine ?

Dans un groupe conjonctionnel (subordonnée introduite par une conjonction de subordination), le verbe conjugué occupe la dernière place.

Ex. : Ich wusste nicht, dass du so gut singen kannst. → Je ne savais pas que tu savais si bien chanter.

VII. L'interrogation

L'interrogation globale

Si l'interrogation porte sur toute la phrase, le verbe conjugué est en première position.

Ex. : Kommst du mit? Willst du mit uns essen?

L'interrogation partielle

Si l'interrogation porte sur un point particulier, l'énoncé commence par un mot interrogatif en w-, le verbe conjugué occupe la seconde position.

Ex. : Wo bist du? Wann fährt der Zug? Warum ist er so aufgeregt?

Le mot interrogatif peut être aussi :

- un déterminatif : Welchen Tag haben wir heute? → Quel jour sommes-nous ?
  Was für Leute profitieren von dieser Initiative? → Quel genre de personnes profitent de cette initiative ?
- un pronom (voir p. 160).

L'interrogation rapportée

- L'interrogation globale est introduite par la conjonction ob.

  Ex. : Sie fragt ihn, ob er mitkommt.

- L'interrogative partielle est introduite par un mot interrogatif, le verbe conjugué est en position finale.

  Ex. : Sie fragt ihn, wo er ist / wann der Zug fährt / warum er so aufgeregt ist.

L'interrogation peut être rapportée au subjonctif (voir ci-contre).

Ex. : Er fragte ihn, ob er mitkomme.

VIII. Le discours rapporté

Les propos que quelqu'un a tenus peuvent être cités mot pour mot entre guillemets :

Ex. : „Die Situation erfordert energische Maßnahmen", sagte der Minister.

→ « La situation exige des mesures énergiques », a dit le ministre.

On peut aussi les rapporter indirectement, en utilisant :

• des verbes comme sagen (dire), antworten (répondre), behaupten (affirmer)... suivis d'un groupe conjonctionnel introduit par dass :

Ex. : Der Minister hat gesagt, dass die Situation energische Maßnahmen erfordert.

• des verbes comme sagen, antworten, behaupten (affirmer)... suivis d'une proposition avec verbe conjugué en 2e position :

Ex. : Der Minister hat gesagt, die Situation erfordert energische Maßnahmen.

• L'origine des propos peut aussi être indiquée au moyen de la préposition nach (d'après) ou d'une proposition incise introduite par so.

Ex. : Die Situation, so der Minister, erfordert energische Maßnahmen.
Nach dem Minister erfordert die Situation energische Maßnahmen.

Remarque : On peut de la même façon rapporter des pensées.

Ex. : Er dachte, dass es jetzt zu spät war.

→ Il pensait qu'il était trop tard maintenant.

Pour l'interrogation rapportée, voir p. 164.

Lorsqu'on veut montrer qu'on se contente de rapporter des propos sans prendre position, on utilise le subjonctif I. Ce procédé est fréquemment utilisé dans la presse. Il permet également d'éviter la multiplication de verbes introducteurs (sagen, erklären, etc.)

Tableau de correspondance :

Temps grammatical effectivement utilisé par la personne qui parlait	**→ Temps utilisé dans la transposition du « discours rapporté »**	**→ Temps utilisé dans la transposition du « discours rapporté » si la forme du subjonctif I est identique à celle de l'indicatif**
Présent	**→ subjonctif I présent**	**→ subjonctif II présent**
	Er sagte, er sei müde.	Sie sagte, ihre Kinder sähen nur selten fern / würden nur selten fernsehen.
Passé	**→ subjonctif I passé**	**→ subjonctif II passé**
Prétérit Parfait Plus-que-parfait	Er erklärte, er habe ein Geschenk mitgebracht.	Er erklärte, durch die Krise hätten viele Leute ihr Geld verloren.
Futur	**→ subjonctif I futur**	**→ würde + infinitif**
	Er erklärte, er werde nächste Woche kommen.	Er erklärte, seine Kinder würden bald kommen.

Quel subjonctif ?

Au subjonctif I pour certaines personnes, la forme du verbe est identique à celle de l'indicatif (→ pp. 149-155, formes imprimées en vert).
Afin d'éviter toute confusion, on utilise alors le subjonctif II.

Conséquences sur les pronoms, indications de lieu, indications de temps...

Le passage au « discours rapporté » entraîne naturellement de fréquentes modifications.

Ex. : Er fragte uns: „Kann ich morgen mit euch fahren?" → Er fragte uns, ob er am nächsten Tag mit uns fahren könne.

IX. Exprimer

Pour donner une information temporelle, exprimer la cause, le but etc., l'allemand dispose de trois types d'outils :
• les éléments lexicaux (groupe nominal, mot invariable) ;
• les groupes prépositionnels (groupes nominaux introduits par une préposition) ;
• les groupes conjonctionnels (introduits par une conjonction de subordination avec verbe conjugué en position finale).

Pour formuler certains messages (autoriser, interdire, exprimer une obligation...), on dispose également des auxiliaires de mode.

1 Le temps (question : *wann?*)

Le datage

On peut utiliser :

Des éléments lexicaux

• jetzt: actuellement, heute: aujourd'hui, momentan, nun: actuellement, gestern: hier, morgen: demain, künftig: à l'avenir
• damals: à cette époque
• eines Tages: un jour
• dieses Jahr: cette année

Un groupe prépositionnel

• am Ex. : am 1. Januar, am Vormittag (mais : in der Nacht), am Montag
• um Ex. : um 10 Uhr
• im Ex. : im September, im Herbst, im Jahre 2010 (ou : 2010)

Un groupe conjonctionnel

• als: quand, lorsque (pour une action unique, une époque achevée)
Ex. : Als er jung war, hörte er gern Rock. → Quand il était jeune, il aimait écouter du rock.

• wenn: quand, lorsque (pour une action répétée)
Ex. : Wenn sie Musik hört, vergisst sie ihre Sorgen. → Quand elle écoute de la musique, elle oublie ses soucis.
Wenn sie Zeit hatte, ging sie gern ins Konzert. → Quand elle avait le temps, elle aimait aller au concert.

L'antériorité

On peut utiliser :

Des éléments lexicaux

→ repère : moment où l'on parle
• vorher, früher: auparavant, soeben, gerade: à l'instant, neulich: récemment, etc.
→ repère : différent du moment où l'on parle
• vorher, früher, zuvor: auparavant

Un groupe prépositionnel

• vor (+ D)
Ex. : vor den Sommerferien → avant les grandes vacances

Un groupe conjonctionnel

• bevor, ehe: avant que, avant de
Ex. : Bevor er antwortete, überlegte er ein paar Minuten. → Avant de répondre, il réfléchit quelques minutes.

La postériorité

On peut utiliser :

- **Des éléments lexicaux**

→ repère : moment où l'on parle

• später: plus tard, bald: bientôt, gleich, sofort: tout de suite, künftig: à l'avenir, dorénavant, etc.

→ repère : différent du moment où l'on parle

• nachher, danach, dann: ensuite, später: plus tard

Ex. : Ich komme gleich. → J'arrive tout de suite.
Ein paar Jahre später war er Generaldirektor geworden. → Quelques années plus tard, il était devenu directeur général.

- **Un groupe prépositionnel**

→ repère : moment où l'on parle in + D

Ex. : in einem Monat → dans un mois

→ repère : différent du moment où l'on parle nach + D

Ex. : nach dem Abitur → après le bac

- **Un groupe conjonctionnel**

• nachdem: après que, après + infinitif

Ex. : Nachdem er mir einen Kaffee angeboten hatte, stellte er mir ein paar Fragen.
→ Après m'avoir offert un café, il me posa quelques questions.

2 L'hypothèse

On peut utiliser :

- **Un groupe conjonctionnel**

• wenn: si

L'hypothèse est réalisable → le verbe est à l'indicatif présent.

Ex. : Wenn das Wetter schön bleibt, machen wir einen Ausflug. → Si le temps reste beau, nous ferons une excursion.

L'hypothèse n'est actuellement pas réalisée → le verbe est au subjonctif II présent.

Ex. : Wenn das Wetter schön wäre, würden wir nicht zu Hause bleiben. → Si le temps était beau, nous ne resterions pas à la maison.

L'hypothèse n'a pas été réalisée dans le passé → le verbe est au subjonctif II passé.

Ex. : Wenn das Wetter nicht so schlecht gewesen wäre, hätten wir einen Ausflug machen können. → Si le temps n'avait pas été aussi mauvais, nous aurions pu faire une excursion.

- **Des éléments lexicaux**

• Bei schönem Wetter ... → Par beau temps (s'il faisait beau)...
• An deiner Stelle ... → À ta place (si j'étais à ta place)...
• Ohne seine Hilfe ... → Sans son aide (s'il ne m'avait pas aidé)...

- **Autres structures**

• Nehmen wir an, ... (+ ind.)
• Nehmen wir an, ... / Angenommen, ... (+ subj.) : Supposons que...
• falls ...: au cas où...
• tun, als ob (plus rarement als wenn) (+ subj. I ou II) : faire semblant, faire comme si, avec deux constructions possibles.

Ex. : Er tut, als ob er krank wäre. / Er tut, als wäre er krank. → Il fait semblant d'être malade.

3 Le souhait, le regret

Le souhait est réalisable.

- wenn nur / bloß + ind. Ex. : Wenn nur alles klappt! → Pourvu que tout marche !
- hoffentlich... Ex. : Hoffentlich macht er keine Dummheiten! → Espérons qu'il ne fasse pas de bêtises !

Le souhait n'est pas réalisé pour l'instant, et on le regrette.

On peut utiliser :

- le subj. II présent en première position (souvent accompagné de doch, nur, doch nur, bloß)
  Ex. : Wäre ich doch zu Hause! → Si seulement j'étais à la maison !
- un groupe conjonctionnel introduit par wenn (souvent accompagné de doch, nur, doch nur, bloß)
  Ex. : Wenn ich nur zu Hause wäre!

Le souhait n'est plus réalisable, et on le regrette.

- subj. II passé (le plus souvent accompagné de doch, nur, doch nur, bloß)
  Ex. : Wäre ich nur früher gekommen! → Si seulement j'étais venu plus tôt !
- un groupe conjonctionnel introduit par wenn (souvent accompagné de doch, nur, doch nur, bloß)
  Ex. : Wenn ich das damals bloß gewusst hätte! → Si seulement j'avais su cela à l'époque !

Éléments lexicaux :

- Ich hoffe auf + A ...: J'espère qqch., Ich wünsche ...: Je souhaite...,
- Ich träume von ...: Je rêve de..., Ich sehne mich nach ...: Je ne pense qu'à..., j'aspire à...,
- Ich bedaure ...: Je regrette..., Ich bereue ...: Je regrette (avec mauvaise conscience)...

4 Le conseil

Les moyens utilisés sont très variés :

- An deiner / seiner / ihrer /eurer / Ihrer Stelle würde ich ... + inf.
  Ex. : An deiner Stelle würde ich ihn anrufen. → À ta place, je lui téléphonerais.
- Du solltest / ihr solltet / Sie sollten + inf.
  Ex. : Du solltest ihn anrufen. → Tu devrais lui téléphoner.
- Es wäre besser, wenn ... + subj. II
  Ex. : Es wäre besser, wenn du ihn anrufen würdest. → Tu ferais mieux de lui téléphoner.
- raten (ie, a, ä) + D, empfehlen (a, o, ie) + D
  Ex. : Ich rate dir, dieses Buch zu lesen. → Je te conseille de lire ce livre.

5 La cause (questions : *warum? weshalb? wieso? aus welchem Grund?*)

On peut utiliser :

Un groupe prépositionnel

- wegen + G (assez fréquemment aussi + D) : à cause de
  Ex. : Wegen des Klimawandels / dem Klimawandel ... → À cause du changement climatique...
- aufgrund + G : en raison de
  Ex. : Aufgrund des Wetters ... → En raison du temps...
- aus + D (mobile d'une action)
  Ex. : Aus Angst ... → De peur...
- vor + D (raison physique ou psychologique)
  Ex. : Sie zitterte vor Kälte. → Elle tremblait de froid.

■ Un groupe conjonctionnel
→ verbe conjugué en position finale
- weil: parce que
- da: puisque, étant donné que, comme

À l'oral, le verbe est de plus en plus souvent en deuxième position après weil.

■ Une conjonction de coordination → verbe conjugué en deuxième position
- denn: car

Ex. : Ich nahm seine Einladung an, denn ich wollte nicht unhöflich sein.
→ J'acceptai son invitation, car je ne voulais pas être impoli.

■ Des éléments lexicaux
- nämlich: en effet
- darum, deshalb, deswegen, daher: c'est pourquoi, pour cette raison

Ex. : Er konnte nicht kommen: er hatte sich nämlich verletzt.
→ Il n'a pas pu venir ; en effet, il s'était blessé.
Er hatte sich verletzt: Darum konnte er nicht kommen.
→ Il s'était blessé ; c'est la raison pour laquelle il n'a pas pu venir.

6 La finalité (questions : *wozu? zu welchem Zweck?*)

■ S'il y a un seul et même agent on utilise :
- un groupe infinitif avec um ... zu

Ex. : Er joggt jeden Morgen, um fit zu bleiben.
→ Il fait du jogging tous les matins pour rester en forme.

- un groupe prépositionnel : zum + infinitif substantivé

Ex. : Zum Sehen braucht er jetzt eine Brille. → Pour voir il a besoin à présent de lunettes.

■ S'il y a deux agents on utilise :
- un groupe conjonctionnel introduit par damit

Ex. : Mach die Tür zu, damit keiner uns hört. → Ferme la porte, pour que personne ne nous entende.

7 La conséquence

On peut utiliser :

■ Un groupe conjonctionnel
- so ..., dass ...: si... que
- so, dass ... / ..., so dass...: de sorte que...

Ex. : Ich war so müde, dass ich gleich einschlief. → J'étais tellement fatigué que je me suis tout de suite endormi.

■ Un élément lexical
- also: donc, par conséquent

Ex. : Ich brauchte wirklich Ferien. Also beschloss ich, eine Woche auf Sylt zu verbringen.
→ J'avais vraiment besoin de vacances. Je décidai donc de passer une semaine sur l'île de Sylt.

8 Le moyen

On peut utiliser :

■ Un groupe prépositionnel
- durch + A
- mit + D
- mit Hilfe + G: grâce à, au moyen de

Ex. : Fassen Sie die Geschichte mit Hilfe Ihrer Notizen zusammen. → Résumez l'histoire à l'aide de vos notes.

■ **Un groupe conjonctionnel**
- indem / dadurch, dass

Ex. : Sie spart Geld / indem sie / dadurch, dass sie nur in Billigläden einkauft.
→ Elle fait des économies en n'achetant que dans des magasins bon marché.

9 La concession

On peut utiliser :

■ **Un groupe prépositionnel**
- trotz + G (ou fréquemment + D) : malgré

Ex. : Trotz des schlechten Wetters / dem schlechten Wetter ...
→ Malgré le mauvais temps...

■ **Un groupe conjonctionnel**
- obwohl, obgleich, obschon: bien que, quoique

Ex. : Obwohl wir uns schon lange kennen, siezen wir uns immer noch.
→ Bien que nous nous connaissions depuis longtemps, nous continuons à nous vouvoyer.

■ **Des éléments lexicaux**
- doch, jedoch, dabei: pourtant
- dennoch, trotzdem: cependant, toutefois, malgré tout

Ex. : Wir kennen uns schon lange; dennoch siezen wir uns immer noch.

■ **La structure** zwar ..., aber ...: certes..., mais...

10 L'opposition

On peut utiliser :

■ **Un groupe conjonctionnel**
- während: tandis que, alors que

Ex. : Während ein Teil der Klasse eine Wanderung macht, bleiben die anderen Schüler in der Jugendherberge. → Pendant qu'une partie de la classe fait une randonnée, les autres élèves restent à l'auberge de jeunesse.

■ **Une conjonction de coordination**
- sondern: mais au contraire

■ **Un groupe infinitif** avec anstatt zu: au lieu de → L'infinitif est en position finale.

Ex. : Anstatt seine Hausaufgaben zu machen, hat er den ganzen Abend Fernsehen geguckt. → Au lieu de faire ses devoirs, il a passé toute la soirée à regarder la télé.

■ **Un groupe prépositionnel**
- im Gegensatz zu + D: à l'inverse de

Ex. : Im Gegensatz zu ihrer Schwester interessiert sie sich für Politik.
→ Contrairement à sa sœur, elle s'intéresse à la politique.

■ **Des éléments lexicaux**
- dagegen: par contre

Ex. : Uwe ist ein netter Junge; seine Schwester dagegen ist furchtbar unsympathisch.
→ Uwe est un gentil garçon ; sa sœur en revanche est affreusement antipathique.

11 L'ordre

On peut utiliser :

- **Des éléments lexicaux**, par exemple :

Ruhe, bitte! → Silence, s'il vous plaît !
Schnell! → Vite !
Los! → Vas-y ! / Allez-y !

À l'oral, l'intonation joue un rôle essentiel. À l'écrit, on ne dispose que du point d'exclamation.

- **L'impératif**

Ex. : Nehmen Sie bitte Platz! → Je vous en prie, asseyez-vous!

- **L'infinitif**

Ex. : Setzen! → Asseyez-vous !

- **Une formule impersonnelle** avec werden + part. II

Ex. : Jetzt wird gegessen! → À table, maintenant !

12 L'autorisation / l'interdiction

- dürfen: avoir l'autorisation → conjugaison pp. 150-151

Le verbe dürfen est fréquent dans les formules de politesse.

Ex. : Darf ich reinkommen? → Puis-je entrer ?
Dürfte ich Sie bitten, ... → Pourrais-je vous demander de...

- nicht dürfen / nicht sollen: avoir l'interdiction de → conjugaison pp. 150-151
- **Éléments lexicaux :** Ich habe (nicht) die Erlaubnis, etwas zu tun. → Je (n')ai (pas) l'autorisation de faire quelque chose.

Ex. : Es ist mir (nicht) erlaubt, ... → Je (n')ai (pas) l'autorisation de, je (ne) peux (pas)...,
Es ist verboten, ... / nicht gestattet ... → Il est interdit de...

13 L'obligation

- **Avoir l'obligation**

· müssen → conjugaison pp. 150-151. On ne peut échapper à cette obligation.

Ex. : Alle Menschen müssen sterben. → Tous les hommes doivent mourir.

· sollen → conjugaison pp. 150-151. Qqn, la société, les coutumes... obligent à faire qqch.

Ex. : Ich soll morgen ein Referat halten. → Demain je dois faire un exposé.
Du sollst nicht töten. → Tu ne tueras point.

· haben ... zu + inf. peut prendre un sens équivalent à sollen ou müssen.

Ex. : Du hast jetzt zu gehorchen! → Maintenant il faut que tu obéisses!

- **Être libre de, ne pas avoir besoin de faire qqch.**

· nicht müssen → conjugaison pp. 150-151
· nicht zu + inf. brauchen

Ex. : Du musst nicht jeden Tag kommen! → Tu peux très bien ne pas venir tous les jours !
Du brauchst dir keine Sorgen zu machen! → Tu n'as pas à t'inquiéter !

- **Éléments lexicaux :** Er hat mich dazu gezwungen, ... → Il m'a obligé (contraint) à...
Ich habe keine andere Wahl. → Je n'ai pas d'autre choix.

14 La volonté, l'intention

- wollen / nicht wollen → conjugaison pp. 150-151. La volonté est forte.
  Ex. : Ich will Manager werden.
- Ich möchte (gern) → conjugaison p. 151. J'ai envie, je voudrais bien, j'aimerais...
  Ex. : Ich möchte im Ausland arbeiten. →J'aimerais bien travailler à l'étranger.
- Ich würde gern, ...: J'aimerais bien...
- **Éléments lexicaux** : verbes suivis d'un groupe infinitif avec zu
Ich beabsichtige, ... / Ich habe vor, ... / Ich habe die Absicht: J'ai l'intention...,
Ich beschließe, ...: Je décide..., Ich bin (fest) entschlossen, ...: Je suis fermement décidé(e) à...,
Ich habe mir vorgenommen, ...: J'ai pris la résolution de...
  Ex. : Er hat vor, Musik zu studieren. → Il a l'intention d'étudier la musique.

15 Le goût, la préférence

- Pour dire qu'on aime faire qqch. on peut utiliser :
- · mögen, associé ou pas à gern
  Ex. : Ich mag (gern) Schokolade. → J'aime le chocolat.
  Ich mag (gern) tanzen. → J'aime bien danser.
- · l'adverbe gern associé à un verbe
  Ex. : Ich lese gern Romane. → J'aime bien lire des romans.
- lieber (comparatif de gern, voir p. 159) permet d'exprimer la préférence
  Ex. : Ich mag lieber Tee. → Je préfère le thé.
  Ich lese lieber Krimis. → Je préfère les romans policiers.

L'élément par rapport auquel s'exprime la préférence est introduit par als.
  Ex. : Ich trinke lieber Kaffee als Tee. → Je préfère le thé au café.

- am liebsten (superlatif de gern, voir p. 159) permet de dire qu'on aime par-dessus tout faire qqch.
  Ex. : Am liebsten fahre ich Ski. → Ce que j'aime le plus, c'est faire du ski.
- On peut aussi se servir d'éléments lexicaux comme :

gefallen (ie, a, ä): plaire
vorziehen (o, o): préférer
toll, wunderbar, fantastisch
schrecklich: horrible
furchtbar: affreux, etc.
  Ex. : Die neuen Modelle gefallen mir gut. → Les nouveaux modèles me plaisent bien.
  Ich zog es vor, kein Wort mehr zu sagen. → J'ai préféré ne plus rien dire.

16 Le degré de certitude

Pour indiquer le degré de certitude qu'on accorde à un propos, on utilise souvent :
- · les verbes de modalité (au présent, au prétérit ou au subjonctif II) + groupe infinitif,
- · des éléments lexicaux.

- **J'en suis pratiquement sûr**
- · müssen
  Ex. : Er muss krank sein → Il est très certainement malade.
- · sicher, gewiss, mit Sicherheit, ohne Zweifel, ...

Forte probabilité

- l'auxiliaire werden + wohl

  Ex. : Er wird wohl das Projekt unterstützen. → Il soutiendra très certainement le projet.
- wahrscheinlich, wohl, ...

Possibilité

- können, mögen

  Ex. : Es kann sein, dass ... → Il est possible que...
  Er könnte / mag Recht haben. → Il se peut qu'il ait raison.
- vielleicht, eventuell, möglicherweise ...

On rapporte ce qu'on a entendu dire

- sollen

  Ex. : Er soll reich sein. → Il paraît qu'il est riche.
- proposition incise introduite par ..., so ..., ... → voir p. 168

C'est ce que prétend l'intéressé

- wollen

  Ex. : Er will Künstler sein. → Il prétend être artiste.

X. Liste alphabétique des principaux verbes forts

Infinitif	Présent	Prétérit	Parfait	Sens
blasen	du bläst, er bläst	er blies	er hat geblasen	*souffler*
backen	du bäckst, er bäckt	er backte	er hat gebacken	*faire cuire*
befehlen	du befiehlst, er befiehlt	er befahl	er hat befohlen	*ordonner*
beginnen		er begann	er hat begonnen	*commencer*
beißen		er biss	er hat gebissen	*mordre*
betrügen		er betrog	er hat betrogen	*tromper*
biegen		er bog	er hat gebogen	*courber, plier*
bieten		er bot	er hat geboten	*offrir*
binden		er band	er hat gebunden	*attacher*
bitten		er bat	er hat gebeten	*prier*
bleiben		er blieb	er ist geblieben	*rester*
braten	du brätst, er brät	er briet	er hat gebraten	*faire rôtir*
brechen	du brichst, er bricht	er brach	er hat gebrochen	*casser*
empfehlen	du empfiehlst, er empfiehlt	er empfahl	er hat empfohlen	*recommander*
erschrecken	du erschrickst, er erschrickt	er erschrak	er ist erschrocken	*s'effrayer*
essen	du isst, er isst	er aß	er hat gegessen	*manger*
fahren	du fährst, er fährt	er fuhr	er ist / hat gefahren	*rouler / transporter en voiture*
fallen	du fällst, er fällt	er fiel	er ist gefallen	*tomber*
fangen	du fängst, er fängt	er fing	er hat gefangen	*attraper*
finden		er fand	er hat gefunden	*trouver*
fließen		er floss	er ist geflossen	*couler*
fliegen		er flog	er ist geflogen	*voler*
fliehen		er floh	er ist geflohen	*s'enfuir*

Infinitif	Présent	Prétérit	Parfait	Sens
fressen	du frisst, er frisst	er fraß	er hat gefressen	*manger (animaux)*
frieren		er fror	er hat gefroren	*avoir froid / geler*
geben	du gibst, er gibt	er gab	er hat gegeben	*donner*
gehen		er ging	er ist gegangen	*aller*
gelingen		es gelang	es ist gelungen	*réussir*
gelten	du giltst, er gilt	er galt	er hat gegolten	*valoir*
genießen		er genoss	er hat genossen	*jouir de*
geschehen	es geschieht	es geschah	es ist geschehen	*se produire*
gewinnen		er gewann	er hat gewonnen	*gagner*
gießen		er goss	er hat gegossen	*verser*
gleichen		er glich	er hat geglichen	*ressembler*
graben	du gräbst, er gräbt	er grub	er hat gegraben	*creuser*
greifen		er griff	er hat gegriffen	*saisir*
halten	du hältst, er hält	er hielt	er hat gehalten	*tenir*
hängen	du hängst, er hängt	er hing	er hat gehangen	*être suspendu*
heben		er hob	er hat gehoben	*soulever*
heißen		er hieß	er hat geheißen	*s'appeler*
helfen	du hilfst, er hilft	er half	er hat geholfen	*aider*
klingen		er klang	er hat geklungen	*résonner*
kommen		er kam	er ist gekommen	*venir*
kriechen		er kroch	er ist gekrochen	*ramper*
laden	du lädst, er lädt	er lud	er hat geladen	*charger*
lassen	du lässt, er lässt	er ließ	er hat gelassen	*laisser / faire (+ inf.)*
laufen	du läufst, er läuft	er lief	er ist gelaufen	*courir*
leiden		er litt	er hat gelitten	*souffrir*
leihen		er lieh	er hat geliehen	*prêter*
lesen	du liest, er liest	er las	er hat gelesen	*lire*
liegen		er lag	er hat gelegen	*être couché*
lügen		er log	er hat gelogen	*mentir*
meiden		er mied	er hat gemieden	*éviter*
messen	du misst, er misst	er maß	er hat gemessen	*mesurer*
nehmen	du nimmst, er nimmt	er nahm	er hat genommen	*prendre*
pfeifen		er pfiff	er hat gepfiffen	*siffler*
preisen		er pries	er hat gepriesen	*louer*
raten	du rätst, er rät	er riet	er hat geraten	*conseiller / deviner*
reißen		er riss	er hat gerissen	*arracher*
reiten		er ritt	er ist geritten	*faire du cheval*
riechen		er roch	er hat gerochen	*sentir*
rufen		er rief	er hat gerufen	*appeler*
schaffen	du schaffst, er schafft	er schuf	er hat geschaffen	*créer*
scheinen		er schien	er hat geschienen	*sembler / briller*
schieben		er schob	er hat geschoben	*pousser*
schießen		er schoss	er hat geschossen	*tirer*
schlafen	du schläfst, er schläft	er schlief	er hat geschlafen	*dormir*
schlagen	du schlägst, er schlägt	er schlug	er hat geschlagen	*frapper*
schließen		er schloss	er hat geschlossen	*fermer*
schmeißen		er schmiss	er hat geschmissen	*lancer*

Infinitif	Présent	Prétérit	Parfait	Sens
schreiben		er schrieb	er hat geschrieben	*écrire*
schreien		er schrie	er hat geschrien	*crier*
schreiten		er schritt	er ist geschritten	*marcher*
schweigen		er schwieg	er hat geschwiegen	*se taire*
schwimmen		er schwamm	er ist geschwommen	*nager*
sehen	du siehst, er sieht	er sah	er hat gesehen	*voir*
singen		er sang	er hat gesungen	*chanter*
sinken		er sank	er ist gesunken	*couler*
sitzen		er saß	er hat gesessen	*être assis*
sprechen	du sprichst, er spricht	er sprach	er hat gesprochen	*parler*
springen		er sprang	er ist gesprungen	*sauter*
stechen	du stichst, er sticht	er stach	er hat gestochen	*piquer*
stehen		er stand	er hat gestanden	*être debout*
stehlen	du stiehlst, er stiehlt	er stahl	er hat gestohlen	*voler*
steigen		er stieg	er ist gestiegen	*monter*
sterben	du stirbst, er stirbt	er starb	er ist gestorben	*mourir*
stinken		er stank	er hat gestunken	*sentir mauvais*
stoßen	du stößt, er stößt	er stieß	er hat gestoßen	*heurter*
streichen		er strich	er hat gestrichen	*peindre, rayer, étaler*
streiten		er stritt (sich)	er hat (sich) gestritten	*se disputer*
tragen	du trägst, er trägt	er trug	er hat getragen	*porter*
treffen	du triffst, er trifft	er traf	er hat getroffen	*rencontrer*
treiben		er trieb	er hat getrieben	*faire avancer*
treten	du trittst, er tritt	er trat	er ist getreten	*marcher, avancer*
trinken		er trank	er hat getrunken	*boire*
tun		er tat	er hat getan	*faire*
verderben	du verdirbst, er verdirbt	er verdarb	er hat verdorben	*gâter*
vergessen	du vergisst, er vergisst	er vergaß	er hat vergessen	*oublier*
verlieren		er verlor	er hat verloren	*perdre*
verschwinden		er verschwand	er ist verschwunden	*disparaître*
verstehen		er verstand	er hat verstanden	*comprendre*
verzeihen		er verzieh	er hat verziehen	*pardonner*
wachsen	du wächst, er wächst	er wuchs	er ist gewachsen	*grandir*
waschen	du wäschst, er wäscht	er wusch	er hat gewaschen	*laver*
werben	du wirbst, er wirbt	er warb	er hat geworben	*faire de la publicité*
werfen	du wirfst, er wirft	er warf	er hat geworfen	*jeter*
wiegen		er wog	er hat gewogen	*peser*
ziehen		er zog	er hat gezogen	*tirer*
zwingen		er zwang	er hat gezwungen	*obliger*

Les verbes qui se conjuguent avec l'auxiliaire *sein* au parfait et au plus-que-parfait sont indiqués par *, les préverbes séparables sont en *italique*.

A

ab	à partir de
Abend(e), der	le soir
Abendbrot, das	le dîner
Abfahrt, die	le départ
_ab_fahren* (u, a, ä)	partir
Abfall(¨e), der	les ordures
Abfall reduzieren	réduire ses déchets
Abfall verwerten	recycler les ordures
Abfalleimer(-), der	la poubelle
Abgase, die _(Pl.)_	les gaz d'échappement
_ab_halten (ie, a, ä) von (+ D)	empêcher (de faire qqch.)
_ab_lehnen	refuser
_ab_reißen (i, i)	démolir, raser
_ab_schaffen	supprimer
abseits	à l'écart
Absicht(en), die	l'intention
achten auf (+ A)	faire attention à
_ab_wischen	essuyer
ähnlich	semblable
Ähnlichkeit(en), die	la ressemblance
ähnlich sehen (sich)	se ressembler
Aktenkoffer(-), der	la mallette porte-documents
Aktivität(en), die	l'activité
allein	seul
alleinerziehend	monoparental
Alltag(e), der	la vie quotidienne
alt	vieux
Altbatteriensammlung(en), die	la collecte de piles usagées
Altbau(ten), der	le bâtiment ancien
Alter, das	l'âge
Alternativszene, die	le milieu alternatif
altmodisch	démodé
Altstadt, die	le centre historique
_an_bauen	cultiver
_an_bieten (o, o)	offrir, proposer
Anbieter(-), der	l'employeur, le fournisseur
Andenken(-), das	le souvenir
ändern	changer, modifier
anders	autrement
Anfang(¨e), der	le début
_an_fangen (i, a, ä)	commencer
Anflug(¨e), der	l'arrivée en avion
Anführer(-), der	le chef, le dirigeant
Angebot(e), das	l'offre
angenehm	agréable
Angst(¨e), die	la peur
Anhang(¨e), der	la pièce jointe
_an_kommen* (a, o)	arriver
Ankunft, die	l'arrivée
_an_melden (sich)	s'inscrire
_an_nehmen (a, o, i)	accepter
_an_passen (sich)	s'adapter
anpassungsfähig	capable de s'adapter
_an_rufen (ie, u)	appeler au téléphone
_an_schauen (+ A)	regarder
_an_sehen (a, e, ie)	regarder
Anschrift(en), die	l'adresse
_an_starren	regarder fixement
_an_steigen* (ie, ie)	augmenter
_an_strengen (sich)	se donner du mal
anstrengend	pénible
Antwort(en), die	réponse
antworten	répondre
Anweisung(en), die	l'indication, la consigne
Anzeige(n), die	l'annonce
Anzug(¨e), der	le costume
Apfelkuchen(-), der	le gâteau aux pommes
Arbeit(en), die	le travail
arbeiten	travailler
arbeitslos	au chômage
Arbeitslosigkeit, die	le chômage
Arbeitsmarkt(¨e), der	le marché du travail
Arbeitsmittel(-), die _(Pl.)_	l'équipement, les affaires
Arbeitsstelle(n), die	le poste de travail
Archiv(e), das	les archives
ärgerlich	irrité
ärgern (sich) über (+ A)	se fâcher, s'énerver
arm	pauvre
Armut, die	la pauvreté
auch	aussi
_auf_bauen	construire
Aufenthalt(e), der	le séjour
Aufenthaltsraum(¨e), der	la salle de détente
_auf_fallen* (ie, a, ä)	attirer l'attention
_auf_fordern	inviter, prier
Aufführung(en), die	la représentation
Aufgabe(n), die	le devoir, la tâche
_auf_geben (a, e, i)	renoncer
_auf_hören	arrêter (de faire qqch.)
_auf_legen (Telefon)	raccrocher (téléphone)
aufmerksam	attentif
Aufnahme(n), die	l'enregistrement

*auf*passen auf (+ A)	faire attention à
*auf*räumen	ranger
aufrecht	droit
*auf*regen (sich)	s'énerver
aufregend	excitant
*auf*setzen (Vertrag)	rédiger (contrat)
*auf*stehen* (a, a)	se lever
*auf*stellen (Liste)	dresser une liste
*auf*treten* (a, e, i)	se produire sur scène
Aufzug(¨e), der	l'ascenseur
Augenblick(e), der	l'instant
aus … stammen	être originaire de, provenir de
Ausarbeitung(en), die	l'élaboration
ausbeuten	exploiter
Ausbildung(en), die	la formation
*aus*breiten	déployer, étendre
Ausbreitung, die	la propagation
*aus*drücken	exprimer
auseinanderhalten (ie, a, ä)	différencier
Ausflug(¨e), der	l'excursion
*aus*füllen (Formular)	remplir (formulaire)
Ausgabe(n), die (Zeitung)	l'édition (journal)
Ausgang(¨e), der	la sortie
*aus*geben (a, e, i)	dépenser
*aus*gehen* (i, a)	sortir
ausgeruht	reposé
*aus*grenzen	exclure, marginaliser
Auskunft(¨e), die	le renseignement
*aus*lachen	se moquer de
Ausland, das	l'étranger (pays)
ins Ausland gehen* (i, a)	partir à l'étranger
Ausländer(-), der	l'étranger
*aus*leihen (ie, ie)	prêter
*aus*probieren	essayer
*aus*reichen	suffire
Aussage(n), die	la déclaration
*aus*schalten	éteindre
*aus*schimpfen	gronder qqn
*aus*sehen (a, e, ie)	avoir l'air
außerdem	en outre
Ausstattung(en), die	l'équipement
*aus*steigen* (ie, ie)	descendre (d'un véhicule)
*aus*stellen	exposer
Ausstellung(en), die	l'exposition
Austausch(e), der	l'échange
*aus*tauschen	échanger
Austauschpartner(-), der / Austauschpartnerin(nen), die	le/la correspondant/e
*aus*üben (einen Beruf)	exercer (un métier)
*aus*wählen	choisir
auswendig	par cœur
Auszug(¨e), der	l'extrait
Auto(s), das	la voiture
autofrei	sans voiture

B

backen (te, a)	cuire au four
baden	se baigner
Bahnhof(¨e), der	la gare
bald	bientôt
Band(¨e), der (Buch)	le volume (livre)
Band(s), die	le groupe musical
basteln	faire du bricolage, bricoler
bauen	construire
Baum(¨e), der	l'arbre
Bauprojekt(e), das	le projet immobilier
Baustelle(n), die	le chantier
bedeuten	signifier
Bedeutung(en), die	la signification
Bedingung(en), die	la condition
bedrucken	imprimer
beeindruckend	impressionnant
beenden	terminer
befinden (a, u) (sich)	se trouver
befragen	interroger
begabt	doué
Begabung(en), die	le talent
begegnen* (+ D)	rencontrer
Begegnung(en), die	la rencontre
begeistern (sich)	s'enthousiasmer
begeistert	enthousiaste
begeistert sein von (+ D)	être enthousiasmé par
beginnen (a, o)	commencer
begleiten	accompagner
Begleitung(en), die	l'accompagnement
begründen	justifier, motiver
beherbergen	abriter
behindert	handicapé
Behinderte(n, n), der	le handicapé
Behinderung(en), die	le handicap
*bei*bringen (a, a)	enseigner, inculquer
beide	(tous) les deux
Beispiel(e), das	l'exemple
*bei*tragen (u, a, ä) zu (+ D)	contribuer à
bekannt	connu
bekommen (a, o)	recevoir
Belastbarkeit, die	la capacité de résister au stress
belästigen	déranger
beleidigen	offenser
benötigen	avoir besoin de

benutzen	utiliser
Benzin, das	l'essence
bequem	confortable
beraten (ie, a, ä)	conseiller
Berater(-), der	le conseiller
Beratung(en), die	la consultation, le fait de donner des conseils
Bereich(e), der	le domaine
bereit	prêt
bereuen	regretter
Berg(e), der	la montagne
Bericht(e), der	le compte rendu, le rapport
berichten	rendre compte
Beruf(e), der	le métier
beruflich	professionnellement
berühmt	célèbre
berufstätig sein	travailler, être en activité
berührt	touché
beschädigen	abîmer
beschäftigen	occuper
bescheiden	modeste
beschließen (o, o)	décider
beschmutzen	salir
beschreiben (ie, ie)	décrire
besetzen	occuper
besichtigen (Gebäude, Ort)	visiter (monument, lieu)
Besichtigung(en), die	la visite
besitzen (a, e)	posséder
besonders	particulièrement
besorgen (sich)	se procurer
Besorgnis, die	l'inquiétude, la préoccupation
besser	mieux
bestehen (a, a) in/auf (+ D)	consister (en), insister (sur)
bestimmt	certainement
Besuch(e), der	la visite
besuchen	rendre visite, aller voir
Besucher(-), der	le visiteur
betonen	accentuer
betrachten	observer
betragen (u, a, ä)	s'élever
betreuen	prendre en charge
Betreuung, die	la prise en charge
betroffen	affecté, concerné
Bett(en), das	le lit
Bevölkerung(en), die	la population
bewachen	surveiller
bewegen	bouger, déplacer
Bewegung(en), die	le mouvement
bewerben (a, o, i) (sich)	postuler, poser sa candidature
Bewohner(-), der	l'habitant
Bewerbungsbrief(e), der	la lettre de motivation
bewundern	admirer, adorer
bezahlen	payer
beziehen (o, o) (sich)	se rapporter
Beziehung(en), die	la relation, le rapport
Bild(er), das	l'image, la photo
Bildung, die	la formation, la culture
Bildungszentrum(-en), das	le centre de formation
billig	bon marché
Biobaumwolle, die	le coton bio
bis	jusqu'à
(ein) bisschen	(un) peu
bitten (a, e) (+ A)	demander, prier
blättern	feuilleter
bleiben* (ie, ie)	rester
Blick(e), der	le regard
blind	aveugle
blöd	stupide
Bombenangriff(e), der	le bombardement
böse	méchant
brauchen	avoir besoin (de)
Brief(e), der	la lettre
Brille(n), die	les lunettes
bringen (a, a)	apporter
Bruder(¨), der	le frère
Buch(¨er), das	le livre
buchen	réserver
Bude(n), die	la baraque
Bühne(n), die	la scène
Bummel(-), der	la balade
bunt	multicolore
Burg(en), die	le château fort
Bürger(-), der	le citoyen
Büroarbeit, die	le travail de bureau

C

Chipkarte(n), die	la carte à puce
Computer(-), der	l'ordinateur
Computerfreak(s), der *(ugs.)*	le fan d'informatique *(fam.)*

D

da	là
Dach(¨er), das	le toit
damals	autrefois, à l'époque
danach	ensuite
dankbar	reconnaissant

danken (+ D)	remercier
dann	ensuite
***dar*stellen**	représenter
Datei(en), die	le fichier
Daten, die *(Pl.)*	les données
Dauer, die	la durée
Dauerausstellung(en), die	l'exposition permanente
dauern	durer
Debatte(n), die	le débat
Decke(n), die	la couverture
Deckel(-), der	le couvercle
denken (a, a) an (+ A)	penser à
diagnostizieren	diagnostiquer
Dialog(e), der	le dialogue
dick	gros
Dienstleistungen, die *(Pl.)*	les services
Ding(e), das	la chose
Dolmetscher(-), der	l'interprète
doof	bête, nul
Dorf(¨-er), das	le village
dort	là-bas
Dose(n), die	la boîte
drangsalieren	tourmenter, harceler
draußen	dehors
drehen	tourner
Drehzeit(en), die	le tournage
Drittel, das	le tiers
dunkel	sombre
dünn	maigre
durcheinander	en désordre
durchführen	réaliser, effectuer
Durchsage(n), die	le message, l'annonce orale
Durchschnitt, der	la moyenne
durchschnittlich	en moyenne

E

echt *(ugs.)*	réellement, vraiment *(fam.)*
ehemalig	ancien
ehrgeizig	ambitieux
ehrlich	honnête
ehrenamtlich	bénévole
Eigenschaft(en), die	la caractéristique, la qualité
eigentlich	en fait
Eindruck(¨-e), der	l'impression
ein paar	quelques
einfach	simple, facile
Einfamilienhaus(¨-er), das	le pavillon, la maison individuelle
Eingang(¨-e), der	l'entrée
***ein*halten (ie, a, ä)**	respecter
einige	quelques
einigen (sich)	se mettre d'accord
***ein*kaufen**	faire les courses
Einkauf(¨-e), der	l'achat
Einkaufszentrum(-en), das	le centre commercial
***ein*laden (u, a, ä)**	inviter
einmal	une fois
***ein*packen**	faire sa valise
***ein*richten**	aménager
einsam	seul
Einsamkeit, die	la solitude
***ein*schlafen* (ie, a, ä)**	s'endormir
***ein*sehen (a, e, ie)**	réaliser, se rendre compte
***ein*setzen (sich) für (+ A)**	s'engager pour
***ein*stellen**	embaucher
***ein*treten* (a, e, i)**	entrer
Eintritt(e), der	l'entrée
einverstanden sein	être d'accord
Einweihung(en), die	l'inauguration
Einwohner(-), der	l'habitant
einzig	seul, unique
empfangen (i, a, ä)	recevoir
empfehlen (a, o, ie)	recommander
empfinden (a, u)	ressentir
Ende, das	la fin
(im) Endeffekt	au bout du compte
enden	se terminer, finir
endlich	enfin
Energiesparlampe(n), die	l'ampoule à faible consommation d'énergie
Energiespartipp(s), der	le conseil pour économiser l'énergie
Energiestoff(e), der	la source d'énergie
Energieverbrauch, der	la consommation d'énergie
Enkel(-), der	le petit-fils
entdecken	découvrir
entfernt	éloigné, distant
***entgegen*nehmen (a, o, i)**	accepter, recevoir
entscheiden (ie, ie) (sich)	se décider
entsprechen (a, o, i) (+ D)	correspondre à
Entstehung, die	la naissance
enttäuscht	déçu
entwerfen (a, o, i)	concevoir
entwickeln	développer, mettre au point
Entwicklung(en), die	le développement
Ereignis(se), das	l'événement
erfahren (u, a, ä)	apprendre (une nouvelle)
Erfahrung(en), die	l'expérience

erfinden (a, u)	inventer
Erfindung(en), die	l'invention
Erfolg(e), der	le succès
erfolglos	sans succès
erfolgreich	qui a du succès
erforderlich	nécessaire, indispensable
ergänzen	compléter
ergreifen (i, i)	saisir
Ergebnis(se), das	le résultat
erinnern (sich) **an** (+ A)	se souvenir
Erinnerung(en), die	le souvenir
erkennen (a, a)	reconnaître
erklären	expliquer, déclarer
Erkrankung(en), die	la maladie
erkundigen (sich)	se renseigner
erlauben	permettre
erlaubt	autorisé
erleben	vivre (un événement)
Erlebnis(se), das	l'expérience (vécue)
erledigen	réaliser, faire
erleichtert	soulagé
Ermäßigung(en), die	la réduction
ermöglichen	permettre, rendre possible
ernähren (sich)	se nourrir
erneuerbar	renouvelable
ernst	sérieux
ernsthaft	sérieux
eröffnen	inaugurer, ouvrir
Eröffnung(en), die	l'ouverture, l'inauguration
erreichen	atteindre
Ersatz, der	le remplacement, le substitut
Ersatzfamilie(n), die	la famille de substitution
erschüttert	bouleversé
erschöpft	épuisé
ersetzen	remplacer
erst	seulement (temporel)
erstaunlich	étonnant
erstellen	réaliser
erwachen*	se réveiller
erwachsen	adulte
erwähnen	évoquer, citer
erwärmen	réchauffer
Erwärmung(en), die	le réchauffement
erzählen	raconter
Erzählung(en), die	le récit
Erziehung, die	l'éducation
erziehen (o, o)	éduquer
essen (a, e, i)	manger

F

Fach(¨er), das	la matière, la discipline
Fahne(n), die	le drapeau
fahren* (u, a, ä)	aller (en véhicule)
Fahrgast(¨e), der	le passager, le voyageur
Fahrrad(¨er), das	la bicyclette
Fahrt(en), die	le voyage
Fahrtkosten, die *(Pl.)*	les frais de transport
Fall(¨e), der	la chute, le cas
fallen* (ie, a, ä)	tomber
falsch	faux
Familienunternehmen(-), das	l'entreprise familiale
Farbe(n), die	la couleur
fast	presque
faul	paresseux
fehlen	manquer
Fehler(-), der	la faute
Felsen(-), der	le rocher
Fenster(-), das	la fenêtre
Fensterladen(¨), der	le volet
Ferien, die *(Pl.)*	les vacances
Fernsehbeitrag(¨e), der	l'émission de télévision
***fern*sehen** (a, e, ie)	regarder la télévision
Fernsehen, das	la télévision
fertig	terminé, prêt
fesseln	captiver
Fest(e), das	la fête
Feuerwehr, die	les pompiers
finden (a, u)	trouver
Finger(-), der	le doigt
Firma(-en), die	l'entreprise
fit	en forme
Flagge(n), die	le drapeau
flexibel	souple
fliegen* (o, o)	voler
Flieger(-), der	l'avion
fliehen* (o, o)	fuir
Flughafen(¨), der	l'aéroport
Flüchtling(e), der	le réfugié
Flur(e), der	le couloir
Folge(n), die	la conséquence
folgen* (+ D)	suivre
fördern	promouvoir, aider, soutenir
Forscher(-), der	le chercheur
Fortschritt(e), der	le progrès
Fortsetzung(en), die	la suite
Fotovoltaikanlage(n), die	l'installation photovoltaïque
Fragebogen(¨), der	le questionnaire

fragen (+ A)	questionner, interroger qqn
frei	libre
frei haben	être en congé
Freiheit(en), die	la liberté
Freiwillige Soziale Jahr, das	l'année sociale bénévole
Freizeit, die	le temps libre, les loisirs
Fremdsprache(n), die	la langue étrangère
Fremdwort(¨er), das	le mot étranger
fressen (a, e, i)	dévorer, manger (animaux)
Freude(n), die	la joie
freuen (sich)	se réjouir
Freund(e), der	l'ami
freundlich	aimable
Freundschaft(en), die	l'amitié
freundschaftlich	amical
frisch	frais
froh	content
fröhlich	joyeux
früh	tôt
früher	autrefois
Frühstück, das	le petit-déjeuner
fühlen	sentir
Führung(en), die	la visite, la direction
Fußgänger(-), der	le piéton
Furcht, die	la peur
furchtlos	sans peur
fürchten (sich) **vor** (+ D)	avoir peur de

G

Gang(¨e), der	le couloir
in Gang kommen* (a, o)	se développer
ganz	tout, complètement
Garten(¨), die	le jardin
gärtnern	faire du jardinage
gastfreundlich	hospitalier
Gasverbrauch, der	la consommation de gaz
Gebäude(-), das	le bâtiment
geben (a, e, i)	donner
geboren werden (u, o, i)	naître
Geburt(en), die	la naissance
Geburtstag(e), der	l'anniversaire
geduldig	patient
gefährlich	dangereux
gefallen (ie, a, ä) (+ D)	plaire
gegen (+ A)	contre
Gegenstand(¨e), der	l'objet
Geheimnis(se), das	le secret
gehen* (i, a)	aller (à pied)
Gehirn(e), das	le cerveau
Gelächter, das	les rires
gehören zu (+ D)	appartenir à
Geld, das	l'argent
Gelegenheit(en), die	l'occasion
gelegentlich	occasionnellement
gelten (a, o, i) **als**	être considéré comme
Gemälde(-), das	le tableau, la peinture
gemeinsam	ensemble, commun
Gemüse, das	les légumes
Gemüseanbau, der	la culture des légumes
gemütlich	confortable, agréable
genau	exact
genießen (o, o)	savourer, profiter de
genug	assez
geöffnet	ouvert
geradeaus	tout droit
Geräusch(e), das	le bruit
gerecht	équitable, juste
Gerippe(-), das	le squelette, la charpente
gern	volontiers
gerührt	ému
gesamt	entier
Geschäft(e), das	le magasin
Geschäftsführung(en), die	la direction
Geschäftsmann(-leute), der	l'homme d'affaires
geschehen* (a, e, ie)	se passer, arriver
Geschenk(e), das	le cadeau
Geschichte(n), die	l'histoire
Gesellschaft(en), die	la société
Gesicht(er), das	le visage
geschickt	habile
gespannt	impatient, curieux de savoir
Gespräch(e), das	la conversation
gestalten	réaliser, construire
gestern	hier
gesund	en bonne santé, sain
Gesundheit, die	la santé
Getränk(e), das	la boisson
getrennt	séparé
Gewalt, die	la violence
gewinnen (a, o)	gagner
Gewinner(-), der	le gagnant
gewöhnen	habituer
gewöhnlich	habituel
Glaskuppel(n), die	la coupole de verre
glauben	croire
gleich	semblable, pareil

gleich	aussitôt
gleiten* **(i, i)**	glisser
Glück, das	le bonheur
glücklich	heureux
Grad(e), der	le degré
grässlich	affreux
gratis	gratuit
grau	gris
Grenze(n), die	la frontière
grillen	faire un barbecue
grinsen	ricaner, sourire
groß	grand
gründen	fonder
Grundschule(n), die	l'école primaire
Gründung(en), die	la fondation
Grünfläche(n), die	l'espace vert
gruselig	effrayant
grüßen	saluer
gucken *(fam.)*	regarder
günstig	bon marché
Güte, die	la bonté
Gymnasium(-en), das	le lycée

H

Hafen(¨), der	le port
Halbpension, die	la demi-pension
Hals(¨e), der	le cou
halten (ie, a, ä)	tenir, s'arrêter
Hammer(¨), der	le marteau
Das ist der Hammer! *(ugs.)*	C'est super ! *(fam.)*
Hand(¨e), die	la main
handeln (sich) um (+ A)	s'agir de
Handelshaus(¨er), das	la société d'import-export
Handtuch(¨er), das	la serviette de toilette
hängen (i, a) an (+ D)	être attaché à
Hass, der	la haine
hassen	détester, haïr
hässlich	laid, affreux
Hauptbahnhof(¨e), der	la gare centrale
Hauptstadt(¨e), die	la capitale
Haus(¨er), das	la maison
Hausaufgabe(n), die	le devoir
Hausaufgaben machen	faire ses devoirs
Hausordnung(en), die	le règlement intérieur
Hausrat, der	les articles ménagers
Heim(e), das	le foyer
Heimat, die	le pays natal
heiß	très chaud
heizen	chauffer
Heizung, die	le chauffage
helfen (a, o, i) (+ D)	aider
hell	lumineux, clair
hellwach	bien réveillé
Helm(e), der	le casque
Hemd(en), das	la chemise
***heraus*finden (a, u)**	découvrir
Herausforderung(en), die	le défi
Herkunft, die	l'origine
hier	ici
Hilfe(n), die	l'aide
hilfreich	utile
hinaus*treten **(a, e, i)**	sortir
hinten	derrière
Hintergrund(¨e), der	l'arrière-plan
hinterlassen (ie, a, ä)	laisser
***hin*weisen (ie, ie) auf (+ A)**	indiquer
***hinzu*fügen**	ajouter
Hitze, die	la chaleur
hoch	haut
Hochhaus(¨er), das	le building
***hoch*klappen**	relever, soulever
hochtalentiert	très talentueux
hoffen	espérer
Hoffnung(en), die	l'espoir
höflich	poli
holen	aller chercher
Hörbuch(¨er), das	le livre audio
hören	entendre
Hörgerät(e), das	l'appareil auditif
Hose(n), die	le pantalon
hübsch	joli, charmant
Hund(e), der	le chien
Hunger, der	la faim

I

immer	toujours
in- und auswendig kennen (a, a)	connaître par cœur
Informatiker(-), der	l'informaticien
Inländer(-), der	l'autochtone
innerhalb von ...	dans l'espace de, à l'intérieur de
Insel(n), die	l'île
insgesamt	en tout, au total
interessieren (sich) für (+ A)	s'intéresser à
inzwischen	entre-temps

J

Jahr(e), das	l'année
Jahrgangsstufe(n), die	la tranche d'âge
Jahrhundert(e), das	le siècle
jährlich	annuel
Jahrzehnt(e), das	la décennie
jedenfalls	en tout cas
jemand	quelqu'un
jetzt	maintenant
jeweils	respectivement
joggen	faire du jogging
jubeln	être en liesse
Jugendherberge(n), die	l'auberge de jeunesse
Jugendliche(n), der/die	l'adolescent, le jeune
jung	jeune

K

kalt	froid
kämpfen	se battre
kaputt	cassé
karikieren	caricaturer
Karte(n), die	le billet, la carte
Kauf(¨e), der	l'achat
kaufen	acheter
Kaufhaus(¨er), das	le grand magasin
Kaugummi(s), der	le chewing-gum
kennen lernen (sich)	faire connaissance
kennen (a, a)	connaître
kennzeichnen	caractériser
Kind(er), das	l'enfant
Kind(er) aus erster Ehe, das	l'enfant issu d'un premier mariage
Kinderarbeit, die	le travail des mineurs, des enfants
Kindergarten(¨), der	le jardin d'enfants
Kinderlähmung (die)	la poliomyélite
kinderlieb	qui aime les enfants
Kindertagesstätte(n), die	la crèche
Kino(s), das	le cinéma
Kiste(n), die	la caisse
klar	clair
klasse! *(ugs.)*	super ! génial ! *(fam.)*
Klassenfahrt(en), die	le voyage scolaire
Klassensprecher(-), der	le délégué de classe
Klassenzimmer(-), das	la salle de classe
klassisch	classique
kleben	coller
Kleid(er), das	la robe, le vêtement
Kleidung, die	les vêtements
klein	petit
Kleinanzeige(n), die	la petite annonce
klettern*	faire de l'escalade
Klimawandel, der	le changement climatique
klingen (a, u)	sonner
klug	intelligent
knapp	à peine
Kneipe(n), die *(ugs.)*	le bistro, le troquet *(fam.)*
knüpfen	lier, nouer
kochen	cuisiner
Koffer(-), der	valise
Koffer packen	faire ses bagages
komfortabel	confortable
komisch	bizarre, comique
kommen* (a, o)	venir
komponieren	composer
Komponist(en), der	le compositeur
Kontakte knüpfen	nouer des contacts
kontaktfreudig	sociable, qui aime les contacts
konzipieren	concevoir
Kopfkissen(-), das	l'oreiller
Körper(-), der	le corps
kosten	coûter
Kosten, die *(Pl.)*	les frais
kräftig	fort
krank	malade
Krankenschwester(n), die	l'infirmière
Krankheit(en), die	la maladie
kreativ	créatif
kreieren	créer
Krimi(s), der	le polar
kritisieren	critiquer
Küche(n), die	la cuisine
kühl	frais, froid
Kulturaustausch, der	l'échange culturel
Kulturinstitut(e), das	l'institut culturel
kümmern (sich) um (+ A)	s'occuper de
Kumpel(-), der *(ugs.)*	le copain
Kunde(n, n), der	le client
künftig	à l'avenir, futur
Kunst(¨e), die	l'art
Künstler(-), der	l'artiste
künstlerisch	artistique
künstlich	artificiel
Kunstwerk(e), das	l'œuvre d'art
Kurs(e), der	le cours
kurz	court, bref
Küste(n), die	la côte

Lexique

L

lächeln	sourire
lachen	rire
lächerlich	dérisoire, ridicule
Laden(¨), der	le magasin, la boutique
Lageplan(¨e), der	le plan
Land(¨er), das	le pays, la campagne
landen	atterrir
Landkarte(n), die	la carte géographique
Landwirtschaft, die	l'agriculture
lang	long
langsam	lent
Langeweile, die	l'ennui
langweilig	ennuyeux
Langzeitkranke(n, n), der	le malade chronique
Laptop(s), der	l'ordinateur portable
Lärm, der	le bruit
Last, die	la charge, le poids
lasten auf (+ D)	peser sur
laufen* (ie, au, äu)	courir
Laune(n) die	l'humeur
lauschen	écouter attentivement
laut	fort, bruyant
leben	vivre
Leben(-), das	la vie
lebendig	vivant
Lebenserwartung, die	l'espérance de vie
lebenswichtig	vital
legen	coucher, poser à plat
Lehre(n), die	l'apprentissage
leicht	facile
leiden (i, i)	souffrir
Leidenschaft(en), die	la passion
leider	malheureusement
Leid tun (a, a)	faire de la peine
Leinwand(¨e), die	l'écran
Leistung(en), die	la réalisation, la performance
lernen	apprendre
Lernpate(n, n), der	le tuteur
lesen (a, e, ie)	lire
Leute, die *(Pl.)*	les gens
lieben	aimer
Lied(er), das	la chanson
liegen (a, e)	être couché, se trouver
links	à gauche
live *auf*treten* (a, e, i)	jouer en direct
Live-Auftritt(e), der	le fait de se produire en scène
Locke(n), die	la boucle
Löffel(-), der	la cuillère
lösen	résoudre
Lösung(en), die	la solution
Luft(¨e), die	l'air
Lust(¨e), die	l'envie, le plaisir
Lust bekommen (a, o)	avoir envie
lustig	drôle, amusant
lustig machen (sich) über (+ A)	se moquer de

M

machen	faire
Mädchen(-), das	la jeune fille
Mal(e), das	la fois
malen	colorier, peindre
manchmal	parfois
Mann(¨er), der	l'homme
Mannschaft(en), die	l'équipe
Märchen(-), das	le conte
Marmor, der	le marbre
Maske(n), die	le maquillage
Masse(n), die	la foule
Mast(en), der (Schiff)	le mât (bateau)
Mauer(n), die	le mur
Medien, die *(Pl.)*	les médias
Meeresspiegel, der	le niveau de la mer
mehr	plus
meinen	penser, croire
Meinung(en), die	l'avis, l'opinion
Menge(n), die	la quantité
Mensch(en, en), der	l'homme, l'être humain, la personne
Miete(n), die	le loyer
mieten	louer
Mieter(-), der	le locataire
Mietshaus(¨er), das	l'immeuble
(mit) Migrationshintergrund	issu de l'immigration
Mindestalter, das	l'âge minimum requis
mindestens	au moins
mit (+ D)	avec
***mit*arbeiten bei (+ D)**	participer à
miteinander	ensemble
***mit*entwickeln**	participer au développement de qqch.
Mitglied(er), das	le membre
***mit*machen bei (+ D)**	participer à
Mitschüler(-), der / Mitschülerin(nen), die	le/la camarade de classe
Mittelalter, das	le Moyen-Âge
mittlerweile	entre-temps
mobben	harceler

Mobbing, das	le harcèlement moral
Moderator(en), der	le présentateur, l'animateur
moderieren	animer
möglich	possible
Möglichkeit(en), die	la possibilité
Monat(e), der	le mois
Monitor(en), der	l'écran d'ordinateur
Monster(-), das	le monstre
morgen	demain
Motivationsbrief(e), der	la lettre de motivation
motiviert	motivé
Motto, das	la devise
müde	fatigué
Mühe(n), die	la peine
Müll trennen	trier ses déchets
Müll, der	les déchets
Museum(-en), das	le musée
Musikstil(e), der	le style musical
Musikrichtung(en), die	le genre musical
Musikveranstaltung(en), die	l'événement musical, la manifestation musicale
mutig	courageux

N

Nachbar(n, n), der / Nachbarin(nen), die	le voisin, la voisine
nachdenken (a, a)	réfléchir
Nachhilfe, die	le cours particulier
Nachhilfe geben (a, e, i)	donner des cours particuliers
Nachmittag(e), der	l'après-midi
Nachricht(en), die	la nouvelle
nächst	prochain
Nacht(¨e), die	la nuit
Nachteil(e), der	l'inconvénient, le désavantage
Nachtschwärmer(-), der	le noctambule
nah	proche
näher rücken	se rapprocher
Name(n, ns), der	le nom
Naturkunde, die	l'histoire naturelle, les SVT
natürlich	naturel
neben	à côté de
nebenan	à côté
nehmen (a, o, i)	prendre
nennen (a, a)	nommer
nervös	nerveux
nett	gentil, agréable
neu	nouveau
neugierig	curieux
Neuheit(en), die	la nouveauté
nichts	rien
nicken	faire un signe de la tête
nie/niemals	jamais
Niederlage(n), die	la défaite
niemand	personne
Notwendigkeit, die	la nécessité
Nummer(n), die	le numéro
nun	maintenant
nutzen	utiliser
nützlich	utile
nur	seulement

O

oben	en haut
Oberarzt(¨e), der	le médecin-chef
Obst, das	les fruits
offen	ouvert
öffentlich	public
Öffentlichkeit, die	le public
Öffnungszeiten, die *(Pl.)*	les horaires d'ouverture
oft	souvent
ohne (+ A)	sans
Ökoprofi(s), der	le pro de l'écologie
Ordnung, die	l'ordre
Oper(n), die	l'opéra
ordnen	classer, ranger
Originalfassung(en), die	la version originale
originell	original
Ort(e), der	le lieu
Osten, der	l'Est

P

Palme(n), die	le palmier
Partnerschule(n), die	l'école partenaire
passen zu (+ D)	convenir, aller avec
passend	approprié
Patchworkfamilie(n), die	la famille recomposée
Pate(n, n), der	le parrain
pausenlos	sans arrêt
Pferd(e), das	le cheval
pflanzen	planter
pflegen	soigner
pinnen	fixer qqch. à l'aide de punaises

Pinsel(-), der	le pinceau
Plakat(e), das	l'affiche
Plan(¨e), der	le projet
planen	projeter
Platz(¨e), der	la place
Plastiktüte(n), die	le sac en plastique
Postsack(¨e), der	le sac postal
Praktikant(en, en), der	le stagiaire
Praktikum(-a), das	le stage
praktisch	pratique
Preis(e), der	le prix
preiswert	bon marché
proben	répéter
Profi(s), der	le professionnel
Prognose(n), die	le pronostic, la prévision
Prospekt(e), der	le dépliant
Publikum, das	le public
pünktlich	ponctuel
Pünktlichkeit, die	la ponctualité
putzen	nettoyer

R

Rad fahren* **(u, a, ä)**	faire du vélo
Rand(¨er), der	le bord
rassistisch	raciste
raten (ie, a, ä)	deviner, conseiller
Ratschlag(¨e), der	le conseil
Rathaus(¨er), das	la mairie
rauchen	fumer
rechts	à droite
Rede(n), die	le discours
reden	parler
Referat(e), das	l'exposé
Regel(n), die	la règle
regelmäßig	régulièrement
Regen, der	la pluie
Regenzeug, das	les affaires pour la pluie
Regie, die	la réalisation
Regierung(en), die	le gouvernement
regnen	pleuvoir
regulär	régulier
reich	riche
Reihenfolge(n), die	l'ordre, la suite
Reise(n), die	le voyage
Reisebüro(s), das	l'agence de voyage
reisen*	voyager
reiten* **(i, i)**	faire du cheval
Reiterhof(¨e), der	le centre équestre
Rente(n), die	la retraite
Requisiten, die ***(Pl.)***	les accessoires
retten	sauver
richtig	juste
richtig gut ***(ugs.)***	vraiment bien *(fam.)*
Riese(n, n), der / Riesin(nen), die	le géant, la géante
riesig	géant
rocken ***(ugs.)***	jouer du rock
Rohkaffee, der	le café non torréfié
Rolltreppe(n), die	l'escalator
Rote Kreuz, das	la Croix Rouge
routinemäßig	de façon routinière
rufen (ie, u)	appeler
ruhig	tranquille, calme

S

Sache(n), die	l'affaire, la chose
sagen	dire
sammeln	rassembler, collectionner
Sammlung(en), die	la collection
sanft	doux
Sänger(-), der	le chanteur
sauber	propre
saufen (o, o, äu) ***(vulg.)***	picoler *(vulg.)*
Säule(n), die	la colonne, le pilier
S-Bahn, die	le train de banlieue, le RER
schade	dommage
schaffen	réussir, réaliser
scharf auf (+ A) ***(ugs.)***	qui a envie de
schauen	regarder
Schauplatz(¨e), der	le lieu de l'action
Schauspieler(-), der	l'acteur
scheinen (ie, ie)	briller, sembler
schenken	offrir, faire cadeau
schicken	envoyer
schief	penché
Schiff(e), das	bateau
schimpfen ***(ugs.)***	râler *(fam.)*
schlafen (ie, a, ä)	dormir
schlagen (u, a, ä)	frapper, battre
Schlagsahne, die	la crème chantilly
schlecht	mauvais
schleppen ***(ugs.)***	trimballer *(fam.)*, tirer
schließlich	enfin, finalement
schlimm	grave
Schloss(¨er), das	le château
schmutzig	sale
Schneiderin(nen), die	la couturière

schneien	neiger
schnell	vite, rapide
schon	déjà
schön	beau
Schönheit(en), die	la beauté
schrecklich	terrible, horrible
schreiben (ie, ie)	écrire
schreien (ie, ie)	crier
Schriftsteller(-), der	l'écrivain
Schritt(e), der	le pas
Schublade(n), die	le tiroir
Schuh(e), der	la chaussure
Schuld, die	la culpabilité
Schule(n), die	l'école
schulen	former
Schulgebäude(-), das	le bâtiment scolaire
Schulhof(¨e), der	la cour de l'école
Schulkind(er), das	l'écolier
Schulleitung, die	la direction d'un établissement scolaire
Schultasche(n), die	le cartable
schütteln	secouer
Schutz, der	la protection
schützen	protéger
schwach	faible
Schwäche(n), die	le point faible, la faiblesse
schwer	lourd, difficile
Schwester(n), die	la sœur
schwierig	difficile
Schwierigkeit(en), die	la difficulté
See, die	la mer
See(n), der	le lac
Segel(-), das	la voile
segeln*	faire de la voile
Segelschiff(e), das	le voilier
sehen (a, e, ie)	voir
Sehenswürdigkeit(en), die	la curiosité
sehnen (sich) nach (+ D)	désirer qqch. ardemment, rêver d'avoir qqch.
sehr	très
Seilbahn(en), die	le funiculaire
seit (+ D)	depuis
Seite(n), die	la page, le côté
selbstbewusst	plein d'assurance
selbstständig	autonome, indépendant
seltsam	étrange
Sendung(en), die	l'émission
Senior(en), der	le senior
sensibel	sensible
Sessel(-), der	le fauteuil
setzen (sich)	s'asseoir
shoppen gehen* (i, a)	aller faire du shopping
sicher	sûr
sichtbar	visible
siegen	vaincre, l'emporter
Sieger(-), der	le vainqueur
singen (a, u)	chanter
sinken* (a, u)	baisser, diminuer
Sinnbild(er), das	le symbole
sinnlos	absurde
sitzen (a, e)	être assis
Sitzung(en), die	la réunion
skeptisch	sceptique
Ski fahren* (u, a, ä)	faire du ski
sofort	aussitôt
solange	aussi longtemps que, tant que
Solaranlage(n), die	le panneau solaire
Solarenergie, die	l'énergie solaire
Sommer, der	l'été
Sommerferien, die *(Pl.)*	les vacances d'été
Sonderbus(se), der	le service spécial de bus
sondern	mais
Sonne, die	le soleil
Sonnenstrahlung(en), die	le rayonnement du soleil
sonst	sinon
Sorge(n), die	le souci, l'inquiétude
sorgen (für)	veiller à
sorgen (sich) um (+ A)	se soucier de
spannend	captivant, passionnant
Spannung(en), die	la tension
sparen	économiser
Spaß, der	le plaisir
spät	tard
spazieren gehen* (i, a)	se promener
speichern	enregistrer, sauvegarder
Spektakel(-), das	le spectacle
spenden	faire don
Spezialist(en, en), der	le spécialiste
Spiel(e), das	le jeu, le match
spielen	jouer
Spielplatz(¨e), der	le terrain de jeu
Spielwaren, die *(Pl.)*	les jouets
Sportverband(¨e), der	l'association sportive
Sprache(n), die	la langue
sprechen (a, o, i)	parler
Stadt(¨e), die	la ville
Stadtrand, der	la banlieue, la périphérie
stammen aus (+ D)	être originaire de, dater
Standort(e), der	l'emplacement, le site
Standpunkt(e), der	le point de vue
stark	fort
Stärke(n), die	le point fort

starten*	démarrer, commencer
***statt*finden (a, u)**	avoir lieu
stecken	mettre
Steckbrief(e), der	la fiche signalétique
Stecker(-), der	la prise électrique
stehen (a, a)	être debout, se trouver
steigen* (ie, ie)	monter, augmenter
steigend	croissant
Stelle(n), die	l'emploi
stellen	mettre, poser
Steppnaht(¨e), die	la couture surpiquée
stickig	étouffant
Stiftung(en), die	la fondation
still	calme, silencieux
Stimme(n), die	la voix
stimmen	être exact
Stimmung(en), die	l'ambiance
Stock (*Pl.* Stockwerke), der	l'étage
Stockwerk(e), das	l'étage
Stoff(e), der	l'étoffe, la matière
stolz auf (+ A)	fier de
stoppen	arrêter
stöbern	fouiller
stören	déranger
Strafarbeit(en), die	la punition
strafen	punir
Strand(¨e), der	la plage
Straße(n), die	la rue
streiten (i, i) (sich)	se disputer
streng	sévère
Stromverbrauch, der	la consommation d'électricité
Stück(e), das	le morceau, la pièce
studieren	étudier
Stuhl(¨e), der	la chaise
Stunde(n), die	l'heure
suchen	chercher
summen	bourdonner
surfen (im Internet)	naviguer (sur Internet)
Süßwaren, die *(Pl.)*	les sucreries, les bonbons

T

Tafel(n), die	le tableau
Tag(e), der	le jour
Tageslicht, das	la lumière du jour
täglich	quotidien
tanzen	danser
Tasche(n), die	la poche, le sac
Taschengeld, das	l'argent de poche
Tätigkeit(en), die	l'activité
teamfähig	capable de travailler en équipe
Teil(e), der	la partie
teilen	partager
Teilnahmebedingung(en), die	les conditions de participation
***teil*nehmen (a, o, i) an (+ D)**	participer à, prendre part à
Teppich(e), der	le tapis
Termin(e), der	le rendez-vous
teuer	cher
Theaterveranstaltung(en), die	la manifestation théâtrale
Tierarzt(¨e), der	le vétérinaire
Tipp(s), der	le conseil
Tisch(e), der	la table
toben	se défouler
todmüde	épuisé
toll *(ugs.)*	super *(fam.)*
Ton(¨e), der	le ton, le son
Tonfall, der	l'intonation
tot	mort
tragen (u, a, ä)	porter
trainieren	s'entraîner
Transportmittel(-), das	le moyen de transport
trauen (sich)	oser
Traumberuf(e), der	le métier dont on rêve
träumen	rêver
traurig	triste
treffen (a, o, i)	rencontrer
Treffpunkt(e), der	le lieu de rencontre
treiben (ie, ie) (Sport)	faire (du sport)
trennen	séparer
Trennung(en), die	la séparation
Treppe(n), die	l'escalier
Treppenhaus(¨er), das	la cage d'escalier
trinken (a, u)	boire
trocken	sec
trösten	consoler
trotzdem	néanmoins, pourtant
Tuch(¨er), das	le drap
tun (a, a)	faire
Turm(¨e), der	la tour

U

über	au-dessus de, sur
übermorgen	après-demain
übernehmen (a, o, i)	prendre en charge

überrascht	surpris
Überraschung(en), die	la surprise
Überschrift(en), die	le titre
übersetzen	traduire
überzeugen	convaincre
übrig bleiben* (ie, ie)	rester
übrigens	au fait, d'ailleurs
Übung(en), die	l'exercice
Ufer(-), das	la rive
Uhr(en), die	l'horloge, la montre, l'heure
Umfrage(n), die	le sondage, l'enquête
Umgebung(en), die	les environs, les alentours
***um*schauen (sich)**	jeter un coup d'œil
Umweg(e), der	le détour
Umwelt, die	l'environnement
umweltfeindlich	nocif pour l'environnement
umweltfreundlich	écologique, bon pour l'environnement
Umweltschützer(-), der	l'écologiste
***um*ziehen* (o, o)**	déménager
unbedingt	absolument
unerfreulich	désagréable
ungeduldig	impatient
ungefähr	environ
ungefährlich	inoffensif
Ungeheuer(-), das	le monstre
ungerecht	injuste
Ungerechtigkeit(en), die	l'injustice
unglaublich	incroyable
unmenschlich	inhumain
unmöglich	impossible
unruhig	inquiet
unten	en bas
unter	sous
unter der Bedingung	à condition
unter Wasser stehen (a, a)	se trouver sous l'eau, être inondé
unterhaltsam	amusant
Unterkunft(¨e), die	l'hébergement
Unternehmen(-), das	l'entreprise
unternehmen (a, o, i)	entreprendre
unternehmungslustig	entreprenant
Unterricht, der	les cours
unterscheiden (ie, ie)	distinguer
Unterschied(e), der	la différence
unterschiedlich	différent
unterschreiben (ie, ie)	signer
Unterschrift(en), die	la signature
Unterschriftenaktion(en), die	la pétition
unterstützen	soutenir
Unterstützung(en), die	l'aide, le soutien
untersuchen	analyser, étudier
Untertitel(-), der	le sous-titre
Urlaub, der	les vacances
Urlaub machen	être en vacances
Ursprung(¨e), der	l'origine

V

Veranstaltung(en), die	la manifestation, l'événement
Verantwortung(en), die	la responsabilité
Verbesserung(en), die	l'amélioration, la correction
verbieten (o, o)	interdire
Verbot(e), das	l'interdiction
verboten	interdit
verbrauchen	consommer
verbringen (a, a)	passer (un moment)
verdienen	gagner de l'argent (par son travail)
Verein(e), der	l'association
vereinsamen	s'enfermer dans la solitude
verfassen	rédiger
verfügbar	disponible
(zur) Verfügung stellen	mettre à disposition
Vergangenheit, die	le passé
vergessen (a, e, i)	oublier
vergleichen (i, i)	comparer
Vergrößerung(en), die	l'agrandissement
verhalten (ie, a, ä) (sich)	se comporter
Verhalten, das	le comportement
Verhältnis(se), das	le rapport, la relation
verheiratet	marié
verhindern	empêcher
verkaufen	vendre
Verkäufer(-), der	le vendeur
Verkehrsmittel(-), das	le moyen de transport
verlassen (ie, a, ä)	quitter, abandonner
verlieben (sich)	tomber amoureux
verliebt	amoureux
verlieren (o, o)	perdre
verlockend	tentant
vernünftig	raisonnable
veröffentlichen	publier
Verpackung(en), die	l'emballage
verpassen	rater, manquer
Verpflegung, die	l'alimentation, le ravitaillement

verprügeln	tabasser
verrückt	fou
verrückt spielen	être détraqué
verschieden	différent
verschwinden* (a, u)	disparaître
versöhnen (sich) **mit** (+ D)	se réconcilier avec
verspätet	en retard
Verspätung(en), die	le retard
Verständigung, die	la compréhension, la communication
verstehen (a, a)	comprendre
versuchen	essayer
verteidigen	défendre
verteilen	distribuer
vertiefen	approfondir
Vertrag(¨e), der	le contrat
Vertrauen, das	la confiance
vertreiben (ie, ie)	commercialiser
verwenden (a, a)	utiliser
verwerten	recycler, récupérer
verwirklichen	réaliser
verwirrt	troublé
verzweifelt	désespéré
Verzweiflung, die	le désespoir
viel	beaucoup
Vielfalt, die	la diversité
vielfältig	varié
vielleicht	peut-être
Viertel(-), das	le quartier, le quart
volljährig	majeur
vollkommen	entièrement
Vollpension, die	la pension complète
Vollzeit, die	le plein temps
von oben	de haut
von unten	de bas
vor allem	avant tout
***voraus*sehen** (a, e, ie)	prévoir
vorbei	terminé, passé
vorbei*gehen (i, a)	passer devant
***vor*bereiten**	préparer
Vorbild(er), das	le modèle
Vorfall(¨e), der	l'incident
vorgestern	avant-hier
***vor*haben**	avoir l'intention de
***vor*lesen** (a, e, ie)	lire à haute voix
Vorlesung(en), die	le cours, la lecture publique
Vorname(n, ns), der	le prénom
Vorschlag(¨e), der	la proposition
***vor*schlagen** (u, a, ä)	proposer
vorsichtig	prudent
***vor*stellen**	présenter
vorstellen (sich)	s'imaginer
Vorstellungsgespräch(e), das	l'entretien professionnel
Vorteil(e), der	l'avantage
Vortrag(¨e), der	la conférence
Vorurteil(e), das	le préjugé, l'idée reçue

W

wachsen* (u, a, ä)	grandir, pousser
Waffe(n), die	l'arme
Wahl(en), die	le choix, l'élection
wählen	choisir, élire
während	pendant
Wahrzeichen(-), das	l'emblème
Wald(¨er), der	la forêt
Wand(¨e), die	le mur
wandern*	faire une randonnée
Wanderschuh(e), der	la chaussure de randonnée
Wanderung(en), die	la randonnée
Ware(n), die	l'article, la marchandise
warm	chaud
warten auf (+ A)	attendre
Wäsche, die	le linge
waschen (u, a, ä)	laver
Wasser, das	l'eau
Wasserhahn(¨e), der	le robinet
Wasserrutsche(n), die	le toboggan
Wasserspiel(e), das	le jeu d'eau
watteweiß	blanc comme de la ouate
Webseite(n), die	la page web
wechseln	changer
Weg(e), der	le chemin
wegen (+ G)	à cause de
weg*fahren (u, a, ä)	partir
***weg*werfen** (a, o, i)	jeter
wehen (Wind)	souffler (le vent)
***weh*tun** (a, a)	faire mal
Weihnachtsgeschenk(e), das	le cadeau de Noël
Weihnachtsmann(¨er), der	le père Noël
Weile, die	l'instant
weinen	pleurer
weinerlich	larmoyant, pleurnichard
weit	loin
Welle(n), die	la vague
Welt(en), die	le monde
Weltall, das	l'univers
Weltbevölkerung, die	la population mondiale

Weltkrieg(e), der	la guerre mondiale
weltweit	à l'échelle mondiale
wenig	peu
werben (a, o, i)	faire de la publicité
Werbung(en), die	la publicité
werden* (u, o, i)	devenir
werfen (a, o, i)	jeter
Werk(e), das	l'œuvre
Wert(e), der	la valeur
wertvoll	de grande valeur, précieux
Westen, der	l'Ouest
Wettbewerb(e), der	le concours
Wetter, das	le temps (qu'il fait)
WG, die	la colocation
wichtig	important
widmen	dédier, consacrer
Wiederaufbau, der	la reconstruction
wiederholen	répéter
Wiedervereinigung, die	la réunification
wiedervereint	réunifié
wild	sauvage
willkommen	bienvenu
Winter, der	l'hiver
winzig	minuscule
wirklich	vraiment
Wirklichkeit, die	la réalité
Wirtschaft, die	l'économie
Wirtschaftskrise(n), die	la crise économique
wissen (u, u)	savoir
Witz(e), der	la blague
witzig	drôle, amusant
Woche(n), die	la semaine
Wochenende(n), das	le week-end
wohnen	habiter
Wohnfläche(n), die	la surface habitable
Wohnung(en), die	l'appartement
Wohnzimmer(-), das	le salon
Wolke(n), die	le nuage
Wort(¨er), das	le mot
wunderbar	merveilleux
wundern (sich) über (+ A)	s'étonner de
Wunsch(¨e), der	le souhait
wünschen	souhaiter
Wüste(n), die	le désert

Z

Zahl(en), die	le nombre
zahlen	payer
zählen	compter
Zauberwort(-), das	la formule magique
Zeichenlehrer(-),der	le professeur de dessin
zeichnen	dessiner
Zeichner(-), der	le dessinateur
Zeichnung(en), die	le dessin
zeigen	montrer
Zeit(en), die	le temps
Zeitpunkt(e), der	le moment
Zeittafel(n), die	le tableau chronologique
Zeitschrift(en), die	le magazine, la revue
Zeitung(en), die	le journal
Zentrum(-en), das	le centre
zerstören	détruire
ziehen (o, o)	tirer
Ziel(e), das	le but, la destination
ziemlich	relativement
zittern	trembler
zittrig	tremblant
zögern	hésiter
zuerst	tout d'abord
zufrieden	satisfait
***zu*hören (+ D)**	écouter
Zukunft, die	l'avenir
zusammen	ensemble
Zusammenarbeit, die	la collaboration
***zusammen*bringen (a, a)**	rassembler, réunir
***zusammen*fassen**	résumer
Zuschauer(-), der	le spectateur
zuständig für (+ A)	responsable de
zuverlässig	fiable, sérieux
zwischen	entre

Crédits photographiques

Couv hg Photononstop/Sime ; **couv hd** 'Schwangere Auster' Andia/Phototek ; **couv b** Photononstop/Mauritius ; **10 hg** Istock/Cat London ; **10 hd** Istock/Carmen Banus ; **10 mg** Shutterstock/Andrey Arkusha ; **10 mm** Istock/Dawn Liljenquist ; **10 md** Istock/Rosemarie Gearhart ; **10 b** Age/Prisma/Herbert Hartmeier ; **11 h** Getty/Photodisc/P. Powers & C. Schafer ; **11 bg** Corbis/Cultura/Moment ; **11 bd** Getty/Jessica Peterson ; **12 hg** Getty/Look/H. & D. Zielske ; **12 hd** Age/Imagebroker/Sabine Lubenow ; **12 b** Getty/Digital Vision/Jacobs Stock Photography ; **13** Corbis/Karlheinz Oster ; **14-15** A.J.M.A.-Vichy Jazz Band ; **16** Michael Zech ; **17** Schüler-Rockfestival Wuppertal ; **18** Julia Puder, www.peilsender.tv ; **19** Markus Franz/Communication Maison de Heidelberg, Montpellier ; **20** MaxPPP/picture-alliance/dpa ; **21** MaxPPP/picture-alliance/dpa ; **22 h** D.R. ; **22 b** Sipa/AP/Andreas Schaad ; **23** Presseabteilung Staatsoper-Berlin/Monika Rittershaus ; **24 g** Universal Music Deutschland ; **24 d** Sony Music Entertainment GmbH ; **25** Schüler-Rockfestival Wuppertal ; **30-31** Picture Alliance/DPA/Felix Hörhager ; **33** Stern/Mareike Foecking-Kombinatrotweiss ; **34** Das buddy-Programm, www.buddy-ev.de ; **35** Realschule Idar-Oberstein, concours Juniorbotschafter 2008 ; **36** Aktionsprogramm Mehrgenerationenhäuser ; **38** Picture Alliance/DPA/Wolfram Steinberg ; **39** Photononstop/Lonely Planet/Guy Moberly ; **40** Bundesministerium für Familie, Senioren, Frauen und Jugend ; **41** Picture Alliance/ZB/Thomas Schulze ; **45** Das buddy-Programm, www.buddy-ev.de ; **46-47** Rea/Laif/Daniel Biskup ; **48** AFP/David Gannon ; **49 hg, hd, b** AFP/DDP/Axel Schmidt ; **50 g** Bridgeman-Giraudon ; **50 d** The Big Draw Berlin ; **51 hg** AFP/Getty/Sean Gallup ; **51 hd** Akg-Images/Ullstein Bild/Peters ; **51 b** Rea/Laif/Gatt/Pierre Adenis ; **52** Corbis/Bettmann ; **53 h** Roger-Viollet/Ullstein Bild ; **53 m** Akg-Images/Ullstein Bild ; **53 b** Duany & Plater Zyberk ; **54** D.R. ; **55** Eyedea/Hoa qui/Picture Partners ; **56** Sipa/AP ; **57 g** Eyedea/Age/Peter Adams ; **57 d** Picture Alliance/BP/Schroewig ; **61** Senior Street Art, participate art project by Stephanie Hanna, artiste Harry Shyk, photo de Julia Kapelle ; **62-63** Picture Alliance/DPA/Herzog & de Meuron ; **64** Rea/Laif/Wernet/Mukherjee ; **65 h** Getty/Iconica/Nuts ; **65 bg** Istock/Evgeny Okinin ; **65 bd** Istock ; **66** Jugend Denkt Zukunft ; **67 h** Shutterstock/Kesu ; **67 b** Rea/Rainer Unkel ; **68 hg** Ullstein Bild/Eckermann ; **68 hd** Interkulturelle Gärten Marburg ; **69** Interkulturelle Gärten Berlin ; **70** Cornelius Braun ; **71** Rea/Laif/Michael Lange ; **72** Akg-Images/Erich Lessing © Adagp, Paris 2010 ; **73** Picture Alliance/DPA/Britta Pedersen ; **77** StudioX/Picture Press/Stern/Haderer ; **78-79** Hémis.fr/René Mattes ; **80** Photononstop/F1 online ; **82 h** Tourismus Salzburg GmbH ; **82 b** Eyedea/Age/Javuer Larrea ; **83 h** Istock/Stephan Zabel ; **83 b** Tourismus Salzburg GmbH ; **84** ARGEkultur/Wolfgang Lienbacher ; **85 hg** Bildagentur Geduldig ; **85 hd** Spar European Shopping Centers GmbH ; **85 md** Age/Insadco/Martin Bobrovsky ; **86** Aufbau Verlag GmbH & co. KG/Andrzej J. Koszyk ; **87** FNAC ; **88 h** Corbis/Dallas & John Heaton ; **88 b** Corbis/Barbara Chase ; **89 h, b** Eyedea/Hoa Qui/Philippe Body ; **94-95** Rea/Laif/Gaff/Pierre Adenis ; **97** AFP/John MacDougall ; **98 h** 2009 Co2online GmbH Gemeinmützige Beratungsgesellschaft ; **98 b** Photononstop/Mauritius/Peter Enzinger ; **99** Staatliche Realschule Weilheim, www.rswm-energiesparprojekt.de ; **100** Roger Schmidt/www.karikatur-cartoon.de ; **101 hg** Picture Alliance/DPA/Carsten Rehder ; **101 hd** Hémis.fr/Imagebroker ; **101 mg** Getty/Taxi/Charly Franklin ; **101 md** Shutterstock/Serp ; **101 b** Rea/Richard Damoret ; **102** Arena Verlag GmbH ; **102** 2005 by Arena Verlag GmbH, illustration de Karoline Kehr ; **104** Photononstop/Mauritius ; **105** Shutterstock/Alphaspirit ; **110-111** Getty/Stone/Frank Herholdt ; **112** Renatec GmbH Düsseldorf/Anna Okragla ; **113** Renatec GmbH Düsseldorf/Anna Okragla ; **114 h** Istock/Jacob Wackerhausen ; **114 mg** Istock ; **114 md** Istock/Jacob Wackerhausen ; **114 b** Agenda/Joerg Boethling ; **116 h** Shutterstock/Kardas ; **116 b** Shutterstock/K. A. Valerevich ; **117** Shutterstock/K. A. Valerevich ; **118** NDR/Uwe Ernst ; **119** NDR/Uwe Ernst ; **120 h** Margarethe Steiff GmbH ; **120 b** Rea/Laif/Dieter Klein ; **121** Getty/Taxi/Tipp Howell ; **125** Peter Thulke/Catprint Media GmbH ; **126 g** Verlag Kiepenheuer & Witsch, Köln ; **127-131** Isabel Kreitz, Carlsen Verlag 2005 ; **132 h** Coll. Christophe L ; **132 b** TAG/TRAUM Filmproduktion ; **133 hg** Bridgeman-Giraudon ; **133 hd** Bridgeman-Giraudon © Adagp, Paris 2010 ; **133 m** La Collection/Artothek ; **133 b** Akg-Images ; **134 g** RMN/BPK/Jörg P. Anders ; **134 d** Museum Ludwig, Köln © Adagp, Paris 2010 ; **135** RMN/BPK/Jörg P. Anders ; **136 h** Deutsche Historisches Museum, Berlin ; **136 bg** Akg-Images ; **136 bd** Bridgeman-Giraudon © Adagp, Paris 2010 ; **137 hg** Akg-Images © Adagp, Paris 2010 ; **137 hd** Bridgeman-Giraudon © Adagp, Paris 2010 ; **138** Oredia/Free/Anna Powlalowska ; **141** Age/Imagebroker/Thomas Robbin ; **145** Istock.

Crédits sonores

4, 7 © Westdeutsche Zeitung / D.R. ; **5** Eisige Winde © Peilsender, wwww.peilsender.tv ; **6** Egal © HipRockTized, Ralf Baumgartner ; **9** © Hessischer Rundfunk / D.R. ; **10** © Bundesministerium für Familie, Senioren, Frauen und Jugend / D.R. ; **15** © tv.berlin / D.R. ; **19** © Hessischer Rundfunk ; **19** © WDR / D.R. ; **20** © IFOK GmbH ; **21** © Stiftung Interkultur.

IMPRIM'VERT
Votre imprimeur agit pour l'environnement

FSC
www.fsc.org
MIXTE
Papier issu de sources responsables
FSC® C022030

N° d'éditeur : 10200962 - Dépôt légal : Septembre 2013
Achevé d'imprimer en Italie par L.E.G.O. S.p. A., Lavis (TN)